図解で早わかり

最 新

障害者福祉 の法律と手続きが わかる事典

行政書士
若林 美佳 [監修]

三修社

はじめに

　障害者を含むすべての人が等しく社会生活を送ることができるようにするというノーマライゼーションの考え方が浸透したこともあり、障害者に関係する制度は近年大きく変化しています。障害福祉サービスを十分に利用するためには、制度を整備するだけでなく、障害者に関係する法律について、きちんと理解しておく必要があります。

　障害者総合支援法は障害のある人の日常生活・社会生活を総合的に支援することを目的とした、障害者への支援について、中心的な役割を果たす法律です。障害者に関係する制度は近年大きく変化し、障害者も等しく社会生活を送れるように制度が整備されています。本人だけでなく親などの保護者が、サービスの種類や支給される費用、市区町村や都道府県の役割について知っておくことは重要なことだといえるでしょう。

　また、障害者への支援は、就労支援、各種福祉手当、障害年金、成年後見制度、信託などの福祉制度を全体的に捉えて、適切なサービスを活用することが大切です。

　本書では、障害をもつ人及び保護者の視点で、障害者総合支援法を中心に、障害福祉サービスの基本的な知識や手続き、利用できるサービス、費用、障害年金、成年後見制度、財産管理制度、信託制度まで、知識のない人でも無理なく読めるよう解説しました。最新の法律の改正にも対応しています。

　また、障害福祉サービスの提供を考えている事業者を対象に都道府県などから指定を受けるための手続きや申請書類の作成に必要となる知識などもとりあげています。

　本書を活用していただくことで、障害者総合支援法をはじめとする障害福祉サービスについて理解を深め、実際の手続に活用していただければ幸いです。

監修者　行政書士　若林　美佳

Contents

第3章　サービスを受けるための費用

第4章　その他の支援制度と関連サービス

第5章　障害福祉サービス事業

第8章　財産管理委任・信託

巻末　書式・資料集

第1章

障害者をめぐる
福祉サービスと法律

1 障害者に関する法律

障害者総合支援法を中心としたさまざまな法律がある

● どんな法律があるのか

　障害者への支援で最も中心的な法律は障害者総合支援法です。以前施行されていた障害者自立支援法の問題点をふまえ、障害者の日常生活の総合的な支援などを定めた法律です。また、障害者のための基本的な施策や施策を決定する際の基本原則を定めている法律として障害者基本法があります。

　障害者総合支援法や障害者基本法をベースとして、障害者の種別に応じた法律も存在します。

　たとえば、知的障害者福祉法は身体障害者の、知的障害者福祉法は知的障害者の、それぞれ自立と社会経済活動への参加促進を目的とした法律です。精神保健福祉法は、精神障害者の自立や社会経済活動への参加促進の他、社会復帰や発生予防も目的とした法律です。児童福祉法は、児童の育成に関する施設や責任、障害児への支援などを定めた法律です。

　また、比較的新しく制定された法律として、障害者への虐待防止と養護者への支援などを定めた障害者虐待防止法、公的機関が障害者就労施設などから優先的に物品を調達することを定めた障害者優先調達推進法、障害者基本法4条の「差別の禁止」規定を具体化した障害者差別解消法があります。

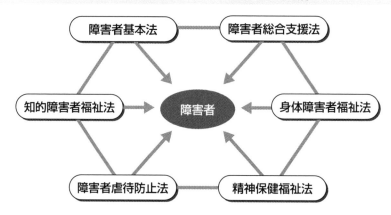

障害者福祉について定めるさまざまな法律

障害者基本法 → 障害者
障害者総合支援法 → 障害者
知的障害者福祉法 → 障害者
身体障害者福祉法 → 障害者
障害者虐待防止法 → 障害者
精神保健福祉法 → 障害者

※他にも発達障害者支援法や児童福祉法などの法律がある

2 障害福祉サービスの給付対象者
難病患者も受給者となる

●障害者と障害児が対象

　障害者総合支援法に基づく障害福祉サービスの給付の対象者は、以下のいずれかに該当する人です。給付を希望する人は、市区町村に申請し、障害の程度や支給の要否について審査を受けます。

① 障害者

　障害者とは、以下のいずれかに該当する18歳以上の人のことです。

・身体障害者

　身体障害者福祉法に規定されている肢体不自由、視覚障害、聴覚障害などの障害をもつ人のことです。

・知的障害者福祉法に規定されている知的障害者

・精神障害者、発達障害者

　精神障害者とは、統合失調症、精神作用物質による急性中毒などの精神疾患を有する人のことです。発達障害者とは、自閉症、アスペルガー症候群、学習障害などにより、日常生活や社会生活に制限を受ける人のことです。

② 障害児

　身体に障害のある児童、知的障害のある児童、精神に障害のある児童（発達障害者支援法所定の発達障害児を含む）のことです。なお、児童とは、満18歳に満たない人のことです。

●難病等の患者も対象になる

　障害者総合支援法では、難病等の患者も障害福祉サービスの給付の対象者に含まれます。難病等とは、治療方法が確立していない疾病や特殊な疾病のことです。関節リウマチ、スティーヴンス・ジョンソン症候群、パーキンソン病、骨形成不全症、筋ジストロフィー、ダウン症候群など366疾病が指定されています（令和3年11月現在）。その一方で、かつては指定されていた肝内結石症、メニエール病、ギラン・バレ症候群など、現在では指定から外れて対象外とされている疾病もあります。

　そして、難病等による障害の程度が「特殊の疾病による障害により継続的に日常生活又は社会生活に相当な制限を受ける程度」と認められる場合に、障害者総合支援法の障害者や障害児として扱われます。対象疾病の患者に関する障害支援区分の認定にあたっては、個々の市区町村で、障害者や障害児に対して実施される調査項目や基準等をもとに、難病等の状態をふまえて認定調査が行われます。その上で、対象疾患の患者は、身体障害者手帳の所持の有無にかかわらず、必要と認められた障害福祉サービスの受給や相談支援を利用することができます。

●自立支援給付の内容

障害者の生活を支援するための法律として、平成17年10月に障害者自立支援法が制定されました。

しかし、この法律は、障害者がサービスを利用すればするほど費用が多くかかる応益負担と呼ばれるしくみが採用されており、利用者に過度の負担を強いるとの批判が多く、違憲訴訟が提起されるという事態にも至りました。そこで、国は障害者自立支援法を廃止する方針を決め、平成24年6月に成立したのが「障害者の日常生活及び社会生活を総合的に支援するための法律（障害者総合支援法）」です。

障害者総合支援法が定める障害者への福祉サービスは、自立支援給付と地域生活支援事業に大きく分けられます。

自立支援給付とは、在宅で利用するサービス、通所で利用するサービス、入所施設サービスなど、利用者へ個別給付されるサービスです。主な自立支援給付には、介護給付費、訓練等給付費、特定障害者特別給付費（補足給付）、計画相談支援給付費、補装具費、高額障害福祉サービス等給付費、地域相談支援給付費、療養介護医療費、自立支援医療費があります。自立支援給付を行うのは市区町村ですが、財源については国が50％、都道府県が25％を負担する義務を負っています。

障害者への福祉サービスにおいて中心的な役割を果たしているのが介護給付費と訓練等給付費です。介護給付費や訓練等給付費は、サービスの給付を希望する人が市区町村に申請します。申請を受けた市区町村は、障害支援区分の認定（介護給付費の支給を希望する場合）と支給要否の決定を行います。支給することが妥当であると市区町村から認定されると、サービスを受ける本人が、都道府県の指定したものから選んだ事業者と契約を結んで、サービスを受けることができます。

●介護給付費の内容

介護給付費は、自立支援給付のひとつで、障害福祉サービスのうち「介護給付」を受けるために必要な費用を支給する制度です。

介護給付は、日常生活に必要な介護の支援を提供するサービスで、必要な支援の度合いによってその対象者が決定されます。居宅介護、重度訪問介護、同行援護、行動援護、療養介護、生活介護、短期入所、施設入所支援、重度障害者等包括支援を利用した場合に介護給付費が支払われます。

また、介護給付の申請後、支給決定がされていない期間中に、緊急やむを得ない理由で前述のサービスを受けた場合は、特例介護給付費が支給されることになっています。

●訓練等給付費の内容

訓練等給付費は、自立支援給付のひとつで、障害福祉サービスのうち「訓練等給付」を受けるために必要な費用を支給する制度です。

訓練等給付は、日常生活や社会生活を営むために必要な訓練等の支援を提供するサービスで、定められたサービスの対象者に該当していれば、障害支援区分の認定を受けたか否かにかかわらず支給対象になります。具体的には、自立訓練、就労移行支援、就労継続支援、就労定着支援、自立生活援助、共同生活援助を受けた場合に訓練等給付費が支給されます。

なお、申請後、支給決定がされていない間に、緊急やむを得ない理由で前述のサービスを受けた場合は、特例訓練等給付費が支給されます。

介護給付費と訓練等給付費のサービスの内容は下図のとおりです。

●地域生活支援事業の内容

地域生活支援事業とは、障害者をとりまく地域の地理的な条件や社会資源の状況、地域に居住する障害者の人数や障害程度などに応じて、必要な支援を柔軟に行う事業です。実施主体は基本的に市区町村ですが、広域的なサポートや人材育成など、一部は都道府県が主体となります（17ページ図）。

地域生活支援事業を行う際にかかる費用は、市区町村の行う地域生活支援事業については、国が50％以内で、都道府県が25％以内で、それぞれ補助ができます。一方、都道府県の行う地域生活支援事業については、国が50％以内で補助ができます。

介護給付と訓練等給付に含まれるサービス

介 護 給 付		訓 練 等 給 付	
・居宅介護	・生活介護	・自立訓練（機能訓練・生活訓練）	
・重度訪問介護	・短期入所	・就労移行支援	・就労継続支援
・同行援護	・重度障害者等包括支援	・就労定着支援	・自立生活援助
・行動援護		・共同生活援助	
・療養介護	・施設入所支援		

4 障害者総合支援法に基づく支援②
市区町村だけでなく都道府県が行う場合もある

● 福祉サービスの提供主体

現在の制度では、原則として障害者にとって身近な市区町村にサービスの提供主体が一元化されています。かつての制度は身体障害者と知的障害者に対する支援の程度にばらつきがありました。また、精神障害者は支援の外に置かれていました。そこで、精神障害者も対象に含め、各障害者に対する支援の格差を是正するために、提供主体が市区町村に一元化されました。ただし、都道府県が主体となってサービスを提供する場合もあります。

まず、介護給付費の給付、自立支援医療費の給付、訓練等給付費の給付、市町村地域生活支援事業の策定、市町村障害福祉計画の策定などは市区町村の役割です。

次に、育成医療と精神通院医療に関するサービス、障害福祉サービス事業者の指定、障害者介護給付費等不服審査会の設置などは都道府県の役割です。

これに加えて、都道府県は、障害者への福祉サービスを提供する事業者に対しての指導・監督を行う権限を有します。そのため、事業者が虚偽の事実を報告するなど不正な手段によって事業者の指定を受けた場合や、事業者の障害者への福祉サービスに関する不正

が発覚した場合には、都道府県は指定の効力を取り消すことができます。

以上から、障害者への福祉サービスを行うのは基本的には市区町村ですが、事業者に対する指導・監督や広域・専門的な支援や人材育成といった事業は都道府県が行うことになります。

● 障害福祉計画

障害福祉計画とは、障害者が地域で安心して暮らし、当たり前に働ける社会を実現していくために、障害者総合支援法に基づいて、障害福祉サービス等の提供体制の確保のために国が定める基本指針に即して、市区町村・都道府県が作成する計画です。

障害福祉計画は、市区町村の計画を都道府県の計画へ反映させ、都道府県の計画を国の障害者福祉プランの策定に反映させるための計画です。国の基本指針では、障害福祉計画の計画期間を3年としており、これに即して都道府県や市区町村は3年ごとに障害福祉計画を作成することになっています。

令和3年度から5年度までの第6期障害福祉計画の基本指針では、成果目標として、①福祉施設の入所者の地域生活への移行、②精神障害にも対応した地域包括ケアシステムの構築、③地

域生活支援拠点等が有する機能の充実、④福祉施設から一般就労への移行等、⑤障害児支援の提供体制の整備等、⑥相談支援体制の充実・強化等、⑦障害福祉サービス等の質を向上させるための取り組みに係る体制の構築、について目標値等が設定されています。

これらの基本指針に則して、市区町村の定める障害福祉計画（市町村障害福祉計画）および都道府県の定める障害福祉計画（都道府県障害福祉計画）には、計画作成が義務付けられている事項と努力義務の事項があります。

市町村障害福祉計画で作成が義務付けられている事項は、①障害福祉サービス、相談支援および地域生活支援事業の提供体制の確保に係る目標に関す

る事項、②各年度における指定障害福祉サービス、指定地域相談支援または指定計画相談支援の種類ごとの必要な量の見込み、③地域生活支援事業の種類ごとの実施に関する事項です。

都道府県障害福祉計画で作成が義務付けられている事項は、①障害福祉サービス、相談支援および地域生活支援事業の提供体制の確保に係る目標に関する事項、②区域ごとの各年度の指定障害福祉サービス、指定地域相談支援または指定計画相談支援の種類ごとの必要な量の見込み、③各年度の指定障害者支援施設の必要入所定員総数、④地域生活支援事業の種類ごとの実施に関する事項です。

障害者に対する市区町村・都道府県の支援

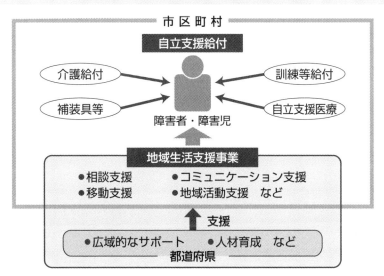

5 障害支援区分

2段階の認定調査を経て障害支援区分が決定する

● 障害支援区分の活用法

障害支援区分とは、身体障害者、知的障害者、精神障害者、難病等の患者が抱えている障害の多様な特性、その他の心身の状態に応じて、必要とされる標準的な支援の度合いを総合的に示す区分です。

障害支援区分は、認定調査や医師意見書の内容をもとに、コンピュータによる一次判定、申請先の市区町村が設置する審査会（市町村審査会）による二次判定を経て認定されます。障害支援区分は「非該当」および「区分1〜6」の7段階で構成されています。各々の区分の数字は、大きい数字であるほど、支援を必要とする度合いが大きいことになります。

この7段階の判定結果によって、居宅介護や同行援護、短期入所（ショートステイ）など、障害者が利用できる障害福祉サービスの上限金額や利用時間などが決まるわけです。

なお、障害支援区分の認定が必要となるのは、原則として、障害福祉サービスのうちの介護等給付を受ける場合です（次ページ図）。

● 市区町村への申請と認定調査

ここでは、具体的に障害福祉サービスの利用手続きを見ていきましょう。

障害福祉サービスを利用する場合は、居住地の市区町村に申請します。指定特定相談支援事業者に申請代行を依頼することも可能です。申請を受けた市区町村は、障害者の心身の状態を把握し、障害福祉サービスが必要かどうかを判断するための認定調査を行います。

認定調査は2段階に分かれます。具体的には、①認定調査員による訪問調査の結果と主治医の意見書の内容をもとにコンピュータによって判定が行われる1次認定調査（1次判定）、②認定調査員による特記事項と主治医の意見書の内容をもとに市町村審査会によって判定が行われる2次認定調査（2次判定）です。2次認定調査まで通ると、障害支援区分の認定が行われ、申請者へ結果が通知されます。

その後、市区町村は、サービスの利用意向の聴取を行い、サービス等利用計画案の提出を受けて、支給決定案を作成し、市町村審査会の意見聴取を経て、支給決定を行います。

● 障害支援区分の認定

障害支援区分の認定は、1次判定と2次判定を経て行われます。

1次判定では、認定調査項目（80項

目）の結果と医師意見書（24項目）の一部項目をふまえ、判定ソフトを活用したコンピュータ処理が行われます。認定調査項目は、①移動や動作等に関連する項目（12項目）、②身の回りの世話や日常生活等に関連する項目（16項目）、③行動障害に関連する項目（34項目）、④意思疎通等に関連する項目（6項目）、⑤特別な医療に関連する項目（12項目）です。医師意見書は、麻痺、関節の拘縮、生活障害評価などの項目があります。

2次判定は、市町村審査会で行われます。1次判定の結果をもとに、1次判定では把握できない申請者固有の状況等に関する特記事項と医師意見書（1次判定で評価した項目は除きます）の内容を総合的に考慮して、審査判定がなされます。

以上の結果、支給が必要と判断されると、市区町村により必要度に合わせた障害支援区分の認定が行われます。

●支給決定

障害支援区分の認定を受けると、続けて市区町村による勘案事項調査（社会活動、介護者、居住などの状況についての調査）が行われます。この勘案事項調査に通ると、支給を受ける障害者（申請者）に対し、サービスの利用意向の調査（聴取）が行われます。

なお、訓練等給付については、支給の要否を判断するために、一定期間サービスを利用することができます。このことを暫定支給決定といいます。

障害者のサービス利用意向の確認がとれると、サービス等利用計画案や市町村審査会から聴取した意見をもとに、市区町村が支給の要否を決定します。

以上のようなプロセスを経て、障害福祉サービスが支給されるかどうかが決定されます。支給決定を受けた障害者には、障害福祉サービス受給者証が交付されます。

サービスの利用手続き

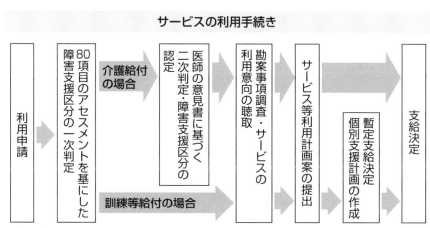

利用申請 → 80項目のアセスメントを基にした障害支援区分の一次判定 →

介護給付の場合 → 医師の意見書に基づく二次判定・障害支援区分の認定 →

訓練等給付の場合 →

勘案事項調査・サービスの利用意向の聴取 → サービス等利用計画案の提出 → 暫定支給決定　個別支援計画の作成 → 支給決定

※支給決定の前に、必要に応じて市町村審査会の意見聴取が行われることがある

6 ケアマネジメント

相談支援事業者に本人・家族の意向を伝えることになる

●障害者ケアマネジメントとは

ケアマネジメントとは、単に福祉サービスを提供するだけでなく、利用希望者の意向をふまえた計画を基に、福祉・保健・医療・教育・就労などのさまざまな福祉サービスを一体的・総合的に提供することです。利用希望者が障害者である場合を、特に障害者ケアマネジメントといいます。

障害者への福祉サービスは、利用者とサービス提供者との間で契約を交わして行われます。利用者のニーズに合わせてさまざまな福祉サービスの中から適切なものを選んで活用するために、利用者個々に合わせた福祉サービスのプラン設計や、障害者とその家族への相談支援や補助を行うことを目的として、障害者ケアマネジメントが導入されています。たとえば、市区町村に障害福祉サービスの利用申請をする際には、サービス等利用計画を作成する必要があります。サービス等利用計画の作成は相談支援事業による支援対象となります。具体的には、計画相談支援給付費というサービスです。

このように、障害者ケアマネジメントは、障害者の主体的な生き方や自己実現を支えるため、本人の意向をふまえて、複数のサービスを適切に結び付けて、障害者の地域における生活を支援するための制度だといえます。

●サービス等利用計画を作成する

市区町村から支給決定の判断がなされた後に、サービス等利用計画を作成します。障害福祉サービスは、これを提供する事業者として指定を受けた社会福祉法人・NPO法人・株式会社などにより提供されます。サービス等利用計画は、障害福祉サービスについてどのサービスをどの形で利用するのかをプランニングしたものです。

障害者ケアマネジメントのしくみ

障害者・家族 ← サービスの利用契約 → サービス提供事業者

相談支援事業者

・プラン設計
・相談支援

利用者は、サービス等利用計画に基づいて、事業者と契約を結んでサービスの提供を受けることになります。サービス等利用計画は、個人で作成することもできますが、指定特定相談支援事業者に作成を依頼することもできます。指定特定相談支援事業者は、障害者やその家族の意向を聞き取りながら、サービス等利用計画を作成します。サービス等利用計画の作成を依頼する際に、利用者は費用を負担する必要がありません。サービス等利用計画については、その作成前に「サービス等利用計画案」を市区町村に提出します。市区町村は、この計画案や勘案すべき事項をふまえて、申請者に対して支給決定をするか否かを判断します。

指定特定相談支援事業者は、サービス等利用計画の作成以外に、障害者へのサービス利用のあっせんや、契約の援助なども行っています。障害者がサービスを利用し始めた後も、障害者宅を訪れて引き続き相談や支援を受け付けています。このサービス利用開始後の継続的な支援についても、計画相談支援給付費（継続サービス利用支援）を利用することができます。

また、サービス等利用計画の見直しは、相談支援専門員が定期的に利用者の状況を確認する方法で行います。サービス等利用計画の作成を指定特定相談支援事業者に依頼すると、担当の相談支援専門員が定期的にモニタリングを行います。モニタリングとは、利用者の状況を定期的に確認して計画見直しなどの必要性を検討するもので、その頻度（モニタリング期間）は市区町村や利用するサービスの内容によって異なりますが、最低でも年に1回は実施されます。モニタリング期間は、障害者の心身の状況、サービス内容などを考慮して定めますが、障害者の状態が不安定であれば、短く設定するとよいでしょう。なお、自らサービス等利用計画を作成している場合は、モニタリングが実施されません。

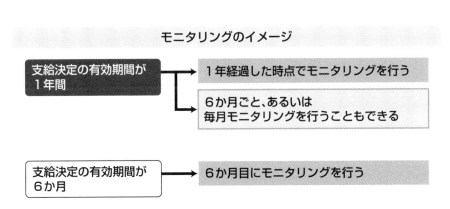

モニタリングのイメージ

| 支給決定の有効期間が1年間 | → | 1年経過した時点でモニタリングを行う |
| | | 6か月ごと、あるいは毎月モニタリングを行うこともできる |

| 支給決定の有効期間が6か月 | → | 6か月目にモニタリングを行う |

7 モニタリング
利用者のニーズに合っているか、再評価を行う

● サービス等利用計画の見直し

　モニタリングとは、利用者の状況を定期的に確認し、計画変更などの必要性を検討することです。障害福祉サービスを利用する際には、サービス等利用計画が作成されます。モニタリングは、この計画が利用者のニーズに合ったものであるかを確認し、それを基に再評価につなげる重要な作業です。再評価の過程において、援助の全体目標や生活全般の解決すべき課題、提供される各サービスの目標や達成時期、提供されるサービスの種類、内容、頻度などが再設定されます。サービス等利用計画の作成を指定特定相談支援事業者に依頼すると、相談支援専門員が定期的に利用者の状況を確認するという方法でモニタリングが行われます。

　モニタリングの頻度は市町村や利用するサービスの内容によって異なりますが、最低でも年1回は実施されます。個別の支援計画では、PDCAが重要とされています。つまり、計画（P）、実行（D）、評価（C）、改善（A）のサイクルがうまく回っているほど良いとされます。モニタリングは評価（C）にあたる作業です。

　このように、モニタリングは、障害福祉サービス提供のプロセスの一つを構成する重要な要素ですから、これを実施しなければならない反面、実施した場合には報酬を請求できます。ただし、後述のようにモニタリング実施期間として定められた期間以外にモニタリングを行っても、原則として報酬請求の対象には含まれません。

● モニタリングを行う期間

　モニタリング期間は、障害者の心身の状況やサービス内容などを考慮して定めます。事業者との頻繁な連絡調整等が必要な場合など、障害者の状態が不安定であれば、モニタリング期間は短く設定されます。

　具体的なモニタリング期間は、国が定める標準期間や勘案事項をふまえて決定されます。たとえば、新規利用の場合や、サービスの内容等に著しい変更があった場合、利用開始から3か月間は毎月実施します。その後は、6か月に1回もしくは3か月に1回の実施が標準期間となりますが、障害支援施設から退所するなどにより、一定期間にわたる集中的支援が必要な場合は、毎月実施する必要があります。

　指定特定相談支援事業者などが上記をふまえてモニタリング期間を設定し、サービス等利用計画案に記載します。

サービス等利用計画案は市町村に提出され、市町村では、支給決定などと併せて、モニタリング期間の決定を行います。なお、指定特定相談支援事業者を通さず、自らサービス等利用計画を作成している場合は、モニタリングが実施されません。

◉行う際の注意点

モニタリングを行う際には以下の点に注意する点があります。

① 利用者や家族の視点が中心に置かれた計画を立てているかどうか

サービスや支援を受ける上で、利用する障害者や家族が主体的に参加することが必要不可欠です。利用する障害者や家族のニーズをふまえて、満足のいく計画を立てることが必要です。

② 権利擁護の視点で作成しているかどうか

モニタリングの際には、サービスの実施状況などから、利用者や家族に不利益が生じていないかを確認する必要があります。実際には、利用者に最も近い障害福祉サービス事業所の責任者からの情報を得ることが多いようです。また、サービス提供の現場に出向き、どのような表情で過ごされているか自分の目で確かめることも必要です。

③ ニーズの変化を見逃していないかどうか

①の利用者や家族の視点に立った計画作成に共通する部分ですが、前回の訪問から今回の訪問まで変化はないかどうか、本人の障害の状態や健康に変化はないか、本人だけでなく家族などの介護者に変化はないか、介護環境などに変化はないかを確認する必要があります。そういったことに変化があった場合は、利用者や家族のニーズが変化していることが多く、計画も適していない可能性があります。

モニタリングで考慮するべき事項

モニタリングにおける考慮事項	障害者などの心身の状況	
	障害者などの置かれている状況	家族の状況
		障害者の介護を行う人の状況
		生活の状況（日中の活動の状況など）
	サービスによる援助の全体目標	
	提供される障害福祉サービスの種類・内容・量	
	提供される障害福祉サービスの個別目標・達成時期	
	支給決定の有効期間	

支給決定や障害支援区分の認定に不服がある場合
都道府県知事に対して審査請求を行う

◉認定や決定に不服がある場合は審査請求をする

　障害支援区分の認定結果、介護給付や訓練等給付の内容や支給量、利用者負担に関する決定などについて、納得できないことは当然あるでしょう。

　障害者総合支援法では、これらについて不服がある場合は、認定や決定をした市区町村（市区町村長）の属する都道府県知事に対して審査請求を行うことができるとしています。障害福祉サービスを利用する上で市区町村が決定した認定や決定が適正でない場合、障害者が等しくサービスを受ける権利を侵害している可能性があります。その意味でも、審査請求の制度は重要といえます。

　たとえば、障害支援区分の審査や判定は、市区町村に設置されている市町村審査会により行われます。障害支援区分は、障害のさまざまな特性・心身の状態に応じて7つの区分（非該当を含む）が設定され、コンピュータ判定による1次判定の後、2次判定として市町村審査会の判定を経て、市区町村から申請者に通知されます。障害の程度や調査の状況によって、市区町村と障害者での行き違いなどが生じる可能性があり、そういった場合に、審査請求を行います。

　認定や決定に不服がある場合、実際に認定や決定を行った市区町村に対して審査請求を行うのではなく、都道府県知事に対して審査請求を行うことに特徴があります。これは、公平性や客観性の観点からで、障害者の権利擁護をより確実なものにするためです。

◉審査請求の手続き

　認定や決定に対する審査請求を受理した都道府県知事は、その附属機関である「障害者介護給付費等不服審査会」（不服審査会）に対して諮問を行います。その後、不服審査会の意見（答申）をふまえて、都道府県知事は、審査請求に対する却下・棄却・認容のいずれかの裁決を行い、申請者と原処分庁（市区町村長）に通知します。

　審査請求の対象としては、①障害支援区分の認定、②障害支援区分の変更認定、③介護給付費などの支給の要否の決定、④支給内容（障害福祉サービスの種類、支給量、有効期間）、⑤支給決定の変更の決定、⑥利用者負担に関する決定などがあります。

　審査請求ができる期間は、原則として認定や決定があったことを知った日の翌日から起算して3か月以内です。

審査請求をする際には、都道府県知事に対し、審査請求書を書面で提出するか口頭で述べる必要があります。審査請求については、認定や決定をした市区町村（市区町村長）に対して審査請求をすることも可能で、この場合は市区町村から都道府県知事へと審査請求が回されます。

なお、障害福祉サービスの提供に関する一般的な苦情の受付は、利用している事業所内の苦情解決体制の中で行われます。

しかし、事業所内で対応できない場合や、直接事業所に言いにくい場合は、各都道府県の社会福祉協議会に設置されている運営適正化委員会に相談することができます。

審査請求の手続きの流れ

（例）支給決定

① 支給決定 ⇒ 障害者が内容に不満

障害者

② 審査請求
（①の翌日から 60 日以内）

→ 都道府県知事
（障害者介護給付等不服審査会に諮問）

【審査請求の対象】

①障害支援区分の認定、②障害支援区分の変更認定、
③介護給付費などの支給の要否の決定、
④支給内容（障害福祉サービスの種類、支給量、有効期間）、
⑤支給決定の変更の決定、⑥利用者負担に関する決定など

【審査請求の裁決】

裁決は「認容」「棄却」「却下」のいずれかとなる。

● **認 容**
審査請求に理由があるとき
⇒原処分（市区町村の処分）の全部又は一部が取り消され、市区町村は、裁決の趣旨に従って、改めて処分をやり直す

● **棄 却**
審査請求に理由がないとき
⇒原処分は適法・妥当なものとされ、取り消されない。

● **却 下**
審査請求自体が法定の期間（3か月）経過後などで審査請求が不適法の場合
⇒原処分はそのままとなり、取り消されない。

Column

社会福祉法人による障害者支援

　社会福祉法人とは、社会福祉法に基づいて、社会福祉事業を行うことを目的に設立された法人のことです。社会福祉とは、障害者、高齢者、子どもなど、社会において弱い立場にある人々を支援することにより、社会全体の生活の質や環境の向上をめざすことを目的としています。支援の範囲は、教育・文化・医療・介護・労働など、多岐にわたります。貧困、社会的孤立、虐待、DVなど、さまざまな社会問題の解決に向けた取り組みを積極的に行っている法人です。

　社会福祉法人は、さまざまな障害者施設を運営することで、各地域において必要な障害者支援を行っています。たとえば、障害者総合支援法に定められた障害者支援施設、身体障害者福祉法に定められた身体障害者福祉センターや補装具製作施設、視聴覚障害者情報提供施設などを運営しています。

　社会福祉法人の特徴は、公益性を持っているとともに、営利を目的としていない（非営利性）点にあります。社会福祉法人を設立する場合は、行政庁による認可が必要です。税法上の優遇措置が受けられるというメリットがある反面、運営について行政から厳しい調査や指導が行われます。

　なお、過去に社会福祉法人のメリットを悪用する事業者が発生したことを背景として、平成28年（2016年）に社会福祉法の改正が行われました。事業運営の透明性を保つことや、適正・公正な財務管理を確保することなどを目的とした改正であり、経営組織のあり方にも大きく変更が加えられています。たとえば、平成29年（2017年）４月１日からは、社会福祉法人は評議員会を必ず置かなければならず、また、一定規模以上の法人の場合には、会計監査人も置く必要があります。さらに、定款や財務諸表などを公表して、事業運営の透明性を向上させるとともに、財務に関するルールを厳格化するために、役員報酬基準の作成と公表が義務付けられました。

第2章

受けられる
サービスの内容

サービスの利用

利用者は必要なサービスを組み合わせて利用することになる

● 人によって受けたいサービスは異なる

　障害者総合支援法によって受けられるサービスは、サービスの利用方法によって日中活動、居住支援、居宅支援、相談等支援、医療支援、補装具等支援のカテゴリに分けることができます。

　実際には、利用者は、これらのサービスの中から必要なものを組み合わせて利用することになります。たとえば、日中は療養介護を利用して夜間は施設入所支援を利用するといった具合です。

　それぞれ、介護給付（障害者に対する介護の給付のこと。居宅介護や重度訪問介護など）、訓練等給付（障害者のリハビリや就労につながる支援のこと。自立訓練や就労移行支援など）、地域生活支援事業（障害者や障害児が自立した地域生活を営むのを支援する事業のこと。移動支援事業や意思疎通支援事業など）などから支援が行われます。

　また、障害をもつ18歳未満の者（障害児）に対しては、障害者総合支援法による一部のサービスの他、児童福祉法による障害児通所支援（児童発達支援、放課後デイサービスなどの支援を受けられる制度）や障害児入所支援といったサービスが行われます。

● 自宅で生活支援を受けるには

　居宅における生活支援とは、障害者が住みなれた家庭で日常生活を送れるように支援するサービスです。

　介護給付による支援で居宅支援に関するものには、居宅介護（障害支援区分1以上の障害者・障害児が利用）、重度訪問介護（障害支援区分4以上かつ二肢以上に麻痺があるなどの障害者が利用者）、同行援護（移動困難な視覚障害のある障害者・障害児が利用）、行動援護（知的障害や精神障害がある障害者・障害児が利用）、重度障害者等包括支援（障害支援区分6以上で意思疎通困難な障害者・障害児が利用）、短期入所（障害支援区分1以上の障害者・障害児が利用）があります。

　地域生活支援事業による支援で居宅支援に関するものには、移動支援事業（一人または　複数名での移動の支援や突発的に必要が生じた場合の移動の支援）、日中一時支援事業（一時的に支援が必要となった人に、社会適応訓練、見守り、日中活動の提供、送迎などのサービスを行う）、意思疎通支援事業（手話通訳や要約筆記者の派遣、手話通訳の設置支援などを行う）があります。

● 夜間の居住支援のサポート

　居住支援とは、入所施設などで夜間に居住する場を提供するサービスです。居住支援については、介護給付、訓練等給付、地域生活支援事業から以下の支援が行われます。

　まず、介護給付による支援として、施設に入所する障害者に対して、夜間や休日に、入浴、排せつ、食事の介護等を行う「施設入所支援」というサービスがあります。また、訓練等給付による支援として、障害者に対して、主に夜間において、共同生活を行う住居（グループホーム）で、相談や日常生活上の援助を行う「共同生活援助」というサービスがあります。

　地域生活支援事業による支援で夜間の居住支援に関するものには、福祉ホーム（障害者に対して低額な料金で居室を提供している施設のことで、民間の事業者が運営しています）による日常生活の支援や、入居後の相談支援を行う居住サポート事業（賃貸借契約による一般の住宅に障害者が入居することを支援する事業）があります。

● 日中活動を支援するためのサービス

　日中活動は、入所施設などで昼間の活動を支援するサービスです。介護給付による支援と、訓練等給付による支援及び地域生活支援事業による支援があります。介護給付による支援には、療養介護と生活介護があります。訓練等給付による支援には、自立訓練、就労移行支援、就労継続支援があります。

　また、地域生活支援事業による支援として、地域活動支援センター機能強化事業による支援などがあります。

● 医療支援や用具の支給を受ける

　障害をもつ人は31ページのような医療支援や用具の貸与・支給サービスを受けることができます。

・医療支援

　医療支援には、自立支援医療と療養介護支援があります。まず、自立支援医療とは、心身の障害を除去・軽減するための医療について、医療費の自己負担額を軽減する制度で、精神通院医療、更生医療、育成医療があります。

　また、療養介護医療とは、医療機関に入院している障害者で、日常生活において医療以外の支援や機能訓練が必要な人に対して、医療と同時に介護や福祉サービスを提供する制度です。

・用具の貸与・支給

　日常生活で必要になる用具の購入・修理にかかる費用については、自立支援給付により、補装具費（車椅子などの購入や修理に要する費用に充てるもので、身体障害者が対象になります）として支給されます。

　対象となる補装具には、肢体不自由者が使用する義肢・車椅子・歩行器・歩行補助杖・座位保持装置、視覚障害者が使用するメガネ（矯正メガネ・遮

光メガネ・弱視メガネ）・コンタクトレンズ・義眼（色メガネは含まれない）、聴覚障害者が使用する補聴器（標準難聴用・高度難聴用・挿耳形・骨導型）などが挙げられます。

補装具は購入するのが原則ですが、貸与が適切と考えられる場合（成長に伴って交換が必要となる障害児など）については、貸与（借受け）も補装具費の支給対象になっています。

その他、重度の障害がある人は、地域生活支援事業により、市区町村から日常生活に必要な用具のレンタルまたは給付（身体障害者が利用者）を受けることができます。

●相談支援のサービスの内容

障害により、障害福祉サービスの利用を検討するにしても「多様なサービスの中からどのようなサービスを利用するのが適切か」ということについて利用者が判断するのは容易なことではありません。このような場合に活用できるのが、一般的な相談やサービス利用計画の相談などを行う相談支援のサービスです。

相談支援のサービスにもさまざまなものがあり、計画相談支援・地域相談支援など、地域生活支援事業としての相談支援事業があります。

地域生活支援事業による支援は、市区町村によって行われるものと、都道府県によって行われるものがあります。市区町村は、障害のある人やその保護者からのさまざまな相談に応じ、必要な情報の提供や助言を行います。市区町村自ら行う場合と市区町村から委託を受けた業者によって行われる場合があります。市区町村の枠を超えた相談支援については、都道府県によって行われます。

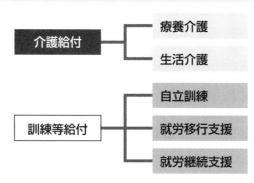

日中活動の支援について

介護給付 ─ 療養介護 / 生活介護

訓練等給付 ─ 自立訓練 / 就労移行支援 / 就労継続支援

障害者総合支援法による障害者への主なサービス

居宅支援	居宅介護：身体介護・家事援助・通院等介助・通院等乗降介助を行う	
	重度訪問介護：重度の障害者が、自宅で日常生活を営むことができるように、総合的な支援を行うサービス	
	同行援護：視覚障害者に同行などを行うサービス	
	行動援護：自己判断能力が制限されている障害者に移動・外出時に必要な援助を行うサービス	
	重度障害者等包括支援：重度障害者に対して複数のサービスを包括的に行う支援	
	短期入所：施設で短期間生活する際に受けることのできるサービス	
居住支援	施設入所支援：施設入所者に夜間を中心に排せつや入浴、食事の世話を行うサービス	
	共同生活援助：地域の中で障害者が集まって共同で生活する場を設け、生活面の支援をするサービス	
	自立生活援助：一人暮らしに必要な生活力などを養うために、必要な支援を行うサービス	
日中活動	療養介護：難病患者や重症心身障害者に医療・介護を行うサービス	
	生活介護：昼間に施設で介護や生産活動のサポートを行うサービス	
	自立訓練（機能訓練）：身体障害者の身体機能の維持回復に必要な訓練を行う	
	自立訓練（生活訓練）：知的障害者と精神障害者の生活能力の維持と向上に必要な訓練を行う	
	就労移行支援：就労に必要な能力や知識を得るための訓練を行う	
	就労継続支援Ａ型：一般企業に就労するのが困難な障害者に行う就労等の機会の提供	
	就労継続支援Ｂ型：雇用契約を結ばずに、就労の機会や居場所を提供し、就労支援を行う	
	就労定着支援：就労に伴う生活面の課題に対して支援を行う	
医療支援	自立支援医療費：障害の軽減を目的とする医療費の公費負担制度	
	療養介護医療費：医療の他に介護が必要な障害者に支給される	
補装具支援	補装具費：義肢、装具、車椅子などの給付についての費用を補助する制度	
相談支援	計画相談支援給付費：サービス等利用計画(案)の作成・見直し	
	地域相談支援給付費：地域の生活に移行できるようにするための支援（地域移行支援）と常時の連絡体制の確保などのサービス（地域定着支援）	

※上表の他、自治体の地域生活支援事業により行われる各種の給付もある

2 居宅介護
安心して自宅で生活できるようにサービスが提供される

●居宅介護とは

居宅介護とは、障害者の自宅において提供されるサービスです。そのため、ホームヘルプとも呼ばれています。

居宅介護の対象になるのは、障害支援区分が1以上の人です。ただし、居宅介護のうち、身体介護を伴う通院等介助が必要な人については、障害支援区分2以上にあたる必要があるとともに、障害支援区分の認定調査項目について、以下の事項のうち、1つ以上の認定を受けている必要があります。

・歩行に関して

全面的な支援が必要であると認められることが必要です。

・移乗・移動に関して

全面的な支援が必要であるか、見守りなどの支援が必要、あるいは、部分的に支援が必要であると認められることが必要です。

・排尿・排便に関して

全面的な支援が必要であるか、部分的な支援が必要であると認められることが必要です。

●サービスの内容や特徴

居宅介護は、ホームヘルパーが障害者の自宅に訪問し、必要なサービスを提供するという形態がとられています。

居宅介護は、身体介護、家事援助、通院等介助、通院等乗降介助の4つに分類できますが、以下のように介護が必要な局面に応じて分類可能です。

・障害者の身の回りの介護

ホームヘルパーは、障害者の食事・排せつ・入浴にあたり、介助を行います。その他、障害者の生活全体を通じて相談に応じるとともに、必要なアドバイスを提供します。

・障害者の日常生活に対する介護

ホームヘルパーは家事全般（食事の調理や掃除・洗濯など）を担うとともに、食料や日用品の購入なども行います。

・通院・社会生活を送る上での必要なサポート

居宅介護は、原則として障害者の自宅において行われるサービスですが、障害者の社会生活をサポートするという目的があるため、障害者が外出するときにも、必要な支援を行います。

たとえば、身体障害により移動が困難な障害者が、定期的に通院が必要な場合があります。その場合には、ホームヘルパーが移動介助などを行います。

その他にも、選挙の投票や、役所などの行政機関での必要な手続きなどについても、ホームヘルパーによる移動介助などを受けることができます。

3 重度訪問介護

在宅の重度障害者に訪問介護や移動支援を総合的に提供する

● 重度訪問介護とは

重度訪問介護は、重度の障害者が、自宅で日常生活を営むことができるように、入浴、排せつ、食事などの介護、調理、洗濯、掃除などの支援を行います。ヘルパーなどが自宅に訪問する居宅介護と支援内容はほとんど同じです。居宅介護との相違点は、重度訪問介護の支援の中で外出時の移動支援や、入院時の支援なども総合的に行う点です。そのため、重度訪問介護を利用する場合は、居宅介護、同行援護、行動援護の支援は併用できません。入院時の支援とは、障害者それぞれの特性に合わせた介護を提供できるヘルパーが入院中の病室を訪問し、見守りなどをすることで、入院中であってもいつもと同じ介護を受けることが可能になっています。

重度の障害者の場合、ホームヘルパーは長時間にわたって見守りを行う必要があります。そのため、24時間サービスを受けることが可能なしくみになっています。重度な障害者が、住み慣れた地域、自宅で住み続けていくためには重度訪問介護は必須のサービスとなっています。

しかし、重度の障害で医療との連携も深く、専門的知識を要する人材が不足したり、支援の特性上、長くサービスを提供するため単価が低くなってしまうなど、重度訪問介護の事業所が増えない課題があります。

● 支援の対象

重度訪問介護はより重い症状をもつ障害者に対するサービスで、重度の肢体不自由者などで、常に介護を必要としている人が対象になります。

具体的には、障害支援区分4以上であって、二肢以上に麻痺などがあること、もしくは、障害支援区分4以上であって、障害者支援区分の認定調査項目のうち「歩行」「移乗」「排尿」「排便」のいずれも支援が不要以外と認定されていること、が条件とされています。なお、入院時の支援を受ける場合は、障害支援区分が6以上である必要があります。

重度の肢体不自由者だけでなく、知的障害者や精神障害者も対象となっています。その場合は、障害支援区分4以上であって、障害者支援区分の認定調査項目のうち行動関連項目等（12項目）の合計点数が10点以上である必要があります。行動関連項目等は、意思表示、説明の理解、異食行動、大声・奇声を出す、多動・行動停止などの12項目を0〜2点で評価します。

4 同行援護
視覚障害者の外出支援の範囲が決められている

● 同行援護とはどんなサービスなのか

　視覚障害者にとって、外出をすることは困難で家に閉じこもりがちになってしまう傾向があるようです。また、公共交通機関や歩道などのバリアフリー化が進められていますが、安心して外出できるレベルには達していないのが現状です。

　そこで同行援護によって、視覚に障害があり、移動が困難な障害者が安心して生活できるよう、障害者が外出する際に必要な情報を提供したり、障害者の移動に同行して支援を行います。

　同行援護を利用できる対象者は、視覚障害により、移動に著しい困難を有する障害者などです。さらに、同行援護アセスメント調査票によって、調査項目中の「視力障害」「視野障害」「夜盲」のいずれかが1点以上であるとともに、「移動障害」の点数が1点以上である必要があります。身体介護が伴わない場合は、障害者認定区分がなくても利用可能となっています。

　これに対して、身体介護が伴う場合には、障害支援区分が2以上の障害者が対象です。さらに、障害支援区分の認定調査項目において、「歩行」「移乗」「移動」「排尿」「排便」について、いずれか1項目でも支援が必要な状態であることが必要です。

● 同行援護の対象になる外出とは

　視覚障害者などの外出時に付き添うヘルパーは、移動中や目的地において、移動の介護、排せつ、食事の介護、代筆・代読、危険回避のために必要な支援を行います。外出を支援するサービスだけでなく、移動先での代筆や代読も提供できる点が特徴で、役所や病院などで何かを読んでもらうことが可能です。ただし、すべての外出が支援の対象になるわけではありません。具体的に同行援護の支援範囲となるのは、日常生活での買い物や通院、公的機関・銀行などへの外出、社会参加、余暇活動・スポーツなどです。

　なお、原則として1日の範囲内で用務を終えるものでなければなりません。また、支援サービスの始まりと終わりの場所は、自宅でなくてもよく、病院から自宅までの支援でも可能とされています。

　介護保険の対象者でも、同行援護を利用できる場合があります。しかし、買い物や通院などの場合、介護保険サービスの訪問介護と重なる部分が多く、市町村によっては認められない可能性もあります。

5 行動援護

障害者の行動に伴う危険回避の援助を行う

● 行動援護とはどんなサービスなのか

　行動援護は、知的障害や精神障害により行動上著しい困難があり、常時介護を必要とする障害者に対して提供します。支援内容は、移動する際に生じる危険を回避するために必要な援助や、外出時における移動中の介護などを行うことです。

　行動援護の具体的なサービスは、制御的対応、予防的対応、身体介護的対応に分けられます。

　制御的対応とは、障害者が突然動かなくなったり、物事に強いこだわりを示すなどの問題行動に適切に対応することをいいます。予防的対応とは、障害者が初めての場所で不安定になったり、不安を紛らわすために不適切な行動を起こさないように、前もって不安を取り除く対応をいいます。そして、身体介護的対応とは、便意の認識ができない障害者の介助、食事介助、衣類の着脱の介助などを指します。場合によっては、情緒不安定に陥り自傷行為を行うケースもあるため、他人に対する危険以外にも注意を配らなければなりません。

　知的障害者や精神障害者は、障害の程度によって自分の行動や感情をコントロールすることが難しい場合があります。また、日々のルーティンと異なることで不安になる場合もあります。そういった状況において、制御的対応や予防的対応を主とした行動援護をうまく活用することで、知的障害者や精神障害者も社会生活を過ごすことができます。

● 対象者となる障害の程度とは

　対象となるのは行動上著しい困難を有する障害者です。具体的には、障害者支援区分が3以上で、障害支援区分の認定調査項目のうち行動関連項目等（12項目）の合計点数が10点以上である者が対象となります。なお、障害児については、これに相当する支援の度合いであれば対象となります。

　実際の対象者の例としては、統合失調症などを有しており、危険回避などができない重度の精神障害者、てんかんや自閉症などを有する重度の知的障害者、そして自傷・異食・徘徊などの危険を有する人などが挙げられます。

　障害者の特性に合わせて、制御的行動や予防的対応を行わなければならないため、行動援護を行うヘルパーの資格要件については養成研修を修了し、知的障害者や精神障害者への直接処遇経験が1年以上必要となります。

6 重度障害者等包括支援
複数のサービスを組み合わせて利用する

● 重度障害者等包括支援とは

　重度障害者等包括支援の対象者は、居宅介護、同行援護、重度訪問介護、行動援護、生活介護、短期入所、共同生活援助、自立訓練、就労移行支援及び就労継続支援などといった複数のサービスを包括的に利用できます。

　重度障害者等包括支援のサービスの対象者は、障害支援区分6に該当し、意思疎通が著しく困難な障害者です。その上で、重度障害者をⅠ類型、Ⅱ類型、Ⅲ類型に分類しています。重度障害者等包括支援事業者は、運営規程の中で事業の対象者としてⅠ～Ⅲ類型を明記する必要があります。

　Ⅰ類型とⅡ類型は、四肢すべてに麻痺があり、常時寝たきり状態である者です。さらに、Ⅰ類型の場合は、筋ジストロフィーや脊椎損傷など人工呼吸器で呼吸管理をしている身体障害者が該当します。Ⅱ類型は、最重度の知的障害者が該当します。

　Ⅲ類型は、障害支援区分の認定調査項目の行動関連項目により判断され、強度行動障害者などが該当します。

● どのように支援を行うのか

　重度障害者等包括支援は複数のサービスを組み合わせて提供されます。具体的には、朝夕の食事などの介護を重度訪問介護、日中は事業所へ移動し、入浴などの生活介護をそれぞれ行い、切れ目のないサービスを提供します。また、家族の入院など緊急時や障害者本人の通院時は、重度訪問介護で夜間の見守りや通院支援を行います。

　家族の介護負担を減らすために、泊まりの短期入所を組み合わせる場合もあります。すべての事業を同一の事業所で提供することは難しい場合は、他事業所と連携して提供することも可能です。その場合においても、利用者の状態変化で生じたニーズに臨機応変に対応する体制や、緊急なサービス内容の変更への調整を行えるように事業所間で連絡を密にしておく必要があります。

　しかし、事業所側にとっては、非常に負担の大きいサービスです。そのため、実施事業者数、利用者数ともに伸び悩んでいるのが現状です。

　なお、利用者は原則として1割の利用料を負担しますが、一定の金額を上限として定め、利用者の負担が過度にならないように配慮しています。その際には、利用者の所得（18歳以上の障害者は本人と配偶者の所得）を基準に上限額を算定します。

7 短期入所

介護者のリフレッシュも兼ねる

● 短期入所とはどんなサービスなのか

　短期入所は、通常、自宅での介護サービスを受けている人が、その介護者の病気、冠婚葬祭への出席、公的行事への参加などの理由から、施設で短期間生活する際に受けることのできるサービスのことで、ショートステイとも呼ばれます。介護者が不在となる障害者を、一時的に預かり、必要に応じて排せつ、食事、入浴などの介護や支援を行います。また、短期入所は、家族の介護の負担軽減を図る制度としても期待されています。

　このサービスは、福祉型と医療型に分かれています。どちらも身体障害者、知的障害者、精神障害者を問わず利用することができます。

　福祉型は、障害者支援施設などで実施されており、対象になるのは、障害支援区分1以上の障害者、または、障害児に必要とされる支援の程度に応じて厚生労働大臣が定める区分において、区分1以上に該当する障害児です。

　医療型は、病院、診療所、介護老人保護施設で実施されており、対象者は遷延性意識障害児（者）や重症心身障害児（者）などです。

　短期入所サービスを利用できる日数は、各市町村の判断によって決定されます。なお、短期入所は介護者の急用などで突然利用が必要になることも多いため、すぐに利用予定がない場合でも、事前に利用申請をしておくことができます。

　短期入所サービスは、一般的には障害者支援施設に併設しているため、設備や人員面に関しても安心してサービスを利用することができます。

● 短期入所サービスの役割とは

　サービスの利用理由は、介護者の病気など、緊急、臨時的に介護が必要という理由だけでなく、旅行や休息など、ふだん介護に疲れている家族がリフレッシュすることを目的としたものでもかまいません。家族が一時的に介護を離れリフレッシュするために、障害者を預かることをレスパイトケアといいます。

　近年では、介護のため時短勤務や、場合によっては離職して介護をしなければならないケースが増えてきました。しかし、短期入所サービスのように気軽にレスパイトケアとして利用することが可能なサービスが増えれば、そういった介護者の負担軽減になり、介護者の社会進出も可能になります。

8 療養介護
医療機関で介護と医療的ケアを行う

●療養介護とはどんなサービスなのか

療養介護とは、「障害者総合支援法」で定められた自立支援給付のうち、介護給付に含まれる障害福祉サービスです。障害の種類によっては、食事介助や排せつの介助だけでなく、医療的なケアを要する障害もあります。具体的には、ALS（筋萎縮性側索硬化症）や筋ジストロフィー患者、重症心身障害者が該当します。つまり、長期の入院が必要である障害者のためのサービスとなっています。

療養介護では、難病患者や重症心身障害者が、病院などの医療機関に長期入院して、機能訓練や看護などの医療的ケアとともに、食事や排せつなどの介護を受けることができます。つまり、日常的な介護の他に、医療行為の提供などを受けることができ、これを療養介護医療と呼んでいます。

療養介護の対象者は、ALSなどを患っており、気管切開を伴う人工呼吸器による呼吸管理をしている人で障害支援区分6の人、または筋ジストロフィー患者か重症心身障害者で障害支援区分5以上の人で、いずれの場合も長期入院や常時の介護を必要とする人を対象としています。

療養介護を利用するためには市町村に申請し、障害支援区分についての認定を受けなければなりません。

障害支援区分には有効期間があり、3か月から3年の期間内で期間が決定されます。さらに支給を受けるためには、指定特定相談支援事業者が作成したサービス等利用計画案を提出し、支給決定を受けなければなりません。サービスの利用開始後も、利用者の実情に合ったサービスを提供するため、事業者は少なくとも6か月ごとにモニタリングを行い、利用計画を見直します。支給決定の更新もそれに基づいて決定されます。

●療養介護も選択肢のひとつになっている

療養介護は、医療的ケアを必要とする障害者が長期入院をすることを想定して作られたサービスです。医療の発達や機能訓練などで、必ずしも療養介護を利用しなければならないわけではありません。筋ジストロフィー患者の中には、自らの意思で療養介護を継続した人もいれば、自宅で自立生活を送っている人もいます。

なお、自立生活を行う場合は、重度障害者等包括支援を利用することになります。

難病患者や重症心身障害者は、体を動かすことや意思疎通が困難な場合があります。

しかし、「こういう生活がしたい」という意思や感情までなくなったわけではありません。障害が重いから入院しかできないではなく、療養介護はあくまで選択肢のひとつであり、障害者本人の意思を優先し、望んでいる生活が可能となるサービスや支援の拡充が必要となっています。

療養介護

【対象】長期入院・常時介護が必要な障害者
- ALS（筋萎縮性側索硬化症）などにより気管切開を伴う人工呼吸器による呼吸管理をしている障害支援区分6の人
- 筋ジストロフィー患者・重症心身障害者で障害支援区分5以上の人

受けられるサービス

〈日常的な介護〉
食事、入浴、排せつの管理など

＋

〈療養介護医療〉
医療行為や看護など

療養介護と生活介護の違い

	療養介護	生活介護
給付の種類	介護給付	
利用者	医療を要する者であって、かつ、常時介護を必要とし、障害支援区分が一定以上の障害者	常時介護を要する者であって、障害支援区分が一定以上の障害者
サービス内容	療養上の管理や医学的管理の下における介護等	入浴、排せつ、食事等の介護や生産活動の機会の提供等
利用期限	制度上、期限の定めなし	
夜間の生活の場	病　院	施設入所支援の利用が可能

9 生活介護

日常生活の介護から創作的活動まで支援する

●生活介護とはどんなサービスなのか

生活介護とは、障害者総合支援法で定められた自立支援給付のうち、介護給付に含まれる障害福祉サービスです。通称「障害者デイサービス」といわれているもので、昼間に障害者支援施設などに通い、サービスを利用することができます。生活介護の利用定員は20名以上で、排せつや入浴、食事などの基本的な日常生活上の介護だけでなく、対象者の生産活動や創作的活動のサポートも受けられます。なお、施設に入所している障害者も昼間、生活介護を利用することができます。

生活介護の対象者は、常時の介護を必要とする身体障害、知的障害、精神障害にかかわらず、障害支援区分3以上の人です。生活介護は施設入所者の場合、障害支援区分4以上の人が対象になります。そして、4より下の場合でも、市町村により生活介護と入所している施設からの支援を組み合わせて利用することが必要と判断されれば対象となります。また、年齢が50歳以上の場合は、障害支援区分2以上で利用が可能です。そして、2より下の場合でも、市町村により生活介護と入所している施設からの支援を組み合わせて利用することが必要と判断されれば対象となります。

生活介護と施設入所支援とを組み合わせて利用する場合には、指定特定相談支援事業者によるサービス等利用計画案を作成する手続きを行う必要があります。また、すべての障害者が対象なのではなく、以下に該当する障害者が対象となります。

① 障害者自立支援法の施行時に、身体障害者・知的障害者の旧法の施設（通所施設も含みます）の利用者（特定旧法受給者）

② 障害者自立支援法の施行後に旧法の施設に入所し、そのまま継続して入所している人

③ 平成24年4月の改正児童福祉法の施行のときに、障害児施設（指定医療機関を含みます）に入所している人

④ 新たに入所を希望する人（障害支援区分が1以上の人）

なお、生活介護を利用することができるのは障害者のみで、障害児の利用はできません。

施設には利用者の障害支援区分に応じて、看護師、理学療法士、作業療法士および生活支援員が配置されています。また、利用者に対して日常生活上の健康管理および療養上の指導を行うために必要な人数の医師が配置されています。

生活介護を利用するためには市町村に申請し、障害支援区分についての認定を受けなければなりません。障害支援区分の有効期間、支給を受けるための過程については療養介護と同じです（38ページ）。また、事業者が行うモニタリング期間についても療養介護と同様に6か月ごとに行います。ただし、65歳以上で介護保険のケアマネジメントを受けていない場合には3か月に短縮されます。

利用者負担については1割ですが、食事の提供に要する費用や創作活動のための材料費、日用品費等は実費負担となります。

●生産活動や創作的活動の意義とは

生活介護の特徴は、日常生活上の介護だけでなく、生産活動や創作的活動を提供することにあります。つまり、障害者が日常生活を送る上で必要な介護などを提供するとともに、さまざまな活動に取り組み、社会参加への足がかりを作ることに目的があります。生産活動や創作的活動の具体例としては、手芸などの自主製品の製作や、パンやクッキーの製造、趣味活動などのサポート、企業からの内職など多種多様な活動があります。

生産活動に従事している障害者には工賃が支払われますが、こうした活動は、製作や内職をして工賃を稼ぐためではなく、健康の維持・増進、自立に向けた自信や生活意欲の醸成、経験値の拡充などの目的があります。

生活介護の利用者は、比較的、障害支援区分が高い人が多く、この生産活動や創作的活動の内容を充実させることは、前述した目的達成のために重要な要素になります。たとえば、内容を充実させるために、製作をただの作業で終わらせず、創作活動の成果を発表する場を設ける、就労支援施設との連携を図る、などが考えられます。

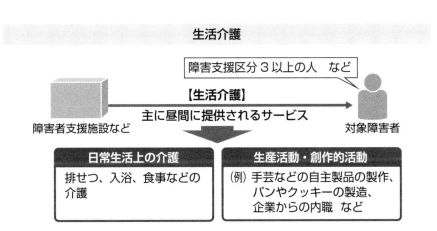

生活介護

障害支援区分3以上の人　など

【生活介護】
主に昼間に提供されるサービス

障害者支援施設など　　　　　　　　　　　　　　対象障害者

日常生活上の介護	生産活動・創作的活動
排せつ、入浴、食事などの介護	(例) 手芸などの自主製品の製作、パンやクッキーの製造、企業からの内職　など

10 自立訓練

機能訓練と生活訓練では対象者が違う

● 自立訓練（機能・生活訓練）とはどんなサービスなのか

　自立訓練とは、自立支援給付のうち、訓練等給付に含まれる障害福祉サービスです。病院や施設を退院した人が、地域社会で自立した生活を営むことができるように、身体機能の訓練や生活能力の維持・向上のためのサービスが受けられます。自立訓練は、身体障害者を対象とした機能訓練と、知的障害者・精神障害者を対象とした生活訓練に分けられます。

・機能訓練

　機能訓練とは、①入所施設を退所したり病院を退院した身体障害者や難病患者、②特別支援学校などを卒業した人に対して、身体機能や生活能力の維持・回復に必要な訓練や、継続的な身体的リハビリテーションを行い、地域の中で自立した生活をするためのサポートをする障害福祉サービスです。

　具体的には、看護師、理学療法士や作業療法士、生活支援員による身体的リハビリテーションや、日常生活を送る上での相談支援などを行います。事業所によっては、医師や心理士が配置されていたり、視覚障害者を対象とした事業所には歩行訓練士や手話通訳士、点字技能士が配置されているところもあります。

　機能訓練は通所による訓練が原則ですが、個別支援計画の進み具合など利用者の状況に応じて、通所と訪問などのサービスを組み合わせて訓練を行う場合もあります。

　機能訓練のサービスを利用するためには、指定特定相談支援事業者が作成したサービス等利用計画案を市町村に提出し、支給決定を受けなければなりません。障害支援区分は必要ありませんが、サービスの長期化を防ぐため18か月間の標準利用期間が設定されています。この標準利用期間は、頸髄損傷による四肢麻痺などの人については36か月間に延長されます。

　また、利用者が安定して地域生活を営むことができるように、定期的な連絡・相談を行うため、原則として3か月ごとにモニタリングが実施されます。

・生活訓練

　生活訓練とは、①入所施設を退所したり病院を退院した知的障害者と精神障害者、②特別支援学校を卒業している人、通院を継続することにより症状が安定している人に対して、生活能力の維持と向上に必要な訓練を目的とした障害福祉サービスです。地域の中で自立した生活をするために、事業所へ

の通所や利用者の自宅への訪問を通じて必要な訓練を実施します。また、夜間の居住を一定期間提供し、帰宅した後の生活能力の維持や向上を図るための訓練として、宿泊型自立訓練も実施されています。昼間だけではなく夜間の訓練を行うことにより、昼夜を通じた訓練を実施し、積極的な地域移行支援を図ることを促進しています。

具体的には、生活支援員や地域移行支援員（宿泊型自立訓練を行う場合）により、食事や家事など日常生活能力を向上させるための訓練や、日常生活上の相談支援などを行います。事業所によっては、医師や心理士が配置されているところもあります。

機能訓練と同様で、生活訓練も通所による訓練が原則ですが、個別支援計画の進み具合など、利用者の状況に応じて、通所と訪問などのサービスを組み合わせて訓練を行う場合もあります。

生活訓練のサービスを利用するためには、指定特定相談支援事業者が作成したサービス等利用計画案を市町村に提出し、支給決定を受けなければなりません。障害支援区分は必要ありませんが、サービスの長期化を防ぐため24か月間の標準利用期間が設定されています。この標準利用期間は、長期間、入院・入所していた人については36か月間に延長されます。

また、定期的な連絡・相談を行うため、機能訓練と同様、原則として３か月ごとにモニタリングが実施されます。

機能訓練と生活訓練の違い

	機能訓練	生活訓練
利用者	地域生活を営む上で、身体機能生活機能の維持・向上等の必要がある身体障害者。以下の①②などが主な対象者。 ①病院などを退院した者で、身体的リハビリテーションの継続や身体機能の維持・回復などの支援が必要な者 ②特別支援学校を卒業した者で、身体機能の維持・回復などの支援が必要な者	地域生活を営む上で、生活能力の維持・向上等の必要がある知的障害者・精神障害者。以下の①②などが主な対象者。 ①病院などを退院した者で、生活能力の維持・向上などの支援が必要な者 ②特別支援学校を卒業した者や継続した通院により症状が安定している者で、生活能力の維持・向上などの支援が必要な者
サービス内容	身体的リハビリテーションの実施　など	社会的リハビリテーションの実施　など

11 就労支援

障害者が就労するのに必要な知識や技能に関する支援を行う

●就労移行支援とはどんなサービスなのか

就労移行支援とは、障害者総合支援法で定められた自立支援給付のうち、訓練等給付に含まれる障害福祉サービスです。障害者が一般就労を希望する場合や、独立開業をめざす場合に、就労に必要な能力や知識を得るための訓練が受けられます。

就労移行支援の対象者は、サービス利用開始時に65歳未満の障害者で、一般企業への就労を希望する人や、技術を習得し、在宅で就労などを希望する人を主な利用者として想定しています。

就労移行支援事業は、大きく以下の4つの段階に分類して、必要な支援を行います。

① 基礎的訓練

就労移行支援事業所において、一般的な労働に必要な基礎的な知識・技能に関する支援を受けることができます。具体的には、基礎体力向上に関する支援、集中力や持続力などの習得に関する支援などを通じて、利用者一人ひとりの適性や就労に向けた課題を見つけることが目的です。

② 実践的訓練

マナーや挨拶、身なりなど、実際に就職した場合に必要となる基本スキルの習得に関する支援が行われます。また、実際に職場見学に行き、実習を行うなど、利用者は就労後の直接的なイメージをつかむことができます。

③ 事業者とのマッチングなど

求職活動のサポートなどを通じて、個別の利用者にふさわしい職場への就職をめざした支援が行われます。この際には、ハローワークや事業者との間で連携を取り、事業者との間で試行雇用（トライアル）や、事業所内での職場適応訓練などが行われます。

④ 就職後のフォロー

事業者が、障害者を雇うことにした後も、ハローワークなどの関係機関と連携して、障害者の適性や希望に応じた職場を作り出す必要があります。特に、障害者が職に就いた後もその職場に定着することができているかどうかを確認し、支援を続ける必要があります。なお、就労移行支援期間中の訓練であっても、訓練を受けている間の工賃（賃金）が障害者に支払われる場合があります。

就労移行支援のサービスを利用するためには、指定特定相談支援事業者が作成したサービス等利用計画案を市町村に提出し、支給決定を受けなければなりません。障害支援区分は必要あり

ませんが、24か月間の標準利用期間が設定されています。

ただし、必要性が認められる場合に限り、最大で12か月について、サービスの更新を受けることができます。また、サービスを利用して就職をした人は、原則として6か月間、就労移行支援事業者からの継続的な支援が受けられます。

● 就労継続支援Ａ型（雇用型）とはどんなサービスなのか

就労継続支援とは、障害者総合支援法で定められた自立支援給付のうち、訓練等給付に含まれる障害福祉サービスです。一般企業に就労するのが困難な障害者に対して就労や生産活動の機会を提供し、能力や知識の向上を目的とした訓練が受けられます。

就労継続支援にはＡ型とＢ型の2つのタイプがあります。

就労継続支援Ａ型は、雇用型とも呼ばれ、雇用契約に基づく就労が可能と見込まれる65歳未満の障害者が対象です。具体的には就労移行支援事業で一般企業の雇用が実現できなかった人や、特別支援学校を卒業後就職できなかった人、そして一般企業を離職した人や就労経験のある人を対象としています。もっとも、就労移行支援と同様で、65歳以上の障害者であっても、65歳になる前の5年間の間に、障害福祉サービスの支給決定を受けており、65歳になる前日の段階で、就労継続支援Ａ型の支給決定を受けていた人については、引き続き就労継続支援Ａ型の支援を受けることが認められています。

具体的な支援については、主に以下の2つに分類することができます。

① 働く機会の提供

就労継続支援Ａ型においては、障害者は、就労継続支援Ａ型事業所で働くことができます。そのため、就労継続支援Ａ型のもっとも重要な支援として、

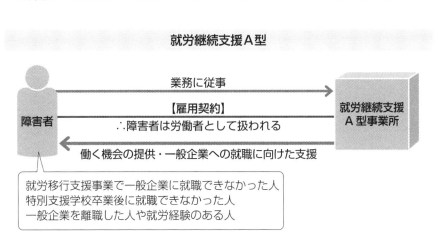

就労継続支援Ａ型

障害者 — 業務に従事 → 就労継続支援Ａ型事業所

【雇用契約】
∴障害者は労働者として扱われる

← 働く機会の提供・一般企業への就職に向けた支援

就労移行支援事業で一般企業に就職できなかった人
特別支援学校卒業後に就職できなかった人
一般企業を離職した人や就労経験のある人

障害者に雇用を通じた物の生産活動などの働く機会を提供することにあります。注意が必要なのは、就労継続支援A型の利用者は、全員が雇用契約を締結しなければならないわけではないということです。つまり、就労継続支援A型事業所との間で雇用契約を結ぶことなく、サービスを利用することができます。ただし、雇用契約を結ばない利用者は、利用者の定員の半数および（定員が20名以上の場合9名を超えることはできません）の範囲に限られます。

② 一般的な企業への就職に向けた知識・技能習得のための支援

就労継続支援A型の最終的な目標は、あくまでも、利用者が一般企業に就職することです。そのためには、就労継続支援A型事業所で働く中で、一般企業で就職するのに必要な挨拶などの就労習慣や、さまざまな業種をこなすための技能を習得するための支援が行われます。

なお、就労継続支援A型においては、雇用契約を締結するので、就労継続支援A型のサービス利用者は労働者として扱われ、労働基準法などの適用を受けます。また、事業者は障害者に対して工賃（賃金）を支払う必要があります。工賃は原則としてその地域の最低賃金が保障されます。

就労継続支援のサービスを利用するためには、就労移行支援と同様に、指定特定相談支援事業者が作成したサービス等利用計画案を市町村に提出し、支給決定を受けなければなりません。

ただし、A型のサービス利用者は施設と雇用契約を結んでいるので、就労移行支援のような標準利用期間は設定されていません。

◉就労継続支援B型（非雇用型）とはどんなサービスなのか

就労継続支援B型は、非雇用型とも呼ばれています。雇用契約を結ぶA型とは異なり、雇用契約を結ばずに、就労の機会や居場所を提供し、就労支援を行います。就労継続支援B型の特徴は、年齢や体力などが理由で、負担の大きな仕事に就くことができない障害者を対象に、軽作業などを中心に行う中で、必要な職業訓練などが行われる点にあります。また、就労移行支援や就労継続支援A型に移行する前提として、就労継続支援B型を利用することも可能であり、一般的な就職を希望する利用者に対しては、就労継続支援B型の中でも、一般就労に必要な知識や技術に関する支援が行われます。

就労継続支援B型の対象者は、通常の事業所に雇用されることが困難な障害者で、具体的には、就労移行支援事業を利用したが一般企業の雇用に結びつかずB型利用が適当と判断された人、一般企業に就労経験があり、年齢や体力的に雇用が困難と予想される人、あるいは、50歳に達しているか、障害基

礎年金1級受給者など、就労の機会を通じて生産活動に関する知識や能力の向上が期待される人です。具体的な支援については、主に以下の2つに分類可能です。

① 働く機会の提供

就労継続支援B型においては、障害者は、雇用契約こそ結びませんが、就労継続支援B型事業所で働くことができます。そのため、就労継続支援A型と同様で、重要な支援として、障害者に雇用を通じた物の生産活動などの働く機会を提供することが挙げられます。

就労継続支援B型のサービスを利用する利用者は、手芸などの自主製品の製作やパンやクッキーの製造などの作業を行い、作業分を工賃（賃金）として受け取ります。比較的自由に自分のペースで働くことができます。

② 一般的な企業への就職に向けた知識・技能習得のための支援

就労継続支援B型の利用者の中には、最終的には一般企業などへの就職をめざして、就労継続支援A型や就労移行支援への移行を希望する利用者もいます。そこで、就労継続支援B型事業所で働く中で、一般企業で就職するのに必要な挨拶などの就労習慣や、さまざまな業種をこなすための技能を習得するための支援も行われます。

B型のサービスを利用するためには、A型と同様の手続を経て、支給決定を受けなければなりません。また、A型の場合と同様に、標準利用期間の制限もありません。

A型とB型の違いは、雇用契約があるかないかの違いであり、B型事業所の作業の方が軽作業が多いことが一般的です。さらに、年齢制限の違いもあります。A型事業所は、原則、18歳以上65歳未満の人が利用できる一方で、B型事業所では年齢制限が設けられているわけではありません。

就労継続支援B型

軽作業などに従事
障害者　→　就労継続支援B型事業所
働く機会の提供・一般企業への就職に向けた支援

就労移行支援事業を利用したが一般企業に就職できなかった人
一般企業に就労経験があり、年齢や体力的に雇用が困難と予想される人
50歳に達しているか、障害基礎年金1級受給者　など

12 施設入所支援
施設に入所して夜間の生活支援を行う

● 施設入所支援とはどんなサービスなのか

　施設入所支援は、障害者総合支援法で定められた自立支援給付のうち、介護給付に含まれる障害福祉サービスです。施設に入居する障害者に対し、夜間を中心に排せつや入浴、食事といった日常生活の介護や支援、生活に関する相談や助言を行うサービスです。そのため、施設に通所することが困難な障害者のケアを担う重要なサービスだといえます。日中時間帯は、就労移行支援事業や生活介護事業などを利用します。1日の時間帯ごとに適切なサービスが配置されていることで、障害者の1日の生活すべてにおいて、必要なケアが行き届くしくみが採用されています。

　施設入所支援により、障害者は自分に合った日中活動や夜間のケアを選択することができます。

　利用者は、施設でのサービスを日中のサービスと夜間のサービスに分けることで、サービスの組み合わせを選択できます。このサービスを利用する場合には、利用者一人ひとりの個別支援計画が作成され、その計画に沿ってサービスが提供されます。

　また、施設入所支援を利用する障害者は、地域移行支援の対象でもあります。そのため、個別支援計画を作成する際には、地域移行も想定して作成しなければなりません。その障害者がどんな生活が適しているのか、どんな支援が必要なのかを意識して作成する必要があり、障害者本人中心の支援計画を作成することが求められています。

● どんな人が利用できるのか

　施設入所支援の利用者は、日中に就労移行支援や自立訓練を利用している人で、かつ夜間の介護を必要とする人を対象としています。常時介護などの支援が必要な障害者が該当します。

　具体的な対象者は、①生活介護を受けている障害支援区分4以上の人（50歳以上の場合は障害支援区分が3以上）が利用できます。②自立訓練、就労移行支援または就労継続支援B型を受けている人で、施設に入所して訓練を行うことが必要的・効果的であると認められる人、③障害福祉サービスの提供状況などその他やむを得ない事情で通所による介護などを受けることが困難な人、などです。

　施設入所支援を希望する場合は、障害福祉サービスの利用申請と異なるので注意が必要です。

13 共同生活援助

比較的軽度な障害者の生活の場を提供する

● 共同生活援助とは

　共同生活援助（グループホーム）は、障害福祉サービスの中で、自立支援給付の訓練等給付にあたります。地域の中で障害者が集まって共同で生活する場を設け、サービス管理責任者や世話人を配置して生活面の支援をするサービスです。

　主に昼間は就労継続支援や小規模作業所などのサービスを受けている知的障害者や精神障害者などを対象としています。障害者の場合、親や親族など支援をしていた人が亡くなったり、高齢になって支援できなくなることで、生活の場を失うおそれがあります。そのような障害者の受け皿として、グループホームの必要性は高まっています。また、障害者が社会の中で孤立することを防ぎ、安心して社会生活を送ることをサポートするという役割も担っています。

　グループホームの具体的なサービス内容は、日常生活上必要な相談を受ける、食事の提供、入浴、排せつ、金銭管理、健康管理、緊急時の対応などです。こういったサービスを直接提供するのが世話人の役目です。グループホームには居住者6人（日中サービス支援型は5人）に対し1人の割合で世話人が配置されています。

　利用できる対象者は、身体障害者、知的障害者、精神障害者です。なお、身体障害者の場合は、65歳未満の人、65歳になる前に障害福祉サービスなどを利用したことがある人に限定されます。

● グループホームには種別がある

　グループホームは、①介護サービス包括型、②外部サービス利用型、③日中サービス支援型に分類されます。介護サービス包括型は、相談や日常生活上の援助、食事や入浴などの介護を合わせて行うサービスです。一方で、外部サービス利用型は、相談や日常生活上の援助は行い、食事や入浴などの介護は外部の居宅介護サービスを受ける形態です。日中サービス支援型は、障害者の重度化や高齢化に対応するために創設された形態です。

　グループホームは原則として、障害者が共同で生活することを基本としています。しかし、グループホームの支援が不要となっても、支援がまったくないことで不安を抱え、なかなか自立できないといったケースもあります。そのため「サテライト型住居」が認められています。ふだんは民間のアパートなどで生活し、余暇活動や食事などは本体となるグループホームを利用する形態になります。

自立生活援助・就労定着支援

一人暮らしや就労定着の継続支援を行う

● 自立生活援助とはどんなサービスか

　自立生活援助とは、これまで施設入所支援や共同生活援助（グループホーム）の利用者となっていた人たちを対象として行われるサービスです。これまでは一人暮らしをすることが難しいと思われていた障害者が、アパートなどで一人で生活できるようにすることが目的です。そのため、自立生活援助の対象者は、障害者支援施設などを利用していた、一人暮らしを希望する障害者です。

　サービスの内容としては、定期的に自宅を巡回訪問したり、必要なときには随時対応することにより、障害者が円滑に地域生活を送ることができるよう、さまざまなサポートを行います。

　具体的には、定期的な訪問による支援として、地域生活支援員が概ね週に１回以上、障害者の居宅を訪問することにより、障害者の心身の状況、障害者の置かれている環境および日常生活全般の状況などを把握します。そして、障害者に対して必要な情報を提供したり、助言や相談などを行います。

　また、指定障害福祉サービス事業者や医療機関などとの連絡調整を行い、障害者が、地域で自立した日常生活または社会生活を営むための必要なサポートを行っています。

　随時の通報による支援は、障害者からの通報があった場合に、すみやかに障害者の居宅へ訪問し、状況把握を行います。そして、その状況把握をふまえて、障害者の家族や、指定障害福祉サービス事業者や医療機関など関係機関との連絡調整などを行います。知的障害や精神障害で理解力や生活力が不十分であるために、一人での生活を選択できないような場合に利用されます。

　このサービスが創設された背景には、深刻に進む障害者の高齢化問題への対策という意味合いがあります。今後、障害者を受け入れる施設やグループホームが不足することが想定されるため、年齢が若かったり、障害の程度が軽い人については、なるべく施設などからアパートなどに移り、地域生活を送ることができるようにすることをめざしています。

　そして、これによって空きの出た施設やグループホームには、高齢であったり、障害の程度が重度な人を、優先的に入所させることになります。

● 就労定着支援とはどんなサービスなのか

　就労定着支援とは、生活介護や就労移行支援などを利用して一般の企業に

雇用された障害者の相談を受けたり、金銭管理などの生活上の課題を支援するサービスです。雇用されている企業、医療機関などとの連絡調整役となり、就労がなかなか定着しない精神障害者、知的障害者、発達障害者などを支援することを目的としています。

就労定着支援の対象となる障害者は、生活介護などを利用した後に通常の事業所に雇用され、その就労を継続している期間が6か月を経過しており、就労による環境の変化によって、日常生活または社会生活上の課題が生じている障害者です。

指定就労定着支援事業者は、月に1回以上、障害者の自宅または職場を訪問し、対面等による支援を行います。

なお、就労定着支援を受けることができる期間は、最大で3年です（1年ごとの更新があります）。

「自立生活援助」と「就労定着支援」は、平成30年（2018年）4月1日に創設された新しいサービスです。施設やグループホームから一人暮らしに移行したり、就労支援施設から新たに一般の企業に採用されるなど、障害者の社会進出は増加しています。障害福祉サービスを利用していた人が、自立した生活へ変化することは負担が大きいといえます。そういった負担から、施設生活に逆戻りしたり、退職してしまうことは、社会にとっても本人にとっても好ましいことではありません。

自立生活援助や就労定着支援は、地域社会での自立をめざすため、障害者が徐々に日常生活や就労に慣れ、安心して地域での生活ができるようにサポートする専門的機関として機能することが期待されています。

自立生活援助・就労定着支援

【自立生活援助】

自立生活援助の役割：
定期的な訪問相談の受付など

一人暮らしを望む障害者など

障害者
アパートなど

生活の変化

施設入所支援、共同生活援助など

【就労定着支援】

就労定着支援の役割：
相談の受付、金銭管理など

一般企業に雇用された障害者など

障害者
一般企業

就労の変化

就労移行支援事業所

医療支援のサービス

障害の種類・程度・年齢等の事情をふまえた上で適切な医療が提供される

◯自立支援医療とはどんなものなのか

自立支援医療とは、障害の軽減を図り、自立して日常生活や社会生活を送れるようにするために行われる医療費の公費負担制度です。

自立支援医療は、従来別々に行われてきた、身体障害児の健全な育成や生活能力の獲得を図るための医療（旧育成医療）、身体障害者の自立と社会経済活動への参加促進を図るための医療（旧更生医療）、精神障害者が入院しないで受ける精神医療（旧精神通院医療）の3つが統合された制度です。それぞれの利用手続きは、以下のとおりです。

・育成医療

実施主体は市町村、申請窓口は市町村の担当課

・更生医療

実施主体は市町村、申請窓口は市町村の担当課

・精神通院医療

実施主体は都道府県・指定都市、申請窓口は市町村の担当課

なお、自立支援医療は、指定された自立支援医療機関において、治療や調剤等が行われるため、申請窓口を通じて必要な手続きをとる必要があります。

申請には、医師の診断書や意見書、健康保険証、さらにその人にとっての妥当な利用料を設定するため、所得に関する書類が必要になります。経済的事情で自立支援医療が受けられないという状態を避けるため、利用負担に関して、所得に応じた細かい区分や上限額が設定されています。申請の有効期間はいずれも1年（育成医療は原則3か月）で、期間が過ぎると更新が必要になります。

育成医療・更生医療を受けられるのは、基本的には治療により状態がよくなる見込みがある、障害者手帳を持っている障害児（者）です。育成医療の対象は18歳までなので、その後は身体障害者更生相談所（身更相）の判定を経て、更生医療に切り替えて治療を続けます。精神通院医療は、状態を良くするために通院治療を続ける精神障害者が対象です。更生医療と同じく、判定を経る必要があり、その業務は精神保健福祉センターが担います。

自立支援医療が必要だと認められた場合でも、自由に複数の医療機関を利用することはできません。対象者が利用する医療機関は、事情がある場合を除き、どこか1か所に絞らなければなりません。

◯療養介護医療費とは

障害福祉サービスを受けている者が、医療の他に介護を受けている場合に、

医療費の部分について支給されるのが療養介護医療費・基準該当療養介護医療費です。

主に昼間、日常生活の世話や医学的管理下での介護、療養上の看護・管理、病院や施設などでの機能訓練を受ける際に療養介護医療費が支給されます。

また、障害福祉サービス事業を提供するための事業所・施設が基準該当事業所や基準該当施設（事業所や施設について、設備・運営基準のすべてを満たしていないが、一定の基準を確保していることから、サービスの提供や施設の運営が認められるもの）の場合、基準該当療養介護医療費が支給されます。

● 自立支援医療を利用する場合の手続きと利用者の負担額

自立支援医療の担当窓口は市町村の担当窓口です。申請後、判定が行われ、支給認定が行われると受給者証が交付されます。利用者は受給者証の交付後指定の医療機関で治療を受けることになります。

自立支援医療の対象者であることが認定されると、指定自立支援医療機関の中から医療機関を選び、利用者が負担能力に応じて負担する金額で医療を受けることができます。

また、利用者の負担を軽減するため、下図のような上限額が設定されています。なお、「世帯」については、健康保険や共済組合で扶養、被扶養の関係にある全員、または国民健康保険に一緒に加入している全員のことを指すため、住民票上の「世帯」とは異なる場合があります。

自立支援医療費の負担の上限額

所得区分 （医療保険の世帯単位）		更生医療 精神通院医療	育成医療	重度かつ継続
生活保護	生活保護世帯	0円		
低所得①	市町村民税非課税 （本人または障害児の保護者の年収が80万円以下）	2,500円		
低所得②	市町村民税非課税 （低所得1以外）	5,000円		
中間所得①	市町村民税 33,000円未満	総医療費の1割または高額療養費の自己負担限度額	5,000円※	5,000円
中間所得②	市町村民税 33,000円以上 235,000円未満		10,000円※	10,000円
一定所得以上	市町村民税 235,000円以上	対象外	対象外	20,000円※

※令和6年3月31日までの経過措置

16 育成医療

障害の除去や軽減ができる児童の医療費の一部を負担する制度

● 育成医療は障害の除去や軽減ができる児童が対象

　障害のある児童で、手術などの治療により、障害を除去することや軽減することができる者もいます。しかし、障害に対する治療は高額になることがあり、また、長期的に治療が必要であることから、経済的に継続することが困難となる場合もあります。そのような児童の治療を助けるため、育成医療が制定されました。

　育成医療の対象となる者は、障害の除去や軽減ができる児童です。まず、児童であるためには、18歳未満でなければなりません。満18歳以上になった場合には、育成医療の対象ではなく、更生医療の対象になります。

　育成医療の対象になる児童は、児童福祉法4条2項に規定する障害児、あるいは、治療を行わなければ将来障害を残すと認められる疾患がある児童です。これらの児童は、手術などの医学的な治療により、障害の除去や軽減を確実に期待できる者でなければなりません。

● 対象となる疾病

　対象となる疾病は、医学的な治療により、除去や軽減を期待できる疾病で

なければなりません。

　たとえば、白内障などの視覚障害、先天性耳奇形などの聴覚障害、口蓋裂などの言語障害、先天性股関節脱臼など肢体不自由が対象になります。他にも、内部障害として、心臓の弁口や心室心房中隔に対する手術で治療できる先天性疾患や、ペースメーカーの埋め込み手術により治療できる後天的な疾患、肝臓移植によって治療可能な肝機能障害、HIVによる免疫機能障害も対象になります。

　そして、育成医療の対象となる医療は、診察、薬剤、治療材料、医学的処置、手術、入院における看護などが対象になります。たとえば、先天性耳奇形、口蓋裂などに対する形成術、尿道形成や人工肛門の造設、HIVによる免疫機能障害に対する抗HIV療法などが対象になります。

　それに対して、入院時の個室費用、文書料、高度先進医療費などの保険対象外の費用については、育成医療の給付の対象とはなりません。

● 支給認定手続き

　育成医療を申請する者は、市町村に申請書と添付書類を提出します。申請を受けた市町村は、身体障害者更生相

談所などの意見を聴き、負担上限月額の認定を行います。

育成医療の自己負担上限月額の決定には、世帯の所得状況や高額治療継続者に該当するかなど、さまざまな要素が考慮されます。実際に育成医療の給付を希望する場合は、事前に市町村の担当課や医療機関のソーシャルワーカー（MSW）に相談するのがよいでしょう。

市町村は、自己負担上限月額の決定に際して、育成医療の支給の有効期間も決定します。有効期間は原則3か月ですが、治療が長期におよぶ場合については、1年以内になります。

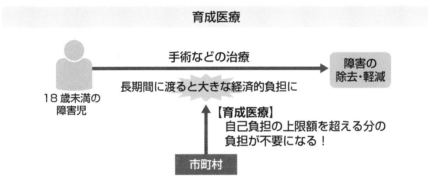

育成医療

手術などの治療　→　障害の除去・軽減

18歳未満の障害児

長期間に渡ると大きな経済的負担に

市町村

【育成医療】
自己負担の上限額を超える分の負担が不要になる！

対象となる障害と標準治療の一覧

① 視覚		白内障、先天性緑内障
② 聴覚		先天性耳奇形
③ 言語		口蓋裂等 唇顎口蓋裂に起因した音声・言語機能障害を伴うもので、鼻咽腔閉鎖機能不全に対する手術以外に歯科矯正が必要な場合
④ 肢体		先天性股関節脱臼や脊椎側彎症に対する関節形成術、関節置換術など
⑤ 内部	心臓	先天性→弁口、心室心房中隔に対する手術 後天性→ペースメーカー埋込み
	腎臓	人工透析、腎臓移植術
	肝臓	肝臓移植術
	小腸	中心静脈栄養法
	免疫	抗HIV療法、免疫調節療法等
	その他	先天性食堂閉鎖症、先天性腸閉鎖症、鎖肛、巨大結腸症、尿道下裂など

55

更生医療

育成医療と同様に除去・軽減することができる障害の治療の一部を負担する制度

更生医療は18歳以上の身体障害者が対象

更生医療も育成医療と同様の制度です。治療により、障害を除去し、あるいは軽減することが確実にできるにもかかわらず、治療費が高額であることや、治療が長期にわたり、負担が大きいことから、治療を断念してしまう者は少なくありません。そのような者の負担を軽減し、治療による改善を促すため、更生医療が制定されました。

育成医療が、18歳未満の者が対象であったのですが、更生医療は、18歳以上でなければなりません。また、更生医療の対象になる者は、身体障害者で一定の障害の人が対象です。身体障害者とは、身体障害者福祉法4条に定義されています。

身体障害者福祉法4条によると、身体障害者にあたるというためには、身体障害者手帳の交付が必要になります。身体障害者手帳は、市町村の窓口において申請し、交付を受けることができます。そのため、更生医療を利用する場合、事前に身体障害者手帳の申請をしなければなりません。

対象となる疾病

更生医療は、身体障害者が対象であ

るため、障害の種別として、身体障害でなければなりません。

そして、身体障害でも、その障害が継続するものである必要があります。これは、治療により除去・軽減することができる障害でなければならないからです。たとえば、白内障や網膜剥離などの視覚障害や外耳性難聴などの聴覚障害などがあります。

なお、言語機能障害については、鼻咽腔閉鎖機能不全に対する手術以外に、歯科矯正によって改善が期待できる場合には、歯科矯正も対象に含まれます。

また、内部障害として、心臓の先天性疾患や肝機能障害、HIVによる免疫機能障害も更生医療の対象の障害にあたります。支給対象となる医療の内容は、診察、薬剤、治療材料、医学的処置、手術、入院における看護などです。

これらのうち、医療による確実な効果が期待できるものに限られます。たとえば、白内障に対する水晶体摘出手術や、HIVによる免疫機能障害に対する抗HIV療法などです。

支給認定手続き

更生医療を利用する者は、まず、市町村に申請をしなければなりません。申請は、申請書を提出する方法により

なされます。市町村は、申請を受理すると、身体障害者更生相談所に判定依頼をします。身体障害者更生相談所は、医療の具体的な見通しや障害の程度などの事情から、申請内容の妥当性や給付の必要性を審査します。

身体障害者更生相談所が判定した後、その判定をもって、市町村が支給認定をします。

更生医療の有効期限は、原則1年以内とされています。概ね有効期間終了3か月前から更新の手続を行うことができます。

実際に更生医療を利用するためには、都道府県や市町村によって指定されている医療機関や薬局において、治療や処方を受けなければなりません。また、市町村の窓口で申請する時点において、あらかじめ対象となる医療機関を指定し、それらを受給者証に記載する必要があります。そのため、申請する前に自身が希望する医療機関が都道府県や市町村の指定を受けているか、各自治体の担当課において確認しておいた方がよいでしょう。

申請手続きに必要な書類は以下のとおりです。なお、必要書類は、各自治体によって異なります（以下は東京都の例です）。

・自立支援医療費（更生医療）支給認定申請書
・自立支援医療（更生医療）意見書（概略書・見積もり明細書など）
・身体障害者手帳の写し
・医療保険に加入していることを示す書類（健康保険証の写しなど）
・世帯の所得状況などが確認できる書類（区市町村民税課税証明書や非課税証明書など）
・腎臓機能障害による人工透析療法の場合は、特定疾病療養受療証の写し

更生医療の対象になる障害と治療例

対象になる身体障害		具体的な治療例など
視覚障害		水晶体摘出手術、網膜剥離手術、虹彩切除術、角膜移植術など
聴覚障害		鼓膜穿孔閉鎖術、形成術
言語障害		歯科矯正など
肢体不自由		関節形成術、人工関節置換術など
内部障害など	心臓	弁口・心室心房中隔に対する手術など
	腎臓	人工透析療法、腎臓移植術など
	肝臓	肝臓移植術など
	小腸	中心静脈栄養法
	免疫	抗HIV療法など

18 精神通院医療

医療機関に通院し精神疾患を治療している者の医療費の一部を負担する制度

● 精神通院医療は治療のため通院している人が対象

　育成医療や更生医療は、医学的な治療により、障害の除去や軽減ができるなど、確実な効果が期待できる身体障害者が対象でした。

　また、育成医療や更生医療の実施主体は市町村ですが、精神通院医療の実施主体は、都道府県や指定都市であることにも差があります。

　精神疾患は、治療による効果が出たかどうかを判断することが困難です。精神疾患にも医学的な治療は必要であり、治療を継続することは、身体障害と同様に困難になることがあります。にもかかわらず、精神疾患においては、医療費の給付が受けられないとすることは不平等です。そのため、精神通院医療が制定されました。

　精神通院医療の対象となる者は、治療のために通院している者です。入院して治療を受ける場合は対象になりません。「治療のために」とは、精神疾患が発症していなければならないということではありません。再発予防で通院している者も対象となります。

● 対象となる疾患

　精神通院医療の対象となる疾患は、精神保健福祉法5条に規定する11の精神疾患です（次ページ図参照）。

　たとえば、「病状性を含む器質性精神障害」「統合失調症、統合失調症型障害及び妄想性障害」「てんかん」「精神遅滞」「小児期・青年期に通常発症する行動・情緒の障害」などがあります。

　精神通院医療は、通常であれば3割負担である治療費が、1割の負担で済むことになります。さらに1か月あたりの負担額には上限が設けられています。

　そして、11の精神疾患のうち、高額治療継続者の対象疾患となるものあります。先程の例でいうと、「病状性を含む器質性精神障害」「統合失調症、統合失調症型障害及び妄想性障害」「てんかん」が該当します。また、他に該当する疾患として、「精神作用物質使用による精神及び行動の障害」「気分障害」があります。

　高額治療継続者とは、世帯などの所得が一定額以上で、治療費が前述の公費負担の対象外にあたる場合でも、継続な治療が必要である場合や、高額な費用負担が継続する疾患として、治療費の一部が公費により負担される者のことをいいます。高額治療継続者の対象疾患となる疾患は、「重度かつ継続」と認められた疾患のみです。

●支給認定手続き

　精神通院医療の申請は、市町村になされ、市町村を経由して、都道府県の精神保健福祉センターに申請がなされます。精神通院医療の実施主体は都道府県なのですが、育成医療、更生医療と申請手続を同様にし、利用者の便宜を図るため、このような制度になっています。

　申請手続きに必要な書類は以下のとおりです。なお、必要書類は、各自治体によって異なります（以下は東京都の例です）。

・自立支援医療費（精神通院）支給認定申請書

・自立支援医療診断書（精神通院　ただし、申請日から3か月以内に作成されたものに限る）

・医療保険に加入していることを示す書類（健康保険証の写しなど）

・世帯の所得状況などが確認できる書類（区市町村民税課税証明書や非課税証明書など）

　なお、診断書に基づいて交付された精神障害者保健福祉手帳を持っている人は、診断書ではなく精神障害者保健福祉手帳の写しにより申請することができます。

　申請を受けた精神保健福祉センターは、申請内容を審査し、判定を行います。そして、精神保健福祉センターの判定をもって、都道府県が支給認定をします。支給認定後、受給者証が市町村を経由して申請者に交付されます。

　なお、受給者証は有効期間が1年間となっており、1年ごとに継続（更新）の手続きが必要です。

精神通院医療の対象になる精神疾患

ICDコード	精神疾患
F0	病状性を含む器質性精神障害
F1	精神作用物質使用による精神及び行動の障害
F2	統合失調症、統合失調型障害及び妄想性障害
F3	気分障害
G40	てんかん
F4	神経症性障害、ストレス関連障害及び身体表現性障害
F5	生理的障害及び身体的要因に関連した行動症候群
F6	成人の人格及び行動の障害
F7	精神遅滞
F8	心理的発達の障害
F9	小児期及び青年期に通常発症する行動及び情緒の障害

※ICDコード：「疾病及び関連保健問題の国際統計分類」（国際疾病分類）に基づく

19 補装具等の支援

利用者が義肢などを購入した上で、費用の補助が行われる

● 補装具等としてどんな用具が提供されるのか

補装具とは、障害者等の身体機能を補完・代替し、かつ長期間にわたって継続して使用される用具で、具体的には義肢、装具、車いすなどが該当します。

障害者は、障害の程度によっては車椅子などの使用が欠かせなくなります。義肢や車椅子などの補装具は、市町村に申請することによって給付を受けることができます。

補装具費の支給対象となる障害者は、身体障害者手帳の交付を受けた障害者と障害児、障害者総合支援法の対象となっている難病患者などです。

補装具費の申請には、補装具費支給申請書の他に、補装具の支給の根拠となる補装具費支給意見書（医師によるもの）が必要です。また、身体障害者の場合は身体障害者手帳が、難病患者などの場合は特定医療費（指定難病）受給者証が必要となります。

そして、障害者からの申請に基づき市町村は、身体障害者更生相談所の判定により、補装具費を支給すべきか否かを審査した上で、適切だと認めた人に対して、補装具費の支給決定を行います。また、身体障害者更生相談所の判定ではなく、医師の補装具費支給意見書により市町村が支給の可否を決定する場合があります。

支給決定を受けた障害者には、補装具費支給券が交付されます。

請求方法は、利用者が補装具を購入した上で市町村の担当窓口へ自己負担額を除いた金額を請求し、市町村の支給決定によって給付金が支払われるという流れになります。

具体的には、購入時点においては、補装具業者との間で、利用者が購入などの契約を結びます。その際に、補装具費支給券を提示した上で、いったん、利用者自身が購入費用を負担しなければなりません。後に、領収書に補装具費給付券を添付して、市町村に対して請求を行います。これにより、自己負担額を差し引いた金額について、償還を受けることができるという制度がとられています。これを償還払方式といいます。

もっとも、市町村が利用者の状況などを考慮した上で、代理受領方式をとることも可能です。

代理受領方式とは、利用者が補装具を購入する時点で、自己負担額のみを支払うことで、補装具の引渡しを受けることができる制度です。その際に、利用者は補装具の製作業者に対して、代理受領に関する委任状と補装具費支

給券を手渡します。そして、後に製作業者から、市町村に対して、利用者から手渡された委任状・補装具費支給券を提示して、補装具に関する給付費に相当する金額の支払いを請求し、製作業者が、利用者に支給されるべき金額を受け取ります。

なお、障害者の費用負担については、

補装具の種類

義肢
義手、義足
装具
下肢、靴型、体幹、上肢
座位保持装置
モールド型、平面形状型、シート張り調節型
視覚障害者安全つえ
義眼
眼鏡
矯正眼鏡、遮光眼鏡、コンタクトレンズ、弱視眼鏡
補聴器
高度難聴用ポケット型、高度難聴用耳かけ型、重度難聴用ポケット型、重度難聴用耳かけ型、耳あな式（レディメイド）、耳あな式（オーダーメイド）、骨導式ポケット型、骨導式眼鏡型
車いす
普通型、リクライニング式普通型、ティルト式普通型、リクライニング・ティルト式普通型、手動リフト式普通型、前方大車輪型、リクライニング式前方大車輪型、片手駆動型、リクライニング式片手駆動型、レバー駆動型、手押し型、リクライニング式手押し型、ティルト式手押し型、リクライニング・ティルト式手押し型
電動車いす
普通型時速4.5キロメートル、普通型時速6キロメートル、簡易型、リクライニング式普通型、電動リクライニング式普通型、電動リフト式普通型、電動ティルト式普通型、電動リクライニング・ティルト式普通型
座位保持いす（身体障害児のみ）
起立保持具（身体障害児のみ）
歩行器
頭部保持具（身体障害児のみ）
排便補助具（身体障害児のみ）
歩行補助つえ
重度障害者用意思伝達装置
人工内耳

利用者が負担すべき額は最大でも１割とされているため、障害者は最大で、補装具を利用する費用の１割を負担することになります。利用者負担以外の部分については、公費負担になります。このうち、国が２分の１を負担し、都道府県・市町村がそれぞれ、４分の１ずつを負担します。

ただし、所得の状況によって以下のような負担上限額が定められています。
・生活保護受給世帯：０円（障害者の自己負担なし）
・市町村民税非課税世帯：０円（障害者の自己負担なし）
・市町村民税課税世帯：３万7200円

注意したいのは、所得制限が設けられているということです。つまり、障害者本人あるいは、その障害者が含まれる世帯のうち、いずれかの人が、市町村民税所得税における納税額が46万円以上の場合には、補装具費の支給を受けることができません。

なお、補装具について、申請者の希望するデザインや素材などを選ぶことにより負担上限額を超える場合には、その超えた部分について、申請者が自己負担することが認められています。ただし、自己負担が認められているのは、あくまでも申請者の嗜好にかかわる部分になります。補装具が支給される数については、原則１種目（種類）につき１つとなっています。ただし、障害の状況から、仕事のためや教育を

受ける上で特に必要だと認められる場合には、２つ分の支給を受けられる場合があります。単なる使い分けのため（家で使う用と外で使う用で分けたい）や、汚れた時の予備としてもう１つ持ちたいなどの理由では認められません。

●補装具の要件

補装具として認められるためには以下の３つの要件を満たしていなければなりません。
① 障害個別に対応して設計・加工されており、身体の欠損もしくは損なわれた身体機能を補完・代替するもの
② 同一製品を継続して使用するという条件があり、身体に装着して日常生活・就労・就学に使用するもの
③ 医師などの診断書や意見書に基づいて使用されるもの

具体的な補装具の種類には前ページ図のようなものがあります。

●補装具の借受けに対する支援

補装具は、個別の障害者に適合するように、製作されていますので、補装具費用の支給対象になるのは、原則として、利用者が補装具を購入する場合が想定されています。しかし、以下の場合には、補装具の借受けについても、必要な費用の支給を受けることができます。
・身体の成長によって、短期間のうちに補装具の交換が必要になると認め

られる場合
・障害の程度が進行することが予測され、補装具の使用期間が短く、交換などが必要になると認められる場合
・補装具の購入について、複数の補装具などの比較が必要であり、借受けが適当であると認められた場合

補装具の借受け費用の支給を受ける手続きは、購入の場合の手続きと同様です。借受け期間中は、毎月補装具費が支給されることになりますが、補装具費支給券については、借受け期間の最初の月に、支給決定通知書と合わせて、借受け期間にあたる月数分が交付されます。借受けから補装具の交換までの期間は、原則として1年間です。

ただし、市町村・身体障害者更生相談所などが必要性を認めた場合には、約1年ごとに判定・支給決定を行うことで、約3年間まで、補装具の交換までの期間を伸長することができます。

借受け期間の終了にあたっては、利用者は、補装具について購入可能であるのか、あるいは継続して、借受けによる給付を希望するのかを選択することができます。この際には、再び市町村による支給決定の手続きが必要になりますので、改めて身体障害者更生相談所による判定を受けなければなりません。

なお、現在、借受けの対象になる補装具には、①義肢・装具・座位保持装置の完成用部品、②重度障害者用意思伝達装置、③歩行器、④座位保持椅子

の4種類があります。

この他、補装具の修理が必要になった場合には、購入や借受けの時と同様に、修理費の申請が必要となります。

また、補装具ごとに決められている耐用年数が過ぎた場合には、補装具の再支給を受けることができます。ただし、耐用年数が過ぎていても、修理をすれば使用が継続できる場合には、再支給ではなく修理費の対象となります。

そして、まだ耐用年数を過ぎていなくても、再支給を受けられる場合があります。たとえば、障害の状況が変化すると、補装具が身体に合わなくなってくることがあります。そのような場合は、申請による再支給の対象となります。また、補装具の使用を続けていると、損傷が著しくなり、修理では対応できなくなる場合があります。その場合も、再支給の対象となります。ただし、就労状況や就学状況が変化したなど、前回と使用環境が変わったことによる再支給は、対象外となる場合があります。

なお、訓練用仮義足や歩行訓練用短下肢装具など、治療やリハビリテーションのために使われる装具などは、補装具費の支給対象にならないため注意が必要です。また、労災保険など他の制度によって補装具の支給（または修理、貸与）や賠償が受けられる場合には、他の制度が優先されて支給されます。

20 地域生活支援事業

多くは市区町村が行うが、一部の広域的な支援は都道府県が行う

● 地域生活支援事業とは

　地域生活支援事業とは、地域に居住する障害者に対して障害程度などに応じて必要な支援を行う事業です。地域生活支援事業の多くは市区町村によって行われますが、一部の広域的な支援は都道府県によって行われます。

● 市区町村が行う地域生活支援事業

　必ず実施しなければならない必須事業と任意に行うことができる任意事業があります。

　市区町村の必須事業には、①理解促進研修・啓発事業、②自発的活動支援事業、③相談支援事業、④成年後見制度利用支援事業、⑤成年後見制度法人後見支援事業、⑥意思疎通支援事業、⑦日常生活用具給付等事業、⑧手話奉仕員養成研修事業、⑨移動支援事業、⑩地域活動支援センター機能強化事業があります。主な支援事業の具体的な内容は、以下のとおりです。

・相談支援

　障害者や障害者の保護者などからの相談に応じて、市区町村は障害者支援について必要な情報を提供します。

・意思疎通支援

　視覚や聴覚などに障害があるため、通常の人よりコミュニケーションがと

りにくくなっている人を支援する事業です。

・日常生活用具の給付等事業

　主に重度障害のある人が自立した生活を営むために、自立生活支援用具などの日常生活用具を給付したり貸与する事業です。

・移動支援

　障害者が屋外での移動を円滑に行えるように、障害者のニーズに応じてサポートする事業です。具体的な支援の方法としては、障害者に対して個別に対応する個別支援型、複数の人が同じ目的で移動する際に行うグループ支援型、バスなどを巡回させて送迎支援を行う車両支援型などがあります。

・地域活動支援センター機能強化事業

　地域活動支援センターとは、障害者に社会との交流を図る機会や生産活動を行う機会を提供するための施設です。障害を持つ人が地域で自立した生活を営めるようにするために、利用者や地域の状況に応じて柔軟に事業を運営していくことを目的としています。地域活動支援センターを通じて、障害者は自立した日常生活や社会生活を送る上での援助を受けることができます。

・成年後見制度利用支援事業

　精神上の障害によって判断能力が不

十分な人のために、市区町村が行う成年後見制度の利用を支援する事業に対して、助成を行うことによって、成年後見制度の利用を促す事業です。

◯都道府県が行う地域生活支援事業

都道府県は、障害者を支援する事業の中でも専門的知識が必要とされる事業や、市区町村ごとではなく広域的な対応が必要な事業を実施しています。市区町村事業と同様に、都道府県事業にも必須事業と任意事業があります。必須事業には、以下の事業があります。

・専門性の高い相談支援事業

発達障害者やその家族に対しての相談支援、高次脳機能障害に対する人材育成や情報提供・啓発活動、障害者が自立して職業生活を送ることができるようにするための雇用促進のための活動といった事業です。

・人材の養成・研修、事業

手話を使いこなすことができる者の育成、盲ろう者向け通訳や介助員の養成、障害者福祉サービスの管理を行う者の養成などを行います。

・専門性の高い者の派遣・連絡調整事業

手話通訳者、要約筆記者、触手話、指点字を行う者の派遣、市区町村相互間での連絡調整に関する事業です。

・広域的な支援事業

市区町村域を越えて広域的な支援を行います（相談支援体制整備事業）。具体的には、地域のネットワークの構築、専門知識を必要とする障害者支援システムの構築に関する助言、広い地域にまたがって存在している課題の解決のための支援などがあります。

また、精神障害者の地域移行・生活支援の一環として、アウトリーチ（多種職チームによる訪問支援）を行うとともに、アウトリーチ活動に関して関係機関との広域的な調整などを行います（精神障害者地域生活支援広域調整等事業）。

第2章　受けられるサービスの内容

支援事業について

市区町村の支援事業	都道府県の支援事業
・相談支援 ・基幹相談支援センターを設置 ・成年後見制度利用支援 ・地域活動支援センター ・日常生活用具の給付 ・移動支援 ・意思疎通（コミュニケーション）支援 など	・相談支援体制整備事業 ・専門性の高い相談支援事業 ・福祉ホーム事業 ・発達障害者支援センター運営事業 ・障害者ICTサポート総合推進事業 など

21 成年後見制度利用支援事業
成年後見制度の利用促進に関する支援制度

●成年後見制度利用支援事業とは

　知的障害者や精神障害者は、自分で物事を判断する能力を完全に失っていたり、あるいは不十分である場合も少なくありません。そのため、預貯金や不動産などの管理や、遺産分割が発生したときの遺産分割協議などの相続の手続き、福祉サービスの利用契約を結ぶことなどの法律行為を行うことが困難な場合が多くあります。また、障害者本人が契約を結べたとしても、自分に不利な契約を結ばされたり、悪質商法に騙されたりすることもあるでしょう。

　民法は、判断能力を失っていたり、不十分な人を支援するために、成年後見制度を用意しています。成年後見制度は、対象者の判断能力の程度に応じて、家庭裁判所の審判を経て、後見人、保佐人、補助人のいずれかが選任されて、対象者の権利を守る制度です。

　後見は、判断能力が欠けているのが通常の状態の人、保佐は、判断能力が著しく不十分な人、補助は、判断能力が不十分な人が対象となります。

　成年後見制度を利用するには、本人や配偶者、一定の範囲内（四親等内）の親族、検察官、市町村長などが家庭裁判所に申し立てる必要があります。そのため、重要な制度であるにもかかわらず、あまり活用されてきませんでした。

　そこで、成年後見制度の利用促進をめざして行われる支援が、成年後見制度利用支援事業です。障害者総合支援法において、市町村が担当する地域生活支援事業として、規定されています。都道府県も市町村と協力の上で、援助に関わっています。

　判断能力が不十分な人が適切な福祉サービスの提供等を受けるためには、必要な契約を結ばなければならないことから、成年後見制度を利用できることが大きな意味を持ちます。成年後見制度利用支援事業が整備されたのは、成年後見制度の利用にかかる費用を補助し、経済的理由などによって、成年後見制度の利用が妨げられないようにすることが最大の目的だといえます。

　成年後見制度利用支援事業は、知的障害者・精神障害者のうち、成年後見制度を利用することが、日常生活などにおいて有用だと考えられる障害者を対象としています。また、成年後見制度の利用に必要な経費について、補助を受けなければ成年後見制度の利用が困難だと認められる障害者でなければなりません。たとえば、生活保護を受給している者や、障害者を含む障害者

と同じ世帯の者全員が住民税非課税者である場合などが挙げられます。

　具体的な支援の内容は、成年後見制度を利用する際に、登記や鑑定にかかる費用などについて、全部あるいは一部が補助されます。具体的な手続きの流れとして、市町村は、障害者の家族や検察官などが、各種後見人の選任を家庭裁判所に申し立てるのに必要な費用を補助します。相談支援事業者や市町村が、成年後見制度利用支援の対象者を発見した場合、市町村が後見人の選任を、家庭裁判所に申し立てることもあります。

　成年後見制度利用開始の申立ての際には、申立書の他に、医師の診断書（成年後見制度用）が必要になります。診断書には、診断名や障害の状態、判断能力についての意見などが記載されます。また、医師の診断書の補助資料として、本人情報シート（成年後見制度用）を提出します。本人情報シートは、障害者本人の日常生活や社会生活について、ソーシャルワーカーなど本人の支援に関わっている人が記載することになっており、客観的な情報として家庭裁判所に提供するためのものとして想定されています。

　家庭裁判所により成年後見制度の利用が認められ、後見人、保佐人、補助人が選任された場合、障害者はこれらの人に対し報酬を支払わなければならないことがあります。成年後見制度利用支援事業は、後見人などに対する報酬についても補助を受けることが可能です。なお、地域生活支援事業として行われている成年後見制度利用支援事業については、国も国庫に基づく補助を行っています。補助のうち、国が2分の1を負担し、残りについては都道府県・市町村がそれぞれ、4分の1ずつを負担します。

成年後見制度利用支援事業

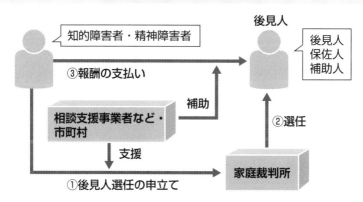

22 意思疎通支援事業
障害者とのコミュニケーションを円滑に測るための支援を行う

● 意思疎通支援事業とは

　意思疎通支援事業とは、障害者とその他の者の情報の交換や意思の伝達などの支援を行う者の養成・派遣などを行う事業です。点訳、代筆・代読などの方法により、障害者同士や、健常者との意思疎通をサポートするための事業を内容としています。障害者総合支援法において、地域生活支援事業の必須事業として、市町村と都道府県の役割分担が明確化されています。

　意思疎通支援事業は、聴覚、言語機能、音声機能、視覚機能の障害者だけでなく、失語症、高次脳機能障害、知的・発達障害者、ALS（筋萎縮性側索硬化症）などの難病患者を対象に含みます。意思疎通を支援する手段は、手話通訳や要約筆記の他に、盲ろう者（視覚障害と聴覚障害の両方がある人）への触手話や指点字、視覚障害者への代読や代筆、重度身体障害者へのコミュニケーションボードによる意思の伝達など、多様です。なお、手話は障害者基本法で言語に位置付けられており、障害者とのコミュニケーションにおける手話の重要性が示されています。

● 市町村・都道府県における必須事業

　意思疎通支援事業において、市町村が取り組む必須事業は以下のとおりです。

・意思疎通支援者の養成

　具体的には、手話奉仕員の養成を行います。手話奉仕員とは、手話を用いて、障害者とコミュニケーションを図る人を指します。

・手話通訳者と要約筆記者の派遣

　市町村は、手話通訳者と要約筆記者、失語症者向け意思疎通支援者などの派遣事務に取り組まなければなりません。手話通訳者とは、手話を通じて、障害者と障害のない人との間のやり取りを支援する人のことです。要約筆記者とは、主に聴覚障害者を対象に、手書きやパソコンなどを利用して、「話し」の内容を要約した上で、情報を障害者に伝える人のことです。

　なお、市町村では、点訳、代筆、代読、音声訳などによる支援や、市町村の窓口に手話通訳者を設置することも行っています。都道府県においては、以下の事業について必須事業として取り組まなければなりません。

● 手話通訳者、要約筆記者、盲ろう者対象の通訳や介助員などの養成

　手話通訳者・要約筆記者を養成するとともに、盲ろう者向け通訳・介助員、失語症者向け意思疎通支援者など

の養成も行っています。盲ろう者向け通訳・介助員とは、盲ろう者を対象に、盲ろう者が伝えたい内容を的確に把握し、盲ろう者が他者と円滑にコミュニケーションを図ることができるよう支援する人のことです。失語症者向け意思疎通支援者とは、失語症者（脳梗塞などで脳に障害が起こり、意思疎通が困難となっている人）との意思疎通支援を行うためのコミュニケーションができる人のことです。

近年では、意思疎通支援者の高齢化による人材不足への対策として、若年層の手話通訳者の養成に力を入れています。

・支援者の派遣

市町村が派遣できない場合に、手話通訳者と要約筆記者、失語症者向け意思疎通支援者の派遣を行います。他には、手話通訳士、盲ろう者向けの通訳・介助員の派遣など、複数の市町村の住民が参加する講演などにおける、高い専門性が要求される意思疎通支援者の派遣を行います。

・市町村相互間の連絡調整

意思疎通支援者の派遣に関して、広域的な派遣を円滑に実施するために、市町村相互間の連絡・調整を図ります。

なお、新たな取り組みとして、ICTを活用した意思疎通支援を行っています。

実施主体は、都道府県、指定都市および中核市です。取り組みのひとつとして、パソコンボランティアの養成や派遣を行っています。障害者の自宅に訪問し、パソコンを使ったコミュニケーションなどの支援をします。

また、タブレットやスマホで行える遠隔手話サービスや、電話リレーサービス（聴覚や発話が困難な人が、電話で円滑な意思疎通ができるよう、オペレーターが間に入りサポートする）を行っています。

意思疎通支援事業

意思疎通支援事業
→障害者とその他の者の意思疎通の支援を行う

市町村の必須事業
- 手話奉仕員の養成
- 手話通訳者と要約筆記者の派遣

都道府県の必須事業
- 手話通訳者、要約筆記者、盲ろう者対象の通訳・介助員の養成など
- 盲ろう者向けの通訳・介助員の派遣、専門性が高い意思疎通支援者の派遣
- 市町村間の連絡・調整

23 日常生活用具給付等事業

障害者の日常生活を円滑にするための用具の支給や貸与を行う

●日常生活用具給付等事業とは

障害者が日常生活を送るために、障害の種類に応じて用具が必要になることがあります。このようなニーズに応えて、障害者が自立した生活を営むために用具を給付する事業のことを日常生活用具給付等事業といいます。

対象となるのは、日常生活用具を必要としている障害者や障害児、政令で定められている難病患者などです。

給付する日常生活用具は、①安全で実用性があり、簡単に使用できる物であること、②障害者の自立と社会参加を促進する物であること、③用具の開発に障害に対する専門知識や専門技術を必要としているもので、日常生活品として普及していない物である、という条件を満たす用具です。たとえば、入浴補助用具や意思疎通支援用具が給付されます。

給付を受けるためには、障害者が市町村長に申請し、市町村の給付決定を受ける必要があります。もっとも、市町村により申請手続の詳細や、給付される用具の上限額・品目・自己負担額の割合などが異なりますので、あらかじめ市町村窓口で、自己負担額等を調べておくことが必要です。

●給付・貸与される用具などに関して

日常生活用具給付等事業により、障害者に給付・貸与される主な用具は、次ページ図のようになっています。それぞれの用具の対象者は、主に以下のように分類できます（日常生活用具の具体例については東京都中央区の例です）。

① 介護・訓練支援用具

障害者の身体介護を支援する必要がある、下肢あるいは体幹機能に障害がある人が対象です。たとえば、特殊寝台は、年齢が原則学齢児童以上で、身体障害者手帳の下肢または体幹の等級が1級または2級の身体障害者（児）、寝たきりの状態にある難病患者が対象です。

② 自立生活支援用具

障害の内容に合わせて、下肢あるいは体幹機能の障害、平衡機能あるいは下肢・体幹機能の障害、上肢障害、視覚障害、聴覚障害がある人を対象に、必要な用具などが支給されます。たとえば、聴覚障害者用屋内信号装置は、年齢が18歳以上で、身体障害者手帳の聴覚の等級が1級または2級の身体障害者が対象です。ただし、聴覚障害者のみの世帯およびこれに準ずる世帯で、日常生活上必要と認められる世帯に限られます。なお、火災警報器などは、年

齢に関係なく、火災発生を感知したり避難することが困難な人に支給されます。

③ 在宅療養等支援用具

腎機能障害や呼吸器機能障害がある人や、在宅酸素療法者、視覚障害がある人に必要な用具などが支給されます。たとえば、酸素ボンベ運搬車は、年齢が原則18歳以上で、身体障害者手帳の呼吸器の等級が原則として１級または３級の身体障害者が対象です。ただし、医療保険その他の制度による在宅酸素療法を受けている者および日常生活用具としての酸素吸入装置の使用を認められた人に限られます。

④ 情報・意思疎通支援用具

音声機能言語機能障害、上肢機能障害・視覚障害、盲ろう、聴覚障害がある人や、喉頭摘出者、外出困難者などを対象に必要な器具が支給・貸与されます。たとえば、視覚障害者用時計は、年齢が18歳以上で、身体障害者手帳の視覚の等級が１級または２級の身体障害者が対象です。ただし、原則として手指の感覚の障害等がある人で、触読式時計の使用が困難な人に限られます。

⑤ ストーマ装具

ストーマ（人工肛門・人口膀胱）造設者が対象になります。その他の用具などについては、高度の排便機能障害者、脳原性運動機能障害がある意思表示困難者、高度の排尿機能障害者に対して必要な用具が支給されます。たとえば、ストーマ用装具は、原則として膀胱や直腸機能障害における身体障害者手帳の交付を申請した人が対象です。

⑥ 居宅生活動作補助用具（住宅改修費）

下肢、体幹機能障害、乳幼児期非進行性脳病変者が対象です。居宅生活動作を円滑にする用具で、設置する際に小規模な住宅の改修を伴うものをいいます。手すりの取り付け、段差の解消（スロープなど）があります。

障害者に給付・貸与される主な用具

介護・訓練を支援する用具	入浴担架・特殊寝台・訓練イス・特殊尿器など
自立生活支援用具	入浴補助用具・頭部保護帽・棒状の杖・聴覚障害者用屋内信号機など
在宅療養等支援用具	電気式たん吸引器・音声式体温計・酸素ボンベ運搬車・透析液加温器など
情報・意思疎通支援用具	点字器・視覚障害者用時計・視覚障害者用携帯レコーダーなど
排泄管理支援用具	ストーマ用装具・紙おむつなど
居住生活動作補助用具	スロープ・手すりなど

● 協議会とは

　市町村は、相談支援事業の実施にあたって、協議会を設置して、関係機関の連携の強化を図ることができます。相談支援事業を効率的に実施するためには、地域の中で障害者支援についての情報交換をすることが必要です。

　しかし、各事業者が連絡をとり、情報交換をすることは容易ではありません。そこで、協議会は関係機関相互に情報を共有させる役割を担っています。利用者のニーズに対応するために、機関同士をネットワーク化し、必要な情報をもとに支援を行います。市町村は、必要に応じて他の市町村と連携して相談支援事業を実施することもできます。

　また、各事業者や関係機関は、協議会を通じて、保健・医療・福祉・教育・労働などのさまざまな分野が、それぞれどのような専門性を有しているかについて、認識を共有することができます。なお、協議会には、地域移行部会やこども支援部会など、地域の実情に応じた専門部会が設置されています。

● 基幹相談支援センターとは

　市町村は、相談支援事業をはじめとする事業を総合的に行うための基幹相談支援センターを設置することができ

ます。基幹相談支援センターは、地域における相談支援サービスの実施において中心的な役割を担います。基幹相談支援センターに配置されているのは、主任相談支援専門員、相談支援専門員、社会福祉士、精神保健福祉士、保健師などです。相談支援事業の主な担い手である相談支援専門員は、障害者の保健・福祉・医療・教育・就労の分野において、直接支援・相談支援などの実務経験が3年から10年であること、そしてさらに、所定の研修を修了することにより、相談支援専門員として配置されています。また、平成30年からは、相談支援業務の質の向上のため、主任相談支援専門員が創設され、相談支援専門員のキャリアパスとして、主任相談支援専門員研修が創設されました。

　基幹相談支援センターでは、①総合相談・専門相談、②地域移行支援・地域定着支援、③地域の相談支援体制の強化の取り組み、④権利擁護・虐待防止の4つの業務を行っています。

①　総合相談・専門相談

　身体障害、知的障害、精神障害の3障害に対して行われる総合的な相談です。そのため、総合相談・専門相談を行う基幹相談支援センターは3障害に対応できる事業者でなければなりません。

② 地域移行支援・地域定着支援

　たとえば、入所施設や精神科病院と連携をとり、障害者の地域での生活を推進する事業を行います。地域移行支援とは、障害者支援施設に入所、または精神科病院に入院している障害者などを対象にして、住宅の確保や、新生活への準備など、地域での生活に移行するための相談などの支援を行っています。給付決定期間は6か月で、更新するには市町村審査会の審査が必要です。

　地域定着支援では、居宅で一人で暮らしている障害者に対して、緊急時（夜間も含む）など常時の連絡体制の確保や相談などのサポートを行います。給付決定期間は1年で、更新も可能です。

③ 地域相談支援体制強化の取り組み

　社会福祉士などの有資格者や、障害者の地域での生活を支援する人材の育成などがあります。

④ 権利擁護・虐待防止

　成年後見制度利用支援事業や障害者虐待防止法に基づき関係機関と連携をとって行う事業のことです。障害者の虐待については、ⓐ養護者、ⓑ障害者福祉施設従業者等、ⓒ使用者、による障害者虐待が障害者虐待防止法に定義付けられています。そして、虐待防止施策として、障害者虐待を受けたと思われる障害者を発見したら、すみやかに通報することが義務付けられています。

　虐待防止事業の推進にあたっては、基幹相談支援センターに市町村障害者虐待防止センターを設置し、通報の受理や相談等の業務をすることもできます。

　なお、障害者支援事業や基幹相談支援センターの業務については、市町村が一般相談支援事業か特定相談支援事業（基本相談支援と計画相談支援の両方を行う事業）を行うことができる事業者に委託することもできます。

協議会・基幹相談支援センター

協議会

〔目的〕
事業者などの関係機関のネットワーク化

情報交換

保健・医療・福祉・教育・就労など、各分野の専門性に関係する認識を共有

運営を委託

基幹相談支援センター

地域における相談支援サービスの中で中心的な役割を担う

（具体的な業務）
①総合相談・専門相談
②地域移行・地域定着
③地域の相談支援体制の強化の取り組み
④権利擁護・虐待防止

25 地域活動支援センターの活動

活動内容によって、Ⅰ型、Ⅱ型、Ⅲ型に分けられる

● 地域活動支援センターとは

　市町村の行う地域生活支援事業として、これまで紹介したものの他に、地域活動支援センターにおける活動があります。

　利用者は、市町村の裁量によって決められます。必ずしも障害支援区分認定などが必要ではありません。そのため、地域社会で暮らすすべての障害者や家族、知人が対象となり、利用者の幅は障害福祉サービスに比べて広くなります。

　地域活動支援センターは、障害者に社会との交流を図る機会や創作的活動や生産活動を行う機会を提供するための施設です。地域活動支援センターを通じて、障害者は自立した日常生活や社会生活を送る上での援助を受け、社会との交流を図り、創作的活動などを行うことができます。また、障害者の介護負担などが大きい家族への相談業務なども実施しています。

　地域活動支援センターにおける活動は、創作的活動、生産活動の機会の提供や社会との交流の促進などを行い、地域の実情に合わせて提供される基礎的事業を行います。基礎的事業の設置の要件として、10人以上の人が利用することができる規模であること、障害者が創作的活動などをする機会を提供

することができる場所や、必要な備品などを整備していることなどがあります。また、施設長を1名、指導員を2名以上とし、そのうち1名は専任の職員として配置するという人員要件があります。

　基礎的事業に加えて、地域活動支援センター機能強化事業として、Ⅰ型・Ⅱ型・Ⅲ型の3つに分けて事業を実施しています。地域活動支援センター機能強化事業の人員要件は、Ⅰ型は、基礎的事業の人員要件に加えて職員1名以上を配置し、うち2名以上を常勤にする必要があります。Ⅱ型は、基礎的事業の人員要件に加えて職員1名以上を配置し、うち1名以上を常勤にする必要があります。Ⅲ型は、基礎的事業の人員要件のうち1名以上を常勤にする必要があります。

● Ⅰ型、Ⅱ型、Ⅲ型とは

　地域活動支援センターⅠ型は、相談支援事業、地域住民ボランティアの育成、専門職員の配置による医療、地域との連携強化のための調整、障害に対する理解を促進するための普及啓発活動を行うことを内容とした事業です。Ⅰ型には、精神保健福祉士などの専門職員を配置する必要があります。1日あたりの利用者数は、概ね20名以上と

なっています。

地域活動支援センターⅡ型は、地域の中での就職が困難な在宅の障害者に対して、機能訓練や社会適応訓練、入浴など自立を促すための事業を行います。1日あたりの利用者数は、概ね15名以上となっています。地域活動支援センターⅢ型は、地域の障害者が通うことのできる小規模作業所に対する支援を充実させるための事業を行います。具体的には、地域の障害者のための援護対策として地域の障害者団体などが実施する通所による援護事業の実績が5年以上の作業所に対する支援を行います。1日あたりの利用者数は、概ね10名以上となっています。

なお、同じ「地域活動支援センター」という名前でも、実施している事業内容が異なっている場合があります。また、実施主体が市町村であるため、引越しなどにより今まで使えていたサービスがなくなるといった場合もありま

す。そのため、住んでいる市町村の窓口でどんな事業をしているのかを確認する必要があります。

地域活動支援センターには、障害者本人などの意思や人格を尊重して、利用者の人権を擁護し、虐待などを防止するために、責任者を設置するなど必要な体制の整備を行うとともに、職員に対し、必要な研修等を実施することが求められています。

地域活動支援センターを利用するには、各市町村へ事前の相談や登録、申請が必要です。利用の要件として、在住要件や年齢要件がある場合があります。また、障害者手帳や療育手帳などが必要な場合と、障害者手帳がなくても利用できる場合とがあります。利用者が負担する金額についてもセンターによって異なります。利用者負担が無料であっても、食事代などの実費負担がある場合があります。

地域活動支援センター

		具体的な内容
地域活動支援センターの分類	Ⅰ型	相談支援事業、地域住民ボランティアの育成、専門職員の配置による医療、地域との連携強化のための調整、障害に対する理解を促進するための普及啓発活動 ※精神保健福祉士などの専門職員の配置が必要
	Ⅱ型	地域の中での就職が困難な在宅の障害者に対する機能訓練・社会適応訓練、入浴など自立を促すための事業
	Ⅲ型	地域の障害者のための援護対策として、地域の障害者団体などが実施する通所による援護事業の実績が5年以上の作業所に対する支援 など

26 相談支援のサービス

サービス等利用計画を作成する際は指定特定相談支援事業者に相談する

●サービス等利用計画の作成

支給決定を受けてサービスの提供を受けるためには、サービス等利用計画を作成して、市区町村に提出する必要があります。指定特定相談支援事業者は、障害者・障害児やその家族からの就学・就職・家族関係といった基本的な相談をはじめ、計画相談支援の利用に関する相談を受け付けると、在籍する相談支援専門員が面接やアセスメント（現在の状況や問題点を解決するための課題について調査すること）などを実施して、サービス等利用計画を作成します。指定特定相談支援事業者の事務所については、市区町村の障害者関係窓口に問い合わせましょう。

●計画相談支援給付費とは

サービス等利用計画（案）の作成や計画の見直しを行った事業者（指定特定相談支援事業者）に対して支給される給付が計画相談支援給付費です。支援内容は、サービス利用計画の作成と、障害福祉サービス提供事業者または施設からのサービスの利用のあっせん・調整・モニタリング（21ページ）です。

計画相談支援給付費は、指定相談支援事業者を通して市区町村に対して請求することになります。

●地域相談支援給付費とは

地域相談支援給付費は、都道府県・指定都市・中核市の指定を受けた指定一般相談支援事業者が地域相談支援（地域移行支援・地域定着支援）を行った際に支給される給付です。給付を希望する利用者は、氏名・居住地・生年月日・連絡先、地域相談支援の具体的内容を記載した申請書を市区町村に提出し、申請を受けた市区町村が地域相談支援給付費の支給の要否を決定することになります。

・地域移行支援

施設に入所している障害者などが地域での生活に移行するために必要な住居の確保などの支援です。

支援の対象者は、障害者支援施設やのぞみの園などに入所している障害者です。また、刑事施設、少年院、生活保護法上の更生施設に入所している障害者も利用が認められています。

・地域定着支援

自宅で、単身で生活する障害者に対して行う常時の連絡体制の確保や、緊急事態等に相談可能な支援を行う支援です。支援の対象者は、居宅において家族などによる緊急時の支援が見込めない状況にある障害者です。

第3章

サービスを
受けるための費用

サービスを利用するときの費用

家計の負担能力に応じて負担額を決定する

● サービス利用のための負担のしくみ

　障害福祉サービスを利用する場合、利用者は一定の利用料を負担します。この負担額については、利用者や世帯の所得を考慮して料金を決定するという考え方（応能負担の原則）に基づいて決定します。

　利用料の決定方法には、他に、サービスを利用する程度の多さに応じて、多くの負担を求めるという考え方（応益負担）もあります。応益負担は、サービスの対価としての性格が強く、利用者が不要なサービスを受給することを抑止する役割があります。ただし、障害者が低所得である場合には、本当に必要なサービスが行き渡らなくなるおそれがあるため、応能負担が採用されています。

　具体的には、市町村は、障害福祉サービスの種類ごとに指定障害福祉サービスなどに通常要する費用につき、厚生労働大臣が定める基準により算定した費用の額から、家計の負担能力その他の事情を考慮して政令で定められた額を控除した額について、介護給付費または訓練等給付費を支給します。

　家計の負担能力が高い人は高額の負担であっても、全額を自己負担しなければならないというわけではなく、利用者の負担額は最大でも利用料の1割となっています。

　サービスの利用料の負担が重くなり過ぎないようにするために、障害者が負担する障害福祉サービスの利用費は、世帯に応じて上限額が設定されています。

　なお、ここでいう世帯とは、障害者の年齢によってその範囲が異なります。具体的には、18歳以上の障害者（施設に入所する18、19歳を除く）の場合は障害者とその配偶者、障害児（施設に入所する18、19歳を含む）の場合は保護者の属する住民基本台帳の世帯で所

応能負担の原則

応能負担の原則　利用者や世帯の所得を考慮して負担額を決定する

家計の負担能力などを基に設定されている自己負担額（右図）が上限となる。
ただし、その自己負担額よりもサービス費用の1割相当額の方が低い場合、1割相当額を負担することになる

得が判断されることになります。

　世帯の区分は、①生活保護を受給している世帯、②低所得世帯（市町村民税非課税世帯）、③一般1（市町村民税課税世帯）、④一般2（①～③以外の者）、の4種類です。②の低所得世帯（市町村民税非課税世帯）については、たとえば障害者基礎年金1級を受給している障害者で、3人世帯の場合には、収入が概ね300万円以下の世帯が対象となります。また、③の一般1（市町村民税課税世帯）については、障害者と障害児では収入の基準が異なります。障害者の場合は、収入が概ね670万円以下（所得割16万円未満）の世帯が対象となります。障害児の場合は、収入が概ね920万円以下（所得割28万円未満）の世帯が対象となります。

　下図のように、生活保護世帯と低所得世帯については、自己負担はありま

せん。一般の世帯については、一般1については自己負担上限月額が9300円とされています。ただし、障害者の場合は、グループホームを利用している人と20歳以上の入所施設利用者は、一般1ではなく一般2の自己負担上限額となります。また、一般1の障害児の場合は、通所施設に通所している人やホームヘルプを利用している障害児については4600円、入所施設を利用している障害児の場合は9700円が自己負担上限とされています。一般2の自己負担の上限は、障害者、障害児ともに月額3万7200円とされています。

　なお、食費などの実費負担分についても、障害者、障害児ともに、利用するサービスにより減免措置が講じられている場合があります。

利用料の利用者負担の上限額

世帯の状況	負担上限額
生活保護受給世帯	0円
市町村民税非課税世帯 （※1 世帯収入が概ね300万円以下）（低所得）	0円
市町村民税課税世帯のうち、世帯収入が 【障害者】概ね670万円以下の世帯（一般1） 【障害児】概ね920万円以下の世帯（一般1）	9300円 ※2 （障害児については 入所施設利用の場合）※3
上記以外（一般2）	3万7200円

※1　3人世帯で障害者基礎年金1級受給の場合
※2　障害者のうち、入所施設利用者(20歳以上)、グループホームの利用者については3万7200円
※3　通所施設、ホームヘルプを利用する障害児については4600円

食費・光熱費の軽減

年齢や所得に応じた軽減措置がある

● 食費や光熱費は利用者の全額実費負担なのか

利用するサービスは障害の程度や状況によって変わってきますが、基本的に食費や光熱費は実費負担です。通所施設を利用する場合には、食費については実費を自己負担します。入所施設を利用する場合、食費だけでなく個室利用料や医療費も自己負担することになります。

サービスの利用料は最大1割（80ページ）とされていますので、入所施設利用者は最大1割の利用料と食費・光熱費（実費負担）を支払うことになります。

もっとも、食費・光熱費を実費で負担しなければならないとすると、それぞれの世帯の事情によっては、経済的負担が過大なものになってしまう可能性があります。そのため、年齢などに応じて最低限のお金が手元に残るように、食費や光熱費の一部について特定障害者特別給付費が支給されます。特定障害者特別給付費は補足給付と呼ばれることもあります。また、基準該当施設や共同生活をしている障害者に対しては、食費と光熱費の一部について特例特定障害者特別給付費が支給されます。特例特定障害者特別給付費も、障害福祉サービスを受ける者の経済的負担が過大にならないことを目的として支給されている給付です。

● 食費や光熱費はどの程度まで軽減されるのか

20歳以上の施設入所者への補足給付は、低所得の人を対象に、食費や住居費以外の「その他の生活費」が一定額残るように、食費や住居費に負担限度額を設定します。その他、生活費の額は2万5000円（障害基礎年金1級受給者の場合は2万8000円）と決められています。食費・光熱水費の負担限度額は、必要経費等控除後の収入からその他生活費を差し引いて算出します。

ただし、就労により得た収入については、2万4000円までは収入として認定しません。つまり就労収入が2万4000円までは食費等の負担は生じないことになります。また、収入が2万4000円を超えた場合でも、超える額については、超える額の30％は収入として認定しません。

通所施設利用者についても、食費などの負担を軽減するための措置が実施されています。低所得、一般1（所得割16万円未満、グループホーム利用者を含む）の世帯の場合、食材料費のみ

の負担となり、実際にかかる額のおおよそ3分の1の負担となります（月22日利用の場合、約5100円程度と想定されています）。

なお、食材料費については、施設ごとに額が設定されます。そのため、施設は事前に、実費負担として利用者から徴収する額（補足給付額と分けて記載する必要があります）を契約書に明示しなければなりません。あわせて施設は、その額を都道府県に届け出なければならず、これによって、都道府県は、利用者の負担額を確認することができるというしくみがとられています。

● 障害をもつ子どもの施設利用についての食費などの負担

食費や光熱水費などの費用については、その負担を軽減するために、補足給付を受給することができます。

補足給付は、施設入所者が20歳未満の場合にも、負担軽減措置を受けることが可能です。ただし、補足給付費の算出方法は、施設入所者が20歳以上の場合とは異なります。20歳未満の場合、

すべての所得区分に属する人が対象になります。ただし、18歳・19歳の障害者については、監護者の属する世帯の所得区分を認定して決定されることになります。

具体的には、①医療型入所施設に入所する障害児については、地域で子どもを養育する世帯と同程度の負担となるように負担限度額が設定されており、限度額を上回った額について、減免が行われます。

また、②障害児が福祉型入所施設を利用する場合については、補足給付の支給額の目安は、地域で子どもを養育する費用（低所得世帯、一般1については5万円、一般2については7万9000円）と同様の負担となるように設定がされています。

その他、③通所施設を利用する場合にも、食費の減免のための負担軽減措置が行われています。上限額は下図のように設定されています。

通所施設を利用する障害児の食費負担軽減措置

所得の状況	上限額
低所得	1,540 円
一般1	5,060 円
一般2	14,330 円 ※軽減なし

医療型個別減免

医療費や食事など一部の費用が免除される制度

● 医療型個別減免とは

　障害福祉サービスの利用者負担を軽減するための措置には次ページ図のように、さまざまなものがあります。

　医療型入所施設や療養介護を利用する場合、医療型の個別減免措置として医療費と食費が減免されます。医療型の個別減免措置とは、医療費や食費などの一部の費用の負担が軽減される制度です。医療費実費負担についても家計に与える影響を考慮し、自立支援医療と類似したしくみにより、軽減を図っています。これによって、障害者が障害福祉サービスにかかる費用を支払った後でも、一定金額が障害者の手元に残るように配慮されています。

　医療型個別減免措置が適用される対象者は、市町村民税非課税（低所得）者で、療養介護などの療養を行うサービスの利用者や施設入所者です。定率負担、医療費、食事療養費を合算した利用者負担の上限額が、収入や必要な生活費などを考慮して設定され、それを超える部分は免除されます。

　また、20歳以上の入所者の場合、少なくとも２万5000円が手元に残るように、利用者負担額が減免されます。20歳未満の場合は、地域で子供を養育する世帯と同様の負担（その他生活費と

して3.4万円（18歳未満）または2.5万円（18、19歳）を含めて、所得区分に応じ５万円または7.9万円）となるよう、負担限度額を設定し、限度額を上回る額について減免を行います。すべての所得区分の人が対象となり、18歳、19歳の障害者については、民法上保護者に障害者を監護する義務があることを考慮し、保護者等の属する世帯の所得区分を認定します。

　市町村民税非課税世帯にある者が、医療型個別減免措置の対象となるためには、申請の際に本人の収入額を示す書類（年金証書・源泉徴収票・市町村の課税証明書など）、必要経費の額がわかる書類（国民健康保険の保険料等の納付証明書）、その他各市町村が必要としている書類の提出が必要です。

● 障害児についての医療型個別減免

　医療型の個別減免措置は20歳未満の障害児に対しても適用されます。その地域で子を養育する世帯の負担額を考慮して負担額の上限額を設定します。

　利用者が20歳以上の場合、「市町村民税非課税世帯」という所得要件がありますが、障害児の場合には所得要件はありません。

医療型個別減免の例

【例】療養介護利用者（平均事業費：福祉 22.9 万円、医療 41.4 万円）、障害基礎年金 1 級受給者
（年金月額 81,925 円）の場合

20 歳以上施設入所者等の医療型個別減免

	認定収入額（81,925 円）		
その他生活費※1 28,000 円	福祉部分 自己負担相当額※2 22,900 円	食事療法 負担額 14,880 円	医療費部分利用者 負担額 24,600 円

手元に残る額　／　負担額　／　減免額

※1　その他生活費
　(1) 次のいずれにも該当しない方…25,000 円
　(2) 障害基礎年金1級受給者、60 ～ 64 歳の方、65 歳以上で療養介護を利用する方…28,000 円

※2　計算上は、事業費（福祉）の1割

利用者負担に関する配慮措置

入所施設利用者 （20歳以上）	グループホーム 利用者	通所施設 利用者	ホームヘルプ 利用者	入所施設利用者 （20歳未満）	医療型施設利用者 （入所）
1 利用者負担の月額負担上限額設定（所得別段階）					
3 高額障害福祉サービス等給付費（世帯での所得段階別負担上限）					**2 医療型 個別減免** （医療、食事療養費と合わせ上限額を設定）
8 生活保護への移行防止（負担上限額を下げる）					
4 補足給付 （食費・光熱水費負担を軽減）		**6 食費の人件費支給による軽減措置**		**5 補足給付** （食費・光熱水費負担を軽減）	
	7 補足給付 （家賃負担を軽減）				

（食費・光熱水費等）

4 高額障害福祉サービス等給付費

負担した金額が上限を超えた場合には償還払いが受けられる

● 家族に複数の障害者がいる場合の特別な軽減措置

障害福祉サービスを利用する人が同一世帯に複数いる場合には、個人個人ではなく、世帯全体で合算された金額が利用者負担の上限（79ページ図参照）と比較されます。同じ世帯で、障害福祉サービスを受ける者が複数いる場合などには、世帯として支払う費用の額が大きくなります。そのような世帯の負担を軽減するために、高額障害福祉サービス等給付費が支給されます。

また、利用者が障害福祉サービスと介護保険法に基づくサービスを両方受けた場合で、かかった費用の合計額が一定の限度額を超えるときには、その超えた分についても高額障害福祉サービス等給付費が支給されます。利用者が障害児の場合で、障害福祉サービスと児童福祉サービスを両方受けたというケースでも、同様に、限度額を超える分については高額障害福祉サービス等給付費が支給されます。

● 高額障害福祉サービス等給付費の具体的な計算方法

同じ世帯に障害者・障害児が複数いる場合などで、利用している障害福祉サービス等の利用者負担額が高額になる場合、1か月の負担額の合算が基準額を超えていれば、その超えた部分について払戻しを受けることができるのが高額障害福祉サービス等給付費の制度です。

申請できるのは、利用者負担額を世帯で合算し、そこから基準額を差し引いた額です。基準額は世帯の収入状況や利用しているサービスのパターンによって異なりますが、一般の課税世帯で、障害福祉サービス・障害児支援・補装具等のいずれか2つ以上を利用している場合は、3万7200円となっています。

また、具体的には、介護保険法に基づく訪問介護などの介護サービス、障害児の場合には児童福祉法に基づく入所・通所サービスの利用費なども対象に含まれます。

● 高額障害福祉サービス等給付費の支給対象者の拡大

高額障害福祉サービス等給付費の支給については、障害者総合支援法76条の2に規定が置かれています。

なお、障害をもつ高齢者は、65歳を超えると、介護保険法と障害者総合支援法の双方の制度の適用を受けることになりますが、両者が重複した場合に

は、介護保険法が優先されるという原則が存在しています。

そのため、65歳を超えると、障害福祉サービスの支給決定を受けることができなくなり、高額障害福祉サービス等給付費も受けられなくなります。その結果、費用の負担が増えてしまい、生活に困窮するおそれがあります。そこで、高齢障害者の所得の状況や障害の程度等の事情を考慮し、介護サービスの利用者についても、新高額障害福祉サービス等給付費という新たな給付制度によって負担を軽減できるしくみが整備されています。

新しい高額障害福祉サービス等給付費の支給対象は、以下の要件を満たす者となっています。

① 65歳に達する日の前5年間について、継続して介護保険に相当する障害福祉サービスに関する支給決定を受けており、65歳で介護保険に移行した後に、障害福祉に相当する介護保険サービスを利用すること

② 障害者が65歳に達する日の前日が含まれる年度分について、市町村民税が課されていないか、または生活保護を受けている

③ 65歳に達する日の前日において障害支援区分が2以上である

④ 65歳に達するまでに介護保険法に基づく保険給付を受けていない

具体的には、①の介護保険に相当する障害福祉サービスについては、居宅介護、重度訪問介護、生活介護、短期入所が該当します。また、障害福祉に相当する介護保険サービスについては、訪問介護、通所介護、短期入所生活介護、地域密着型通所介護、小規模多機能型居宅介護が該当します。

④の介護保険法に基づく保険給付については、40歳から65歳の間の特定疾病による介護保険サービスや、障害福祉に相当する介護予防サービスや地域密着型介護予防サービスを含みます。

高額障害福祉サービス等給付費のしくみ

（上限の額）　　　　　　（償還払いされる額）

| 障害福祉サービス等の利用者負担額の世帯合計※ | − | 高額障害福祉サービス等給付費算定基準額 | = | 高額障害福祉サービス等給付費の支給対象額 |

※合算の対象
・障害福祉サービス　・補装具
・介護サービス　　　・障害児支援サービス

85

Column

障害者総合支援法と介護保険との関係

　高齢社会の進展に伴い、65歳以上の障害者の人口が増加しています。そのため、それ以前に障害福祉サービスの提供を受けていた障害者が、介護サービスの保険者としての資格をあわせ持つ、ということが起こっています。そこで、介護サービスと、障害福祉サービスのうち、特に自立支援給付は、内容的に重複が見られるため、どちらかを優先的に適用するべきなのか問題になります。

　障害者総合支援法は、この場合に備えて規定を設けています。原則として介護サービスが優先的に適用されます。なお、介護保険制度においては、原則として介護サービスの利用者は1割の自己負担額を支払わなければなりません。これに対して、障害福祉サービスにおいては、一律に自己負担額の割合が決定されておらず、利用者の経済力に応じて、負担可能な金額を支払うことでサービスを利用することができます。そのため、障害福祉サービスを継続的に利用していた人が、65歳を迎え、介護サービスの被保険者としての資格を取得し、介護サービスの適用に移ることで、以前よりも高額な金額の自己負担額の支払いが必要になる場合があります。そこで、障害福祉サービスを長期的に利用していた人が、介護サービス移行に伴う、増える負担を軽減するために、高額障害福祉サービス等給付費（84ページ）が支給されています。ただし、介護サービスに、障害福祉サービスと同様のサービスがない場合例外的には障害福祉サービスの提供が優先される場合もあります。

　なお、障害福祉サービスを利用していた障害者が、たとえば65歳になれば、介護サービスの利用が求められますが、現在では、障害者と高齢者に対して、同一の施設でサービスを提供することをめざして、共生型サービス（114ページ）が設けられていますので、たとえば障害福祉サービス事業者が介護保険法に基づく指定を容易に得ることが可能なしくみが整えられています。

第4章

その他の支援制度と
関連サービス

発達障害者に対する支援

個人差との違いに注意して支援しなければならない

● 発達障害とは

障害者総合支援法は、支援対象の一類型に発達障害者を含むことを明らかにしています。発達障害に関しては、発達障害者支援法が規定を設けています。これによると、発達障害とは「自閉症、アスペルガー症候群その他の広汎性発達障害、学習障害、注意欠陥多動性障害その他これに類する脳機能障害であってその症状が通常低年齢において発現するもの」と定義しています。

これらは、生まれつき脳の働き方に違いがあるという点が共通しています。同じ障害名でも特性の現れ方が違ったり、いくつかの発達障害を併せ持ったりすることもあります。そして、これらの障害が、日常生活や社会生活に制限を与えることをいうと規定しています。

もっとも、発達障害自体が原因ではなく、発達障害があることによって生じる差別などに代表される、社会的障壁（バリア）による日常生活や社会生活に対する制限も含むことに特徴があります。

それぞれの発達障害者への配慮のポイントは、次ページ図のようになります。これらに共通する配慮としては、本人をよく知る専門家や家族にサポートのコツを聞くことです。

● 発達障害者支援法の内容

自閉症や学習障害といった発達障害に対する支援を図るのが発達障害者支援法です。発達障害者支援法の主な目的として、①発達障害者に関する定義を明確化し、発達障害者への理解を促進すること、②発達障害者の日常生活・社会生活の広範な支援、③発達障害者支援に関わる関係機関の協力体制の整備が挙げられます。

発達障害者の支援は全国に97か所（2023年1月現在）ある発達障害者支援センターで行われています。

発達障害者支援センターは、発達障害者やその家族を対象に、各種相談支援を行います。支援については、発達障害者などが来所して、相談に応じる場合もあれば、センターの職員が発達障害者の自宅などに訪問したり、電話による対応も可能です。また、個別の発達障害者に必要な支援を実現するために、個別支援計画を作成し、計画内容を実施します。さらには、発達障害者の就職に関わる支援も担当しています。

その他にも、地域住民などを対象に、発達障害に対する理解を深めるために、さまざまな啓発活動も行われています。市町村・事業所等支援、医療機関の連携および困難ケースへの対応等により

地域支援の機能強化を推進するために、発達障害者地域支援マネジャーを発達障害者支援センターに配置しています。

特別な障害を持った人への支援については都道府県の支援機関（病院・施設・リハビリテーションセンターなど）で行われています。特別な障害とは、高次脳機能障害や強度行動障害などを指します。高次脳機能障害とは外傷性脳損傷、脳血管障害などにより脳に損傷を受け、記憶障害などの後遺症が残っている状態を意味します。強度行動障害とは、自分の身体を傷つけたり、他者の身体や財産に害を及ぼすなどの行動上の問題をかかえた障害です。

発達障害を早期に発見するための制度も設けられています。市町村は乳幼児や就学児に対して健康診断を行い、発達障害の早期発見に努めています。また、市町村は発達障害児の保護者に対して発達障害者支援センターの紹介やその他の助言を行います。

発達障害

発達障害の主な分類	具体的な症状など
①自閉症	他人との関係を築くことが困難、言葉の発達の遅れ、特定の興味・関心がある事項への執着
②アスペルガー症候群	自閉症の症状のうち言葉の発達の遅れを伴わない症状（知的発達の遅れも見られない）
③学習障害	読む・書く・聞く・話すなど、特定の技能の習得が困難な症状（知的発達の遅れも見られない）
④注意欠陥多動性障害など	年齢不相応な注意力の欠如・行動における衝動性・多動性のために生じる行動障害

発達障害者への配慮ポイント

	主な配慮ポイント
自閉症、アスペルガー症候群その他の広汎性発達障害	①肯定的・具体的・視覚的な伝え方の工夫、②スモールステップによる支援、③感覚過敏がある場合は感覚面の調整を行うこと
学習障害	①得意な部分を積極的に使って情報を理解し、表現できるようにする、②苦手な部分については柔軟な評価をすること
注意欠陥多動性障害	①短く、はっきりとした言い方で伝える、②気の散りにくい座席の位置の工夫、分かりやすいルール提示などの配慮、③ストレスケアを行うこと
その他の発達障害	①叱ったり否定的な態度を取ったりしない、②日常的な行動の一つとして受け止め、楽に過ごせる方法を一緒に考えること、など

2 障害者虐待防止法

障害者への虐待の防止、早期発見のために制定された法律

● 障害者に対する虐待と障害者虐待防止法

障害者が地域で生活できるよう、さまざまな支援があり、また多くの人がこの支援に携わり、多くの障害者の力になっています。一方で、障害者に対する虐待が起きている現実もあります。障害者虐待防止法は、障害者への虐待を防止し、障害者の権利利益を保障する目的の下、制定されました。

障害者虐待防止法は、障害者を、「身体、知的、精神障害やその他の心身機能の障害があることで、継続的に日常生活や社会生活に相当な制限を受ける状態にあるもの」と定義しています。障害者手帳を所有しているかどうかは要件ではなく、また、18歳未満の者も含まれます。

● どんなことを規定しているのか

障害者虐待防止法は、障害者虐待を防止するための規定が置かれています。障害者虐待とは、①養護者による障害者虐待、②障害者福祉施設従事者などによる障害者虐待、③使用者による障害者虐待のことです。たとえば、障害者の家族、施設の職員、勤務先の上司による暴力などの虐待は障害者虐待にあたります。

障害者虐待防止法は、障害者虐待の類型として、①身体的虐待（正当な理由なく障害者に暴行を加えること）、②放棄・放置（食事などを与えないことや、他者から虐待を受けている障害者を擁護しないことなど）、③心理的虐待（暴言や無視などにより心理的な衝撃を与えること）、④性的虐待（障害者に対してわいせつな行為をすること）、⑤経済的虐待（障害者の財産を不当に処分することなど）の5つを挙げています。たとえば、障害者の身体へ暴力をすることは、①身体的虐待にあたります。このような物理的な攻撃だけでなく、労働を行ったにもかかわらず、賃金を支払わないなどは、⑤経済的虐待にあたります。また、障害者へのいやがらせなど、③心理的虐待にあたります。

虐待防止のためには、まず、虐待が起こらないようにすることが重要です。もっとも、虐待が起こってしまっても早期に発見し、対処しなければなりません。これには、国や地方公共団体だけでなく、障害者支援に携わる者や地域でともに居住する者、さまざまな者の協力があり、実行することができます。そこで、障害者虐待防止法は、まず、国や地方公共団体について、障害

者虐待の防止に関わる責務規定や障害者虐待の早期発見の努力義務規定を置きました。そして、障害者虐待を発見した者にすみやかな通報義務を規定しました。また、学校の長、保育所等の長、医療機関の管理者などに、障害者虐待への対応について、防止措置の実施を義務付けています。

障害者虐待について通報があった場合、虐待防止のしくみも規定されました。養護者による虐待の場合、市町村に通報され、市町村により事実確認などがなされます。そして、必要な場合には一時保護の他、後見人を選任するために家庭裁判所に対して、後見審判請求が行われる場合もあります。

なお、養護者には、障害者の身辺の世話や、金銭管理などを行う家族・親族・同居人の他、障害者と同居していない人でも、身の回りの世話などを担当する知人なども含まれます。

また、障害者福祉施設従事者などに

よる虐待の場合、市町村から都道府県に報告がなされます。さらに使用者による虐待の場合、市町村から都道府県へ通知がされ、都道府県から労働局へ報告がなされます。

障害者に関する相談は市町村や指定特定相談事業者などで受け付けていますが、虐待についての相談は、市町村障害者虐待防止センターや都道府県障害者権利擁護センターに窓口が設置されています。虐待行為が行われていることに気づいた者（福祉施設の職員など）は、これらの窓口に通報・届出をすることになります。障害者福祉施設の設置者や障害福祉サービス事業等を行う者には、障害者虐待を防止するための責務が定められています。

たとえば、職員への研修の実施、障害者およびその家族からの苦情の処理の体制整備、その他の虐待防止等の措置を講ずることとされています。

障害者虐待防止法

障害者虐待防止法

【目的】障害者に対する虐待の防止・障害者の権利利益の保障

【対象】「身体、知的、精神障害やその他の心身機能の障害があることで、継続的に日常生活や社会生活に相当な制限を受ける状態にあるもの」

● 虐待（援護者・障害者福祉事業者など・使用者による）の防止

● 障害者虐待の早期発見・通報義務

● 障害者虐待に関する通報に対する、虐待防止のしくみ
（通報・報告経路）障害者を雇用する使用者の場合→市町村→都道府県→労働局

障害者差別解消法

障害があることに基づく差別が禁止されている

● どんな法律なのか

障害者差別解消法は、正式には「障害を理由とする差別の解消の推進に関する法律」といいます。この法律の目的は、すべての国民が障害の有無によって差別されることがない社会や、各々がお互いに人格や個性を尊重しあえる社会を実現させることです。対象となる障害者は障害者手帳を持っている人に限らず、心や体のはたらきに障害がある人で、社会の中にあるバリアによって、日常生活や社会生活に相当な制限を受けているすべての人になります。また、対象となる事業者は会社やお店の他、ボランティア活動をするグループなども含まれます。

障害者の福祉について基本的な理念を定めている「障害者基本法」は、障害があることを理由とした差別行為の禁止や、社会的障壁となっている事項の除去が怠られることにより障害者の権利侵害が生じないよう配慮することなどを求めています。この基本的な理念を達成するために、行政機関や事業者の義務を具体的に定めた法律が障害者差別解消法です。

国や地方公共団体・事業者には、差別を解消するための措置として、①不当な差別的取扱いの禁止と②合理的配慮の提供が義務付けられています。

①の「不当な差別的取扱い」とは、正当な理由もなく、障害があることを理由に、飲食店などの入店拒否や医療サービスなどの各種機会の提供を拒否するなど、障害者の権利や利益を侵害する行為のことです。不当な差別的取扱いの禁止は法的義務です。正当な理由があると判断した場合は、障害のある人にその理由を説明し、理解を得るよう努めることが大切です。

一方、②の合理的配慮の提供の例としては、障害者の利用を想定して建築物をバリアフリー化するなど、障害者が利用しやすいように環境の整備することなどが挙げられます。障害のある人から、社会の中にあるバリアを取り除く意思が伝えられたときに、負担が重すぎない範囲で対応することが求められます。事業者が行う合理的配慮は、現在は努力義務（令和3年5月の改正により義務化されました。公布の日である令和3年6月4日から起算して3年を超えない範囲で、政令で定める日から施行されます）にとどまります。重すぎる負担があるときでも、障害のある人に、なぜ負担が重すぎるのか理由を説明し、別のやり方を提案することも含め、話し合い、理解を得るよう

努めることが大切です。

●差別の解消に向けた支援措置

障害者差別解消法は、以下のような取り組みについて規定を設けています。

① 相談・紛争防止などのための体制の整備

障害者やその家族から、差別に関する相談を受け付けるために、国や地方公共団体は、既存の機関の中に担当窓口を設置する必要があります。なお、実際の相談事例や対応については、相談者のプライバシーに配慮しつつ順次蓄積し、その後の合理的配慮の提供等に活かしていくことが望ましいです。

② 障害者差別解消支援地域協議会における連携

障害者が実際に生活する地域ごとの実情に応じて、的確な差別解消のための支援を行う機関として、障害者差別解消支援地域協議会を組織して、対応にあたることが求められています。

協議会に期待される役割としては、関係機関から提供された相談事例等について、適切な相談窓口を有する機関の紹介、具体的事案の対応例の共有・協議、協議会の構成機関等における調停、斡旋等のさまざまな取り組みによる紛争解決、複数の機関で紛争解決等に対応することへの後押し等があります。

③ 啓発活動

障害者への差別が、知識や理解の不足に基づくことが多いことから、行政機関の職員、各種事業者、地域住民等に対する研修や説明会の開催を求めています。また、職員が相互に人格と個性を尊重する共生社会をめざすことの意義を理解することが重要です。

④ 差別解消に向けた情報の収集・整理・提供

啓発活動と関連して、内閣府は、障害者差別解消に関する個別の具体例や国内外の法制度などについて、障害者白書などを通じて、情報を整理した上で、提供する必要があります。

障害者差別解消法

障害者差別解消法 ➡ 障害者に対する差別の禁止を規定

差別解消のための措置 ┏ 不当な差別的取扱いの禁止（法定義務）
　　　　　　　　　　 ┗ 障害者に対する合理的な配慮
　　　　　　　　　　　　（事業者については現在は努力義務）

差別解消のための措置
①相談・紛争解決、②障害者差別解消支援地域協議会における連携、③啓発活動、④情報収集・提供

知的障害者、身体障害者、精神障害者を支援する法律

障害者総合支援法の支援対象に関する法律

◉知的障害者福祉法とは

知的障害者福祉法とは、知的障害者の自立・社会活動への参加を促すために、必要な支援・保護を行うための法律です。

知的障害者福祉法は、知的障害者について明確な定義規定を置いていません。そこで、知的障害者については、厚生労働省が示した基準に従った運用がなされています。厚生労働省が示した基準によると、知的障害者とは、概ね18歳未満に生じる知的機能の障害によって、日常生活に支障があり、特別の支援が必要な状態にある人、と考えられています。

知的障害者に対する障害福祉サービスについては、障害者総合支援法が規定を置いていますが、知的障害者福祉法では、知的障害者に対する支援を行う機関や、判定に関する事項、障害福祉サービス以外の各種支援制度について規定しています。たとえば、知的障害者福祉法は、国や都道府県・市町村に対して、知的障害者に対する国民の理解を促すとともに、知的障害者が社会・経済・文化などのさまざまな社会活動に参加する機会を保障しなければならないと規定しています。また、知的障害者の生活上のさまざまなサポート

を担う機関として、知的障害者更生相談所を都道府県に設置することを義務付けています。知的障害者更生相談所が取り扱う具体的な事務として、各種相談・支援、知的障害者の判定に関する事項、地域の巡回などが挙げられます。

◉身体障害者福祉法とは

身体障害者福祉法とは、身体障害者の自立・社会経済活動への参加を促すために、必要な支援・保護を行うことを目的とする法律です。身体障害者福祉法における身体障害者とは、身体上の障害がある18歳以上の人で、都道府県知事から身体障害者手帳の交付を受けた人をいう、と規定しています。身体障害者福祉法は、別表において、身体上の障害について、以下の5つに分類しています。

① 視覚障害

両目の視力が0.1以下の人や、両目の視野がそれぞれ10度以内の人などを指します。

② 聴覚・平衡機能の障害

両耳の聴力が70デシベル以上の人や、平衡機能に著しい障害がある人などを指します。

③ 音声機能、言語機能やそしゃく機能の障害

音声機能やそしゃく機能が失われている人や、著しい障害があり、その状態が永続する人などを指します。

④ 肢体不自由

一上肢・一下肢、体幹の機能に著しい障害があり、その状態が永続する人などを指します。

⑤ 心臓、じん臓や呼吸器の障害

障害が永続し、日常生活に著しい制限を受ける人などを指します。

また、身体障害者福祉法は、市町村・都道府県が担当する事務についても規定しています。さらに、市町村に設置する福祉事務所、都道府県に設置する更生相談所や身体障害者福祉司など、身体障害福祉に関わる各種機関の役割などについても規定を置いています。

●精神保健福祉法とは

精神保健福祉法とは、精神障害者の自立・社会経済活動への参加を促すために、必要な支援・保護を行うことを目的とする法律です。精神保健福祉法における精神障害者とは、統合失調症、精神作用物質による急性中毒や依存症、知的障害、精神病質などの精神疾患を持つ人をいいます。

精神保健福祉法は、国・地方公共団体は、医療、保護、保健、福祉などさまざまな観点から、精神障害者の日常生活や社会生活上の支援を総合的に行うことを義務付けています。

また、精神保健福祉法は、必要な機関やその役割についても規定を置いています。具体的には、都道府県は精神保健福祉センターを設置し、精神障害に関する各種相談や知識の普及などを行わなければなりません。他にも、必要な事項の調査・審議のために地方精神保健福祉審議会や精神医療審査会などを設置することができます。さらに、精神障害者福祉においては、精神科病院の役割が大きいため、精神科病院の設置義務とともに、さまざまな入院形態などについて規定しています。

知的障害者、身体障害者、精神障害者を支援する法律

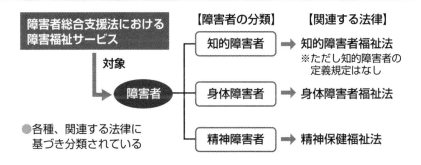

●特別障害者手当

特別障害者手当は、重度の障害によって、日常生活において特別な介護が必要である人に支給されます。月支給額は2万7300円（令和4年4月より）です。前年度の収入額により、受け取ることのできる支給額に制限があります。支給を受けるためには、市区町村の窓口に申請する必要があります。申請が認められれば、原則として毎年2月、5月、8月、11月に、それぞれの前月分までが支給されます。

●障害児福祉手当

障害児福祉手当は、重度の障害によって、日常生活において特別な介護が必要である20歳未満の人に支給されます。月支給額は1万4850円（令和4年4月より）です。特別障害者手当と同じく、前年度の収入額により、受け取ることができる支給額に制限があります。障害児福祉手当の支給を受けるためには、住んでいる場所の市区町村に申請する必要があります。その際、所得状況が確認できる書類を提出する必要があります。

●特別児童扶養手当

特別児童扶養手当は、20歳未満で、精神や身体に障害を持っている児童を抱えている両親などに支給されます。月支給額は、特別児童扶養手当1級が5万2400円、2級が3万4900円です（令和4年4月より）。前年度の収入額により、受給額に制限があります。

特別児童扶養手当の支給を受けるためには、市区町村の窓口に申請する必要があります。申請が認められると、原則として毎年4月、8月、12月に、それぞれの前月分までが支給されます。

●心身障害者福祉手当

身体障害者手帳、療育手帳（東京都では「愛の手帳」）をもっている人などを対象にして支給されるのが心身障害者福祉手当です。各市区町村で設けられている心身障害者福祉手当は自治体ごとに要件や内容が異なる可能性があるため、確認する必要があります。

たとえば、東京都新宿区では、身体障害者手帳1～3級、愛の手帳1～4度、精神保健福祉手帳1級、戦傷病者手帳特別項症～2項症、脳性麻痺・進行性筋萎縮症の人、区指定の難病の人を対象に支給されます。

心身障害者福祉手当の支給を受けるためには、各市区町村の窓口で申請する必要があります。

● 重度心身障害者手当

重度心身障害者手当は、東京都の条例で定められており、心身に重度の障害があるために、常時複雑な介護を必要とする人に対して支給されます。東京都の区域内に住んでおり、心身に重度の障害がある人が対象で、支給額は月額6万円です。重度心身障害者手当の支給を受けるためには、心身障害者福祉センターで障害の程度の判定を受ける必要があります。その判定の結果に基づいて、手当が支給されるかどうかが決まります。

また、東京都以外でも、個別の条例で重度心身障害者の介護手当の支給を定めている地方自治体があります。

● 国税の特例

身体障害者手帳に身体障害者として記載されている人、精神保健指定医により知的障害者と判定された人、精神障害者保健福祉手帳の交付を受けている人などは、税の軽減や優遇を受けることができます。

所得税の納税者本人が障害者である場合、障害者控除として27万円を所得金額から差し引くことができます。特別障害者（重度の知的障害者や障害等級の程度が1級・2級の身体障害者など）と同居している人は、通常の控除額に75万円を加算した額を所得金額から差し引くことができます。

また、戦傷病者、原爆被爆者なども税の軽減や優遇を受けることができます。

● 地方税の特例

国税だけでなく、地方税についても特例が用意されています。

具体的には、前年所得135万円以下の障害者は、住民税が免除されます。また、住民税の納税者本人が障害者である場合、障害者控除として26万円を所得金額から差し引くことができます。障害者が特別障害者の場合には、差し引く金額（控除金額）が30万円となります。

なお、特別障害者と認定された配偶者や扶養親族と同居している人は、所得金額から53万円が控除されます。

障害者に適用される税の軽減措置

	具体的な軽減措置
国税の軽減措置	・所得税の障害者控除 ・心身障害者扶養共済制度に基づく給付金の非課税 ・相続税の障害者控除 ・障害者に対する贈与税の非課税
地方税の軽減措置	・一定の所得を下回る場合の住民税の非課税 ・住民税の障害者控除　　・自動車税の減免制度

6 障害者総合支援法の居住サポート事業
一般住居への入居などを支援する事業

● 居住サポート事業とは

　賃貸住宅への入居が困難な障害者を対象に、市町村が主体になって、居住サポート事業を行っています。通常、賃貸住宅に入居するときには、保証人を立てる、保証金や敷金の支払いを求められることが多いのが現状です。精神障害者や知的障害者など障害を持っている人の場合、「保証人がいない」などの理由で入居先がなかなか見つからないという問題が起こる可能性が高くなります。

　そのため、居住サポート事業の利用対象者は、賃貸借契約を締結して一般住宅に入居希望しているものの、身近に保証人になってもらえる人がいない障害者です。現在、障害者施設や児童福祉施設などに入所している人は、対象から除かれます。また、精神障害のために、精神科病院に入院している人も対象外です。

● 具体的な支援の内容

　居住サポート事業は、地域生活支援事業として、原則として市町村が実施します。具体的な支援内容は、主に以下の2つに分類することができます。

① 　一般住宅への入居支援

　この事業では、賃貸借契約による一般住宅への入居を希望しているものの、保証人がいないなどの理由によって入居が困難になっている障害者に対して、入居契約の締結に向けた支援を行います。具体的には、市町村もしくは市町村から委託を受けた指定相談支援事業者が、不動産業者に対する障害者への物件あっせんの依頼や、入居手続きの支援、家主等に対する相談・助言、入居後の相談窓口を設けるなどの支援を行います。

② 　関係機関との連絡体制の整備など

　利用者が住居において生活していく上で直面する問題に対応するために、関係機関との連絡体制を整備するなどの支援を行います。たとえば利用者が、ホームヘルパーや訪問看護などの利用が必要になった場合に備えて、直ちに必要なサービスの提供が可能なように、連絡調整を行っておく必要があります。

　また、「24時間支援」と呼ばれる支援が特に重要です。これは夜間を含め、緊急な対応が必要になる場合に備えて、迅速に必要な治療などが受けられるように医療機関との連携・調整を行う事業です。家族等への必要な連絡体制の整備にも取り組んでいます。

7 住居に関わる支援・制度

施設だけではなく入居に際しても優遇措置が用意されている

● 公営住宅などへの入居

公営住宅や都市住宅機構の入居者募集や選考の際には、障害者を優遇する措置がとられています。

具体的には、障害者単独あるいは障害者のいる世帯の収入基準の緩和や、当選率を上げるといった措置です。公営住宅については、以前は身体障害者だけ単身入居を認めるという取扱いがなされていましたが、現在では、知的障害者、精神障害者の単身入居も認められています。手すりやスロープ、エレベーターの設置、点字による表示をするなど、障害者の生活に配慮した公営住宅や都市住宅機構の住宅も建設されています。

また、高齢者向けにバリアフリー化され、生活援助員が配置された公営住宅（シルバーハウジング）に障害者や障害者のいる世帯が入居することも可能になっています。

もっとも、公営住宅等における障害者の優遇措置に関しては、住んでいる地域によって対象者や優遇内容が異なる場合があります。そのため、実際に優遇措置を受けようとする障害者は、居住予定の自治体に、優遇措置の内容を確認することが必要です。特に身体障害者手帳を持つ全員が対象にならな

い場合があり、一定の障害等級以上の認定を受けていることを要件に挙げている自治体もあります。

なお、現在、公営住宅が不足する地域で新たに公営住宅の供給を行う場合においても、障害者の優先的な入居が想定されています。たとえば、必要なサービスを受ける施設等に近接した地域に公営住宅の立地を選定するなど、より障害者が利用しやすいような形での公営住宅の供給の促進が進められています。

● 住宅の建設や増改築時の融資制度

障害者と同居する世帯が、住宅の建設やバリアフリー化をはかるための増改築、リフォームなどを行う際には、住宅金融支援機構による融資制度や、バリアフリータイプ住宅融資、生活福祉資金貸付制度など、低利の融資制度を利用できます。

生活保護法に定められた住宅扶助、日常生活用具の給付・貸付、住宅設備改造補助などが利用できるケースもあります。

市町村の福祉関係窓口に相談すると、地方公共団体独自の施策も含め、説明を受けることができます。

8 精神障害者の医療支援
精神障害者自身や他者への危害を防ぐためのしくみ

●特別のルールが定められている

通常、入院医療については、医師が本人に十分説明し、本人の同意を得て行うことが義務付けられています。しかし、精神障害者は、症状を自覚できなかったり、病状によっては自己や他人を傷つけてしまうおそれがあります。

そのため、精神保健福祉法の第5章で、入院について以下のような特別のルールが定められています。

・任意入院

任意入院とは、障害者本人が医師の説明を受け、同意した上での入院のことです。精神科病院の管理者は、本人が退院を申し出た場合には、退院させなければなりません。ただし、精神保健指定医の診察で入院継続の必要ありと認められた場合は72時間、特定医師の場合は12時間に限り退院を拒否できます。

・措置入院

警察官、検察官、保護観察所長、矯正施設長には、精神障害者あるいは精神障害者の疑いのある者について通報や届出をする義務があります。

これらの届出などに基づいて診察が行われ、2人以上の精神保健指定医に、入院が必要と診断された場合には、都道府県知事の権限により、その人を精神科病院や、指定病院に入院させることができる制度です（措置入院）。

また、緊急的に措置入院させる必要がある場合（緊急措置入院）には、1人の精神保健指定医の診察で足りるとされています。ただし、緊急措置入院の場合には、入院させることができる期間は72時間を超えることができません。

入院者が、精神障害のために、自傷行為や他者に対する危害を加えるおそれがなくなり、措置入院が必要な症状が消失したと認められた場合には、措置解除が行われます。具体的には、措置入院が行われている病院から保健所長を経由して、症状消退届の提出を受けた都道府県知事が、解除を行うか否かを判断します。

・緊急措置入院

措置入院の手続きをとるためには、2人以上の指定医の診察を経て、その診察の結果が一致することが必要です（精神保健及び精神障害者福祉に関する法律29条）が、そのような時間がないケースもあります。措置入院の手続きをする時間の猶予がない場合、精神保健指定医1人の診断により、72時間以内の入院をさせることができる制度です。

・医療保護入院

本人が症状を自覚できず、入院に同

意しない場合、家族等のうちいずれかの者の同意によって入院させることができる制度です。医療保護入院の措置を採ったときは、精神科病院の管理者は、10日以内に、その者の症状などを当該入院について同意をした者の同意書を添え、最寄りの保健所長を経て都道府県知事に届け出ることが必要です。

・応急入院

すぐに入院が必要であると精神保健指定医によって診断され、家族等の同意を得る時間の猶予がなく、本人も同意しない場合、72時間以内の入院をさせることができる制度です。

応急入院の措置をとった精神科病院の管理者は、直ちに、当該措置を採った理由などを最寄りの保健所長を経て都道府県知事に届け出ることが必要です。

・移送

精神保健指定医によって、「直ちに入院させないと著しく支障がある」と診断された場合に、本人の同意がなくても応急入院や医療保護入院をさせるため本人を移送することができる制度です。

家族等の同意が得られる場合には、移送は家族等の同意を得た上で行われますが、緊急時で、家族等の同意を得ることができない場合、家族等の同意がなくても移送の措置がとられることがあります。

◯ 精神医療審査会

精神科医療においては、やむを得ず本人の同意を得られないまま入院させる場合があります。また、治療のために面会、外出、行動を制限することもあります。そこで、患者の人権を保護するために、「精神医療審査会」が各都道府県に設けられています。入院患者や保護者、家族等は、電話や手紙で、処遇の改善や退院の請求をすることができます。請求があった場合、審査の上で必要な措置がとられます。

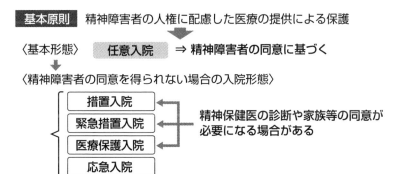

精神障害者の入院形態

基本原則　精神障害者の人権に配慮した医療の提供による保護

〈基本形態〉　任意入院　⇒ 精神障害者の同意に基づく

〈精神障害者の同意を得られない場合の入院形態〉

措置入院
緊急措置入院
医療保護入院
応急入院

精神保健医の診断や家族等の同意が必要になる場合がある

9 就労に関わる支援制度

障害者の雇用機会を増やすための支援が行われている

●求職者給付

求職者給付とは、失業した労働者（被保険者であった者）が再就職するまでの当面の生活を保障することを目的とした雇用保険の給付です。

求職者給付のうち、中心となるのは一般被保険者に対する求職者給付である基本手当です。基本手当の給付は、要件を満たした人に対して、「1日○○円の手当を○○日分支給する」という形で行われます。

支給される基本手当の金額は、離職前6か月間に支払われた賃金をもとにして算定します。失業している1日あたりにつき賃金日額をもとにして計算した基本手当日額、つまり、離職前の賃金（賞与を除く）の平均と比べて50％〜80％（60歳以上65歳未満の人への給付率は45％〜80％）程度の金額が支給されます。

給付日数は離職理由、被保険者であった期間、労働者の年齢によって決定されます。

一般受給資格者とは、定年退職や自己の意思で退職した者のことです。また、特定受給資格者とは、事業の倒産、縮小、廃止などによって離職した者、解雇など（自己の責めに帰すべき重大な理由によるものを除く）により離職

した者その他の厚生労働省令で定める理由により離職した者のことです。就職困難者とは、次のいずれかに該当する者のことです。

① 身体障害者
② 知的障害者
③ 精神障害者
④ 保護観察中の者など

障害者に対しては、一般の人よりも多めに給付日数が設定されていることになります。

基本手当をもらうためには、原則として、①離職によって雇用保険の被保険者資格の喪失が確認されていること、②現に失業していること、③離職日以前の2年間に通算して12か月以上の被保険者期間があること、の3つが要件になります。求職者給付の基本手当は、ハローワークの窓口で申請して受け取ります。その手続きの中では、離職した理由が聞かれます。ハローワークの側が離職した理由を前の職場に確認することもあります。

基本手当には、支給を受けることができる期間（受給期間）も定められています。受給期間は、原則として離職した日から1年間です。ただし、受給期間は給付日数とは異なるため、基本手当の受給手続きが遅れるなどによっ

て受給期間が経過してしまうと、給付日数が残っていても、基本手当を受け取ることはできません。

また、再就職をするために公共職業訓練等を受講することが必要であると認められた場合は、安定所長がその訓練の受講を指示することがあります。この場合には、訓練期間中に所定給付日数が終了しても、訓練が終了する日まで引き続き基本手当が支給されます。

なお、訓練の受講指示は、原則として所定給付日数内の支給残日数が一定以上ある時点で行うことになります。

● 常用就職支度手当

常用就職支度手当は、障害者など就職が困難な人が、支給日数が残っている受給期間内にハローワークの紹介で安定した職業についた場合に、基本手当日額の40％を支給する制度です。

基本手当の支給残日数が所定給付日数の3分の1以上の場合には再就職手当（早期に就職先を見つけた失業者が基本手当の支給残日数を所定給付日数の3分の1以上残している場合に受給することができる手当）の対象者になるため、常用就職支度手当の対象者は基本手当の支給残日数が所定給付日数の3分の1未満の者ということになります。

常用就職支度手当を受給する場合、新たな就職先が決まった後、事業主から証明を受け、「常用就職支度手当支給申請書」を申請者の住所を管轄するハローワークに提出します。申請書には受給資格者証などを添付し、採用日の翌日から1か月以内に書類を提出します。

基本手当の受給日数

●一般受給資格者の給付日数

離職時等の年齢＼被保険者であった期間	1年未満	1年以上5年未満	5年以上10年未満	10年以上20年未満	20年以上
全 年 齢 共 通	－	90日	120日	120日	150日

●障害者などの就職困難者である場合

離職時等の年齢＼被保険者であった期間	1年未満	1年以上
45歳未満	150日	300日
45歳以上65歳未満	150日	360日

法定雇用率の設定

　障害者の就労支援については、国や市町村によりさまざまな取り組みが行われています。障害者の就労意欲の高まりや障害者の雇用の促進等に関する法律の改正により、障害者がより働きやすい環境も、徐々に整備されてきています。

　就労の場の拡大の一環として、従業員43.5人以上の企業では「障害者雇用推進者」を設置するように努めなければなりません。障害者の雇用率が低い企業に対しては、法定雇用率2.3％を達成するように指導が行われています。達成率が悪いときは適正実施勧告が行われます。

障害者雇用納付金・障害者雇用調整金

　障害者雇用納付金制度は、雇用障害者数が法定雇用率（民間企業の場合は2.3％）に満たない事業主から、その雇用する障害者が1人不足するごとに原則として月額5万円を徴収する制度です。障害者を雇用することは事業主が共同して果たしていくべき責任であるとの社会連帯責任の理念に立って、事業主間の障害者雇用に伴う経済的負担の調整を図るとともに、障害者を雇用する事業主に対して助成、援助を行うことにより、障害者の雇用の促進と職業の安定を図るために設けられました。

　法定雇用率を達成している事業主に対しては、障害者雇用調整金や報奨金が支給されます。

　この障害者雇用納付金制度は、大企業だけでなく、常時雇用している労働者数が100人を超える中小企業の事業主にも適用されます。常時雇用している労働者数が100人以下の中小企業の事業主については、当面の間、障害者雇用納付金の徴収や、障害者雇用調整金や報酬金についての規定を適用しないこととされています。

職業能力開発と職業リハビリテーション

　ハローワークでは、障害者の職業能力開発と職業訓練（ハロートレーニング）を行っています。また、障害者が福祉的就労から一般的就労へ移行できるようにするために、地域障害者職業センター、障害者職業能力開発校といった機関も設置されています。地域障害者職業センターは、障害者に対して作業手順を覚えることや、作業のミスを防ぐなどといった直接業務に関わる職業準備支援を行います。

　その他にも、質問や報告を適切に行うなどの仕事を行う前提ともいえる上司や同僚との円滑なコミュニケーションを促進するための支援なども行っています。地域障害者職業センターは、高齢・障害・求職者雇用支援機構によって各都道府県に設置されています。ハローワークとも連携しており、就職

後の職業リハビリテーションを行っています。

障害者職業能力開発校では、一般の公共職業能力開発施設では受け入れることが難しい障害者に対する職業訓練を行っています。

●精神障害者の雇用環境の改善

精神障害者の就労に向けて、さまざまな雇用環境の改善が行われています。まず、平成28年（2016年）の障害者雇用促進法の改正によって、法定雇用率の算定対象者に精神障害者が加えられました。この法改正は平成30年（2018年）4月から施行されています。これまで法定雇用率の算定対象は、身体障害者と知的障害者とされていたのですが、法定雇用率の算定基礎に精神障害者が加えられることになり、企業への就職を行いやすい環境になりました。

一方で、せっかく就職できても、病気に対する偏見が根強く職場に溶け込めないことがあります。病状によっては時間どおりの勤務ができず、遅刻や早退、欠勤などが増えたり、決められた作業に集中できないといったこともあります。そのため、職場の理解が得られず、居づらくなって短期間で辞めてしまうなど、職場への定着に課題が見られています。

このような状況を改善するため、障害者の雇用安定のための助成金が用意されています。たとえば、精神障害者を採用した後、その業務を行うために必要な援助や相談を行う職場支援員を設置して、精神障害者の職場定着を行った事業主は、障害者職場定着支援奨励金を受給することができます。

精神障害者の就職や職場定着の両面から、さまざまな雇用環境の改善が行われています。

しかし、積極的な取り組みは一部の企業に限られているのが現状です。たとえ法制度が確立しても、受け入れ側の企業の意識や体制が整わない限り安定した雇用が継続できるとはいえず、今後は受け入れ体制の充実が課題になるといえるでしょう。

常用就職支度手当の額

支給残日数	常用就職支度手当の額
90日以上	90日分×基本手当日額×40%
45日以上90日未満	残日数×基本手当日額×40%
45日未満	45日分×基本手当日額×40%

10 児童の相談支援

障害児相談支援事業が整備されている

● 障害児の日常生活に関する相談

障害児（身体障害児、知的障害児、精神障害児）についても、大人の障害者と同様、指定特定相談支援事業者（市町村長が指定した相談事業を行っている事業者）が就学・就職・家族関係といった基本的な相談を受け付けています。

障害児に関する障害福祉サービスに関する相談支援の体系は、大きく居宅サービスに関する相談と通所サービスに関する相談に分けられます。

① 居宅サービスに関する相談支援

市町村の指定特定相談支援事業者が担当します。これは、障害者総合支援法に基づいてなされる支援です。具体的には、計画相談支援サービス利用に関する相談を受け付けており、相談するとサービス等利用計画を作成するなどの支援を受けることができます。障害児自身が相談を行うことができます。

② 通所サービスに関する相談支援

障害児支援利用援助と継続障害児支援利用援助に分類できます。なお、通所サービスに関する相談支援は、児童福祉法に基づく支援です。

・障害児支援利用援助

障害児支援利用援助とは、障害児が通所サービスの受給を申請する時点で受けられる相談支援です。具体的には、児童福祉法に基づき設置される障害児相談支援事業者が、児童発達支援（障害児に対して身近な地域で行われる支援）や放課後等デイサービス（小学校・中学校・高校に通う障害児に対する支援）といった通所サービスの利用に関する相談を受け付けています。

障害児相談支援事業者は、障害児や保護者の意向を聴きながら、まず、障害児支援利用計画案を作成します。実際に通所サービスの支給決定がなされると、通所サービスを実施する事業者との間の連絡調整を行い、障害児支援利用計画書を作成することになります。

・継続障害児支援利用援助

継続障害児利用支援援助とは、障害児支援利用計画書の見直しに関する相談です（モニタリング）。つまり、ある程度の期間継続して、通所サービスを利用した後に、障害児の利用状況の見直しについて相談し、障害児相談支援事業者から、障害児支援利用計画案の変更などに関するアドバイスを行います。モニタリングは一定期間ごとに行う必要があります。

11 障害児の教育制度
普通教育が難しい場合の制度

● どんな制度があるのか

障害児の教育を目的とした機関には、特別支援学校、特別支援学級、通級、就学指導委員会などがあります。

● 特別支援学校

特別支援学校は、従来の盲学校、ろう学校、養護学校のことです。平成19年施行の学校教育法改正により、特別支援学校に一本化されました。特別支援学校は、視覚障害、聴覚障害、知的障害、肢体不自由、病弱・身体虚弱について程度の重い障害をもつ児童を対象としています。

特別支援学校では、幼稚園、小学校、中学校、高等学校に準ずる教育を行うとともに、障害に基づく種々の困難を改善・克服するために、自立活動という特別の指導領域が設けられています。

また、特別支援学校は地域密着の取り組みを基本としているため、学校として機能するだけでなく、幼稚園、小学校、中学校、高等学校などに在籍する障害児に対して援助を行うアドバイザーとしての役割も担っています。

● 特別支援学級

特別支援学級は、障害児のために設けられる学級です。通常の学級は普通学級と表現され、区別されています。

特別支援学級は、知的障害、肢体不自由、病弱・身体虚弱、弱視、難聴、言語障害、情緒障害といった障害をもつ児童を対象としています。

● 通級

通級とは、障害児が小中高等学校等の通常の学級に在籍し、普通学級で教育を受けますが、障害の克服に必要な指導だけは特別な場で行うものです。

対象となる障害は、弱視、難聴、肢体不自由、病弱・身体虚弱、言語障害、自閉症、情緒障害、学習障害（LD）、注意欠陥多動性障害（ADHD）で、障害の程度が比較的軽度の児童を対象としています。

● 教育支援委員会（就学指導委員会）

教育支援委員会（就学指導委員会）は、都道府県や市区町村の教育委員会に設置されており、障害の種類や程度に応じた就学支援を行うことを職責としています。特別の教育的支援を要する子どもの就学について調査・面談を行い、就学先について判断します。手続きは自治体によって異なる可能性があるため、教育委員会に問い合わせて確認することになります。

児童の通所・入所

児童に対しても入所・通所の支援サービスが行われる

●児童の通所・入所に関するサービス

　障害児の通所・入所に関係するサービスについては、児童福祉法に一元化され、サービスが体系化されています。具体的には、通所サービスは市町村が実施主体であり、児童発達支援、医療型児童発達支援、放課後等デイサービス、居宅訪問型児童発達支援、保育所等訪問支援があります。これに対して、入所サービスについては都道府県が実施主体であり、福祉型障害児入所施設と医療型障害児入所施設があります。

　通所サービス・入所サービスともに、サービスの給付決定を受けた場合、障害児の保護者が事業者や施設との間で契約を結び、各種サービスの利用が開始されます。そして、サービスに必要な費用について、各種給付費などが保護者に支給されます。

　もっとも、保護者が急死した場合など、各種給付費などの支給を受け取ることが困難な事情がある場合、市町村が、措置として障害児に対して通所サービスを提供することが可能です。同様に、入所サービスについても、支給費を受け取ることが困難な場合には、都道府県は、その障害児について、要保護児童であるとして、保護のための入所措置をとることになります。

●障害児通所支援

　障害児通所支援とは、障害児にとって身近な地域で支援を受けられるようにするための支援で、地域の障害児・その家族を対象とした支援や、保育所等の施設に通う障害児の施設に訪問するといった支援です。

　具体的なサービスには以下のものがあります。

① 児童発達支援

　身体に障害のある児童、知的障害のある児童、精神に障害のある児童（発達障害児を含む）に対して、日常生活における基本的な動作の指導、知識技能の付与、集団生活への適応訓練などを行います。児童発達支援の対象は、主に未就学児童が想定されています。

　児童発達支援を担当するのは、主に児童発達支援センターです。ただし、他の事業所が、通所している障害児や家族に対して療育・支援を行うことも可能です。児童発達支援センターは、障害児やその家族に対して、通所サービスを提供するとともに、その地域で生活する他の障害児・家族、障害児の預かりを業務として行っている事業者に対して、援助やアドバイスも行っています。なお、児童発達支援事業については、発達障害、知的障害、肢体不

自由、難聴、重症心身障害など、特定の専門領域に絞って支援などを行うことも許されています。

② **医療型児童発達支援**

医療型児童発達支援とは、児童発達支援において提供される支援の他に、治療などの医療サービスが提供される支援です。たとえば、肢体不自由がある児童に、日常生活における基本的な動作や指導などとともに、障害の治療を行います。

③ **放課後等デイサービス**

放課後等デイサービスとは、学校教育との相乗効果により、障害児の自立の促進をめざして、放課後の他、夏休みなどの長期休暇を利用して提供される、各種訓練などの継続的なサービスです。

放課後等デイサービスの対象になるのは、幼稚園や大学以外の学校教育法上の学校に就学している障害児です。もっとも、放課後等デイサービスを引き続き受ける必要が認められる場合、

満20歳になるまで、放課後等デイサービスを受けることができます。サービスの内容は以下のとおりです。

・自立した日常生活を送る上での必要な訓練の実施
・創作的な活動、各種作業など
・地域との交流の場を持つための機会を提供すること
・余暇の提供

また、放課後等デイサービスが円滑に利用できるためには、学校との連携や協働が必要です。そこで、学校教育と放課後等デイサービスが一貫して実施されるように、たとえば、学校と事業所との間の送迎サービスなども提供されています。

④ **居宅訪問型児童発達支援**

居宅訪問型児童発達支援とは、通所サービスを受けるために外出することが困難な障害児に対して、障害児の居宅に訪問する形態で行うサービスです。

対象に含まれる障害児は、重度の障害などにより、障害児通所サービスを

障害児通所サービスのイメージ

通　所

障害者

障害児通所サービス事業所

身体障害児
知的障害児
精神障害児
（発達障害児を含む）

児童発達支援・医療型児童発達支援
放課後等デイサービス

※ 居宅訪問型児童発達支援・保育所等訪問支援は訪問型

利用するために外出することが著しく困難な障害児です。具体的には、人工呼吸器をはじめ、日常生活において特別な医療が必要な障害児や、疾病が原因で、外出により感染症にかかるおそれがある障害児などが挙げられます。

したがって、送迎が困難であることから通所型のサービスの利用が困難であるなど、障害児の心身の状態以外の理由により、居宅訪問型児童発達支援を利用することはできません。居宅訪問型児童発達支援の提供に先立って、障害児相談支援事業所において、個別の障害児が、居宅訪問型児童発達支援の適正な対象者であるのかを確認するしくみがとられています。

提供されるサービスには、絵・写真を用いた言語に関する活動や日常生活に必要な基本的な動作の訓練などがあり、児童発達支援や放課後等デイサービスと同様のサービスが障害児の居宅において提供されます。また、居宅訪問型児童発達支援を利用する障害児は、基本的に体調などが一定ではなく、サービスに関わる活動が負担になる場合も少なくないことから、サービスの提供は1週間あたり2日程度が適切だと考えられています。ただし、利用者が、通常の通所型のサービスへの移行の見込みがある場合には、移行に向けた支援として、集中的に居宅訪問型児童発達支援のサービスを提供することも可能です。

⑤ 保育所等訪問支援

保育所等訪問支援とは、保育所などの集団生活が必要な施設において、障害児が適応することができるように行う支援です。つまり、専門的な支援を行うことにより、障害児が保育所などを安定して利用する上で必要なサービスを提供します。対象に含まれる障害児は、保育所、幼稚園、認定こども園など集団生活が必要な施設を利用している障害児が対象になります。集団生活への適応という観点から、保護の要否が判断されますので、発達障害児などを対象に提供されることが多いといえます。訪問先については、前述の保育所などの他に、小学校、特別支援学校、乳児院、児童養護施設などが挙げられます。

具体的には、訪問先の施設において、障害児とその他の児童が集団生活を送る上で必要な支援が行われています。集団生活を送る上で必要な訓練を、障害児本人に対して行うことの他に、訪問先の職員などに対しても支援を行うことができる点に特徴があります。利用者の心身の状況などにより変わりますが、支援は2週間に1回程度の頻度で提供されます。

●障害児入所支援

障害児入所施設とは、施設への入所により、必要な支援を行うサービスです。施設には福祉型（福祉型障害児入

所施設）と医療型（医療型障害児入所施設）があります。福祉型では、重度・重複障害や被虐待児への対応を図る他、自立（地域生活移行）のための支援を行います。たとえば、食事・入浴・排せつなどの介護サービスや、身体の能力向上をめざして行われる各種訓練、思ったことを適切に相手に伝えるためのコミュニケーションに必要な言語に関する支援などが挙げられます。医療型では、重度・重複障害への対応とともに、医療サービスの提供があわせて行われます。医療型においても、支援の目的は福祉型と異なるわけではなく、支援の内容に医療行為に相当するような行為が含まれる点に特徴があります。たとえば、食事介護において、経口による食事が困難な障害者に対して、胃や腸に直接的に栄養を注射するなどの介護が挙げられます。

障害児入所支援の対象となる障害児は、基本的に、身体障害児・知的障害児・精神障害児であり、発達障害児も含まれます。ただし、各種手帳の有無などは問わず、児童相談所や医師の判断で、支援の対象に含めるべきだと判断された児童についても、対象に含まれます。また、医療型においては、知的障害児、肢体不自由児、重症心身障害児を対象に、サービスが提供されます。

●その他の障害児に対する支援サービスについて

医療的ケア児とは、人工呼吸器を装着している障害児など、日常生活を営むために医療を必要とする状態にある障害児のことです。

医療的ケアを要する障害児（医療的ケア児）が適切な支援を受けられるよう、自治体が保健・医療・福祉等の連携促進に努めていくことも規定されています。

障害児入所支援のイメージ

障害児入所支援事業所

福祉型障害児入所施設
⇒重度・重複障害や被虐待児への対応、地域生活移行に向けた支援

医療型障害児入所施設
⇒福祉型でのサービス＋医療サービス
（知的障害児、肢体不自由児、重症心身障害児が対象）

障害者

身体障害児
知的障害児
精神障害児
（発達障害児を含む）

※各種手帳の有無などは問わず、児童相談所や医師の判断で、支援の対象に含めるべきであると判断された児童も対象に含む

13 障害者のための相談機関

わからないことがあったらとりあえず相談してみるのがよい

● 福祉事務所と地域活動支援センター

　都道府県や市に設置されている福祉事務所は、福祉六法（生活保護法、児童福祉法、母子及び寡婦福祉法、老人福祉法、身体障害者福祉法及び知的障害者福祉法）に定められた事務を行う第一線の社会福祉行政機関です。最近では、地域の実情に合わせたサービスを提供するため、町村へ権限を委譲しています。

　福祉事務所の設置の状況については、福祉事務所を設置している自治体の数が全体で906か所、設置されている福祉事務所の数は全体で1250か所となっています（2022年4月1日現在）。福祉事務所の主な職員については、①福祉事務所の長、②指導監督を行う所員の社会福祉主事、③現業を行う所員の社会福祉主事、④事務を行う所員、が配置されています。この他には、身体障害者福祉司や知的障害者福祉司などが配置されている福祉事務所もあります。

　また、障害をもつ人の生活相談や地域交流の機会を提供している市町村の施設として地域活動支援センター（74ページ）があります。

● 保健所

　保健所は、精神保健および精神障害者福祉の業務について、中心的な役割を担っています。精神保健福祉センター、福祉事務所、市町村、児童相談所、障害福祉サービス事業所、医療機関などと連携を行い、精神障害者の早期治療の促進、精神障害者の社会復帰、自立支援、社会経済活動への参加を促すなど、さまざまな活動を行っています。

　保健所では、それぞれの世帯の状況に合わせ、障害児の療育相談や精神保健福祉相談に応じています。また、障害児の親の相談にも応じ、療養上の相談など、さまざまな不安や悩みなどについても相談に応じています。訪問指導も行います。保健所での精神保健福祉業務が円滑かつ効果的に行われるよう、精神保健福祉センターにより技術指導・援助が行われます。

● 児童相談所などの各種相談所

　児童相談所は、18歳未満の者を対象としており、児童福祉法に基づき各都道府県に設けられています。児童相談所では、児童の肢体不自由、視聴覚障害、重症心身障害、知的障害、自閉症などの障害相談を受けることができます。児童相談所の主な職員については、児童福祉司、児童心理司、医師や保健師などが配属されています。

この他、児童相談所の事業として、在宅の重症心身障害児（障害者）に対して訪問や指導を行ったり、在宅の障害児に対して、専門的な指導を行っています。

また、特別児童扶養手当の判定や、療育手帳の判定業務も行っています。

その他の相談所として、身体障害者更生相談所と知的障害者更生相談所などがあります。各都道府県に設置されている身体障害者更生相談所は、18歳以上の身体障害者を対象に専門的な指導を行い、社会参加・自立を図り、更生医療・補装具の給付に関して医学的・心理学的・職能的判定を行い、施設利用のための情報提供を行います。

知的障害者更生相談所は、18歳以上の知的障害者を対象に専門的な指導を行い、社会参加と自立を図り、療育手帳の新規・再判定や施設に入所する際に医学的・心理学的・職能的判定を行います。

知的障害者更生相談所も、身体障害者更生相談所と同様、各都道府県に設置されています。また、都道府県は、身体障害者更生相談所には身体障害者福祉司、知的障害者更生相談所には知的障害者福祉司を置かなければなりません。

●ボランティア相談員

民生委員法に基づく民生委員（市町村ごとに配置されている、地域住民への支援・相談への対応・個別訪問など、地域住民のための活動を行う者のこと）、児童福祉法に基づく児童委員と呼ばれる地域ボランティア制度があります。

原則として身体障害者の中から選ばれる身体障害者相談員、知的障害について教育、福祉事業に経験のある知的障害者相談員という地域ボランティア制度もあります。それぞれ障害者や保護者からの相談に応じ、必要な指導・助言・援助を行います。

●ハローワーク

障害者向けの求人を確保し、就職希望の障害者の求職登録を行い、職業相談、職業紹介、職場適応指導を行います。

ハローワークには障害者専用窓口があり、障害について専門的知識のある担当者が対応します。障害者のための仕事の情報提供や、就職に関する相談などの支援を行っています。利用については、障害者手帳の有無は問われません。身体障害や知的障害、精神障害だけでなく、発達障害、高次脳機能、難病などがあり、長期的に職業生活の制限を受けたり、職業生活を継続することが困難な障害者も対象になります。

その他にも、地域障害者職業センターや、障害者就業・生活支援センターなど、関係機関と密接な連携を保ち、職業リハビリテーションや就業面、生活面を含めた支援の紹介をします。

14 共生型サービス①
介護サービスと障害福祉サービスの一体的な提供が可能になる

● どんなサービスなのか

共生型サービスとは、障害福祉サービスを利用してきた利用者が老齢によって介護保険制度の対象者になった場合に、引き続き同じ事業者からサービスを受けることができるしくみです。利用者の側から見ると、障害者で65歳以上になった後も、引き続き、自身が利用の面で使い慣れている施設を利用できるというメリットがあります。

事業所側から見ると、これまで介護保険や障害福祉どちらかの居宅サービスの指定を受けていた場合、もう一方の指定も受けやすくなったことを意味しています。事業者が、地域の実情や事業者の経営状態をはじめとする環境などを考慮して、必要に応じて、双方の事業者としての指定を受けるべきか否かを選択することが可能です。そのため、事業者に過度な負担を負わせることなく、地域の実情に合わせて、効率的な福祉サービスの提供が可能になります。共生型サービスは、限りある福祉関係の人材を効率的に配置することができるサービスとしての役割を期待されているといえます。

もっとも、共生型サービスの前提として、障害者総合支援法などに基づくサービスと、介護保険法に基づくサービスとの間に重複が見られる場合、介護保険法が優先的に適用されます。

● なぜ設けられたのか

従来は、障害福祉サービスを利用していた障害者が、65歳に達した場合には、介護保険法の適用対象になります。それ以後は、これまで利用していた障害福祉サービス事業者とは別の介護サービス事業者による介護サービスを受けなければなりませんでした。特に高齢期に差しかかってから、これまで慣れていた施設とは異なる施設でのサービス利用を強制されるしくみであり、利用者の負担が非常に大きいことが問題視されていました。

これに対して、共生型サービスでは、サービスを提供する事業者は、障害福祉サービス事業者として指定を受けているとともに、介護サービス事業者としての指定も受けていることが前提になります。そのため、障害者総合支援法に基づく障害福祉サービスを利用してきた者が、介護サービスの適用対象者になった後も、引き続き同じ事業者から、サービスの提供を受けることが可能になりました。共生型サービスは利用者のメリットが大きいといえますが、サービスを提供する事業者側

にとってもメリットがあります。これまでのように両方のサービスが明確に区別されていた場合には、より多くの職員が必要になります。しかし、障害福祉サービスと介護サービスを一体的に提供する共生型サービスでは、両方のサービスを、同じ職員が提供することが可能になるため、効率的な人員の配置が可能になります。高齢社会への道を進む我が国では、障害者の高齢化も問題になるため、共生型サービスによって、一体的なサービスの提供が可能になれば、より多くの利用者に対して、効率的に必要なサービスを提供することが可能になります。

●対象者

共生型サービスを利用する対象者は、介護サービスの対象者になる以前に、障害福祉サービスを利用していた人です。ただし注意が必要なのは、すべての介護サービスが共生型の対象になる

わけではないという点です。

具体的には、以下のように、障害福祉サービスと内容において、共通点が認められる、介護サービスのみが対象になります。

・訪問介護

障害福祉サービスのうち、居宅介護や重度訪問介護と相互の共通点が認められます。

・通所介護（地域密着型通所介護を含みます）

障害福祉サービスのうち、生活介護、自立訓練（機能訓練・生活訓練）、児童発達支援、放課後等デイサービスと相互の共通点が認められます。

・療養通所介護

障害福祉サービスのうち、生活介護、児童発達支援、放課後等デイサービスと相互の共通点が認められます。特に、生活介護や児童発達支援は、重症心身障害者あるいは、重症心身障害児が通う事業所に限定される点に、注意が必

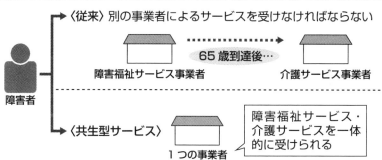

共生型サービスとは

〈従来〉別の事業者によるサービスを受けなければならない

障害福祉サービス事業者　―65歳到達後…→　介護サービス事業者

障害者

〈共生型サービス〉

1つの事業者　障害福祉サービス・介護サービスを一体的に受けられる

要です。

・**短期入所生活介護（介護予防短期入所生活介護を含みます）**

障害福祉サービスの短期入所と、相互の共通点が認められます。

●基準や報酬

共生型サービスは、障害福祉施設の利用者が、65歳以上になった場合などにおいて、引き続き同様の施設で、介護サービスを受けることが可能な体制を整えることに意義があります。

そこで、サービスを提供する事業者としては、共生型サービスに対応するためには、障害福祉施設としての基準を満たす一方で、同時に介護保険施設としての基準も満たしているのであれば、共生型サービスを提供する際に問題は生じないといえます。

しかし、障害福祉施設と介護保険施設とでは、求められる基準に差があるため、一方の基準を満たさない場合があります。たとえば、障害福祉施設として生活介護サービスを提供する事業者は、主に以下の基準を満たす必要があります。

・管理者：専従の管理者の配置が必要です（ただし非常勤の者でもかまいません）。

・看護職員・理学療法士・作業療法士・生活支援員の総数については、利用者の区分に応じて基準が異なります。なお、いずれの場合であっても、生活支援員は常勤の者が1名以上、配置されていなければなりません。

ⓐ 平均障害支援区分が4未満の場合：利用者6の割合に対して、1以上の割合で配置する必要があります。

ⓑ 平均障害支援区分が4以上5未満の場合：利用者5の割合に対して、1以上の割合で配置する必要があります。

ⓒ 平均障害支援区分が5以上の場合：利用者3の割合に対して、1以上の割合で配置する必要があります。

・訓練・作業室：訓練または作業に支障のない広さが必要です。

これに対して、介護保険施設として通所介護サービスを提供する事業者は、主に以下の基準を満たす必要があります。

・管理者：常勤で専従の者を配置しなければなりません。

・介護職員：利用者の割合5に対して1の割合で配置しなければなりません（利用者が15人までの場合は、1名以上配置）。ただし常勤の者が1名以上配置されなければなりません。

・食堂・機能訓練室：3㎡に利用定員数を乗じた面積以上が必要です。

このように、障害福祉施設と介護保険施設とでは、基準が異なる部分があるため、どちらも基準を満たしている場合と一方の基準を満たす場合でも、他方の事業者としての基準には不足しているという場合があります。

つまり、以下のように3つに区分す

ることができます。

① 介護、障害福祉の基準をどちらも満たす場合

② 介護、障害福祉のいずれかの基準を満たせない場合で、満たしていない方のサービスの質や専門性を一定程度備えている場合

③ 介護、障害福祉のいずれかの基準のみ満たす場合

それぞれで、報酬の算定においては、差が設けられています。

①の場合、介護保険、障害福祉の制度から通常どおりの報酬を受けることができます。

②の場合、共生型サービスの報酬を受けることができます。ただし、①の場合に比べて報酬が減額されます。また、職員の配置などにより加算を受けることもできます。

また、③の場合も報酬が減額されま

す。現行の障害福祉の基準該当サービスと同じような扱いとなります。

具体的には、障害福祉サービス事業所（生活介護、自立訓練、児童発達支援、放課後デイサービスに限る）が通所介護（デイサービス）を提供する場合には、それぞれのサービス事業所に応じて基本報酬から5～10％減額されます。また、短期入所の障害福祉サービス事業所が短期入所生活介護を提供する場合は基本報酬が8％減額されます。居宅介護を提供する事業所が訪問介護サービスを提供する場合には、訪問介護費と同じ報酬となります。ただし、訪問介護員の資格により7～30％で減額されます。

サービス責任者を常勤で配置するなどの体制を整えている事業所に対して加算を行うことも可能です。

共生型サービスの対象

共生型サービス　相互のサービスの共通点が認められる範囲で認められる

介護サービス		障害福祉サービス
● 訪問介護	◀▶	● 居宅介護や重度訪問介護
● 通所介護（地域密着型通所介護を含む）	◀▶ **共通点**	● 生活介護、自立訓練（機能訓練・生活訓練）、児童発達支援、放課後等デイサービス
● 療養通所介護	◀▶	● 生活介護、児童発達支援、放課後等デイサービス
● 短期入所生活介護（介護予防短期入所生活介護を含む）	◀▶	● 短期入所

※ 生活介護と児童発達支援は、主に重症心身障害者(児)を通わせる事業所に限ります。

15 共生型サービス②
それぞれのサービスの適性を理解する必要がある

● どのようにプランをつくるのか

　共生型サービスにおいて、具体的なサービス内容についてプランを作成する場合には、注意点があります。それは、障害福祉サービスのプランを作成するのは、相談支援専門員であるのに対して、介護サービスのプランを作成するのは、ケアマネジャーであり、プランの作成を担当する者が異なる点です。共生型サービスでは、双方のサービスを提供する必要があるため、相談支援専門員とケアマネジャーが必要な情報を共有し、相互に連携をとる体制を確保することが重要といえます。

● すべてのサービスが受けられるわけではない

　共生型サービスは、障害福祉サービスと介護サービスの、相互に共通性が認められるサービスについて、利用者に一体的にサービスを提供することができます。共生型サービスは、主に以下のように分類することができます。
① 　ホームヘルプサービス
② 　デイサービス
③ 　ショートステイ
④ 　その他のサービス
　共生型サービス以前の「基準該当」においても、障害者などが小規模多機能型居宅介護のサービスを受けた場合には、障害福祉サービスの給付対象として扱われていたことから、④のサービスもサービスに含まれています。

● どんなサービスが受けられるのか

　以下では、個別具体の共生型サービスの内容について見ていきましょう。
① 　ホームヘルプサービス
　ホームヘルプサービスは、障害福祉サービスにおける居宅介護・重度訪問介護（障害児は対象に含まれない）、そして介護サービスについては訪問介護に該当するサービスです。訪問介護員などが、利用者の居宅において入浴・排せつ・食事などの介護の他、調理・洗濯・掃除などの家事サービスを提供します。
② 　デイサービス
　デイサービスは、障害福祉サービスにおける生活介護、児童発達支援や放課後デイサービス（主に重症心身障害者や重症心身障害児を通所させる事業所は除きます）、自立訓練（機能訓練、・生活訓練）に該当するサービスで、介護サービスについては通所介護、地域密着型通所介護、療養通所介護に該当するサービスです。

　入浴・排せつ・食事の介護などの他、

生活上の相談や助言などを行います。また、創作活動や単純労働などの生産活動の機会の提供や、日常生活上の機能訓練なども提供されます。

③　ショートステイ

ショートステイは、障害福祉サービスにおける短期入所、そして介護サービスについては短期入所生活介護や介護予防短期入所生活介護に該当するサービスです。一時的に利用者が、施設を利用することができるサービスです。注意が必要なのは、共生型サービスとして設定されているのは、併設型・空床利用型のショートステイのみであるという点です。

④　その他のサービス

その他のサービスとしては、介護サービスとして小規模多機能型居宅介護、介護予防小規模多機能型居宅介護、看護小規模多機能型居宅介護が挙げられます。これらのサービスは、施設への通所サービスを基本に、必要に応じて、利用者の居宅への訪問サービスや、施設への宿泊などを組み合わせて提供するサービスです。

そして、障害福祉サービスについては、⒜通所サービスとして生活介護、児童発達支援や放課後デイサービス（主に重症心身障害者や重症心身障害児を通所させる事業所は除きます）、自立訓練（機能訓練、・生活訓練）、⒝訪問サービスとして居宅介護や重度訪問介護、⒞宿泊サービスとして短期入所が該当します。

共生型サービスの内容

共生型サービス

❶ ホームヘルプサービス
訪問介護員などが、利用者の居宅において入浴・排せつ・食事などの介護の他、調理・洗濯・掃除などの家事サービスを提供

❷ デイサービス
入浴・排せつ・食事の介護などの他、生活上の相談や助言などの提供

❸ ショートステイ
一時的に利用者が、施設を利用することができるサービス

❹ その他のサービス（小規模多機能型居宅介護など）
施設への通所サービスを基本に、必要に応じて、利用者の居宅への訪問サービスや、施設への宿泊などを提供するサービス

16 障害者手帳

障害者は障害の内容によって３つに分けられる

◉ 手帳が交付される

障害者に対しては、障害の内容に応じて、身体障害者手帳、療育手帳、精神障害者保健福祉手帳が交付されます。

また、それぞれの障害の状態に合わせて、さまざまな福祉サービスを受けることができます。

① 身体障害者手帳

身体障害者手帳とは、身体障害者が日常生活を送る上で、最低限必要な福祉サービスを受けるために必要な手帳です。身体障害者とは、視覚障害、聴覚・平衡機能障害、音声・言語機能または咀嚼機能障害、肢体不自由、内部障害などの障害がある18歳以上の者で、都道府県知事から身体障害者手帳の交付を受けた人のことを意味します（身体障害者福祉法４条）。障害の程度の重い方から１級〜７級（手帳の交付は６級以上）に分けられます。

身体障害者手帳の交付を受けるためには、交付申請書と各都道府県知事により指定を受けた医師の診断書が必要です（身体障害者福祉法15条）。

② 療育手帳

知的障害者と認められた人に交付される手帳が療育手帳（東京都では「愛の手帳」）です。知的障害者の定義については、知的障害者福祉法にはっきりと規定されているわけではありません。療育手帳についても、各都道府県が独自に発行するものであり、知的障害者と判定されても、必ず持たなければならないものではありません。療育手帳の交付を受けるには、本人または保護者が居住している地域の福祉事務所へ申請します。

③ 精神障害者保健福祉手帳

精神障害者とは、統合失調症、精神作用物質による急性中毒またはその依存症、知的障害、精神病質その他の精神疾患を有する者のことです（精神保健福祉法５条）。

精神障害者保健福祉手帳は、知的障害を除く精神疾患を持ち、精神障害のため日常・社会生活において制約のある人の自立と社会復帰・参加を促進して、各種福祉サービスを受けやすくするために交付されます。精神障害者保健福祉手帳の交付は、精神保健指定医または精神障害者の診断・治療を行っている医師の診断書を提出しなければなりません。手帳は障害の程度の重い方から１級〜３級に等級が分かれており、等級により受けられる福祉サービスに差があります。また、２年間の有効期間があるため、期限が切れる前に更新手続きをしなければなりません。

第5章

障害福祉サービス事業

障害福祉サービス事業開始の手続き

事前に相談をしてから申請手続きを行う

● 障害福祉サービス事業を始めるときの手続きの流れ

居宅介護（32ページ）、療養介護（38ページ）、短期入所（37ページ）など、障害者総合支援法の規定に従って提供されるサービスのことを総称して障害福祉サービスといいます。

障害福祉サービスを提供する事業者となるためには、サービス事業者としての要件を満たした上で、都道府県知事（または政令指定都市や中核市の長）の指定を受けなければなりません。

また、指定を受けた事業者は、6年ごとに更新の手続きをすることも必要です。この指定を受けている事業者のことを、指定障害福祉サービス事業者といいます。

事業者が、障害福祉サービスの提供を始めるためには、「サービス管理者等を配置する」「必要な設備や備品を備える」「運営規程を定める」などというように、人員・設備・運営に関する基準等を満たした上で、都道府県知事などに申請をしなければなりません。

ただし、いきなり申請をするのではなく、事前に都道府県等の担当部署に相談をするという方法が一般的です。その後、指定申請書などの必要書類を提出すると、審査が行われます。審査

の結果、問題がないと判断されれば、指定を受けることができます。一方、問題があると判断された場合には、申請は却下され、指定は受けられないという結果になります。

東京都では、指定は毎月1回行われており、申請書類が受理された翌々月の1日付けで指定を受けることができます。詳しい指定手続きの流れについては、各都道府県等によって異なりますので、該当する申請先によく確認をするようにしましょう。

申請の内容が法令に定められた基準を満たしていれば指定障害福祉サービス事業者として認められますが、事業所で従事する人の知識が不足していたり、適正な福祉サービス事業の運営ができないという場合には、指定障害福祉サービス事業者として認定されません（126ページ）ので、注意が必要です。

● 指定を受けるための要件

指定は、事業の種類、そして事業者ごとに行われます。

指定事業者になるためには、次の要件をすべて満たしている必要があります。

① 申請者が法人格を有していること
② 事業所の従業者の知識・技術、人員が省令で定める基準を満たしてい

ること

③ 法律や指針で定める基準に従って適正な事業の運営ができること

④ 法律上の欠格事項（指定の申請前5年以内に障害福祉サービスに関し不正な行為や著しく不当な行為をした者など）に該当しないこと

●事業者が受け取る報酬のしくみ

障害者総合支援法に基づく障害福祉サービスを提供した事業者は、サービス提供の対価として報酬を受け取ることになります。この事業者の受け取る報酬を算出するためには、まずは総費用額を計算する必要があります。

障害福祉サービスは、そのサービスの種類ごとに単位数が定められています。たとえば、居宅介護サービスのうち、日中に行う30分以上1時間未満の居宅における身体介護は402単位です。この単位数に、10円を基本とした地域ごとに設定されている単価を掛けた金額が、原則的な総費用額となります。

たとえば、東京都23区内（1級地）については、居宅介護の1単位当たりの単価は11.40円と設定されています。

このようにして計算された総費用額のうち、サービスを利用した障害者が負担する能力に応じて自己負担する分（最大で1割）を除いた金額が、介護給付費または訓練等給付費として支給されることになります。

ただし、サービスの提供方法によっては、加算や減算が行われます。たとえば、喀痰吸引の体制を整えている事業者などは加算の対象となり、配置されている栄養士が非常勤の場合には減算の対象となります。

各サービスの具体的な報酬の算定基準は、「障害福祉サービス費等の報酬算定構造」で定められています。この基準は、社会の要請に合わせて随時改定が行われています。

障害福祉サービスを提供したい場合

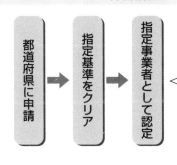

都道府県に申請 → 指定基準をクリア → 指定事業者として認定

● 障害者支援施設によるサービス
→ 社会福祉法人に限定

● それ以外のサービスや相談支援事業
→ 法人格（株式会社・NPO法人）があればOK

2 事業者になるための基準

指定基準や最低基準を満たす必要がある

● 指定基準と最低基準が定められている

事業者が指定を受けるために必要となる基準には、「指定障害福祉サービスの事業等の人員、設備及び運営に関する基準」（一般的に指定基準と呼ばれています）、「障害福祉サービス事業の設備及び運営に関する基準」（一般的に最低基準と呼ばれています）などがあります。

指定基準には、サービス提供の主体となる事業者が遵守すべきさまざまな事項が定められています。事業者がこれらの基準に従ってサービスを提供することにより、障害福祉サービスの質が一定以上に確保されることになります。重要事項に関する書面や領収証等の交付など、適切な事務処理が行われるための基準も定められています。

また、最低基準には、施設の規模や施設全体の建築構造、職員の資格など、一定のサービスについて、適正な事業運営がされるために必要とされる基準（直接的には支援に関わらない部分についての基準）などについても定められています。

指定基準や最低基準で設定されている内容は、サービスごとに異なっています。

なお、事業の開設当初に過度の費用負担がかかることを避け、また、地域間の不公平にならないように、事務所などの直接サービスの実施に関わらない場所については、明文上の規定はされず、居室の面積や規程もサービスの質を維持する必要最小限でよいとされています。

このように設備基準を厳格に定めなかった理由は、事業者の新規参入を促し、従来の基準では必要な面積が確保できなかった地域でもサービスを提供できるようにするためです。

地域によっては、空き教室や空き店舗などを利用するようになれば、設備の有効利用もできますし、地域の活性化につながる可能性もあります。

● 人員基準・設備基準・運営基準の特徴

障害者総合支援法に定められている障害福祉サービスを提供したい事業者は、一定の基準をクリアして、指定事業者として認められなければなりません。基準には、人員基準・設備基準・運営基準の3つがあります。居宅介護、生活介護、自立訓練、施設入所支援、共同生活援助などさまざまな障害福祉サービスがありますが、それぞれに3

つの基準の内容は異なります。しかし、下記のような考え方は共通しています。

① 障害福祉サービスを提供する際には、障害種別にかかわらず、共通の基準とすること

② サービスの質を向上させるため、サービス管理責任者などを配置することとし、虐待防止などの責務を明確化すること

③ 利用者に対して安全なサービスを行うために必要な面積の区画、設備、備品を設けること、また、身近な地域で利用者のニーズに応じたサービスを提供するため、多機能型の施設も設置可能とすること

質の高いサービスをより低コストで、一人でも多くの人に提供できるよう、区分・内容・定員・達成度に応じて報酬が設定されています。

たとえば、最低基準や指定基準により、療養介護では医師・看護職員・生活支援員・サービス管理責任者を置く

必要があります。これと同じように、他の生活介護や短期入所といった支援制度の中でも、それぞれ具体的に人員基準について規定されています。

生活介護を行う場合も同じように、医師・看護職員・生活支援員・サービス管理責任者を置かなければなりません。設備についても最低基準や指定基準により、訓練室・作業室・相談室・洗面所・便所などを設ける必要があることが決められています。

他にも、自立訓練（機能訓練）を行う場合には、管理者・看護職員・理学療法士または作業療法士・生活支援員・サービス管理責任者を配置しなければなりません。これらの決まりについては、最低基準と指定基準の両方に規定されているので、両方の規程を参照する必要があります。

施設系事業では、人口規模が小さいところも、地域の特性と利用者の状況に合わせ、複数のサービスが一体となった運営を行う多機能型が認められ

事業者として指定されるために満たすことが要求されている基準

基 準	内 容
人員基準	サービス提供に直接必要になる職員についての基準。サービス管理責任者や、サービス提供責任者などについて規定している
設備基準	サービスを行うための設備についての基準。サービスの質を維持するために最低限必要なレベルを要求している
運営基準	サービスの内容と提供する手順についての基準。利用者が負担する金額の範囲や虐待防止についての責務についても規定している

ています。このことにより、利用者は自分のニーズに合わせて複数のサービスを受けることができます。ただし、事業者の指定は、6年ごとの更新が必要な他、指定の取消しがなされることもあります。指定が取り消されるのは、自立支援給付費の不正請求や検査の拒否といった事由がある場合です（障害者総合支援法50条）。

●事業者としての指定を受けることができない場合

指定障害福祉サービス事業者は、障害者が自立した生活を営むことができるように努めなければなりません。そのために、障害者の意思決定の支援に配慮するとともに、市町村、公共職業安定所、教育機関などとの連携を図りつつ、常に障害者等の立場に立って、適切なサービスを提供するように努めなければなりません。

そのため、サービスを提供する事業者としてふさわしくないと判断された事業者は、障害福祉サービス事業者としての指定を受けることができません。たとえば、以下の事由（欠格事由）に該当する場合、事業者としての指定を受けることはできません（障害者総合支援法36条）。

・申請者が都道府県の条例で定める者でないとき
・事業所の従業者の知識・技能・人員が、都道府県の条例で定める基準を満たしていないとき
・申請者が事業の設備及び運営に関する基準に従って適正な障害福祉サービス事業の運営をすることができないと認められるとき

事業者がこうした欠格事由に該当している場合、利用者に対して、安心・安全な生活を実現させるためのサービスを提供することができないと判断されますので、指定申請をしても却下されてしまうことになります。

その他にも、指定を受けようとする事業者は、障害者総合支援法や障害者総合支援法に基づく基準等と関連のあるさまざまな規程（たとえば、建築基準法、消防法、障害者虐待防止法、障害者差別解消法、労働基準法など）についても、遵守していることが求められます。

なお、指定を受けた後にも、指定障害福祉サービス事業者が、給付の不正受給を行うなど、不正行為が認められた場合には、指定の取消しや、指定期間更新拒否の対象になります。指定の取消しや更新の拒否の判断にあたっては、連座制がとられていることに注意が必要です。連座制とは、指定の取消しや更新拒否の対象になっている事業者の、グループ企業などで、不正行為への加担が認められる場合に、そのグループ企業についても、同様に指定の取消しや更新拒否が行われることをいいます。かつては、不正行為への加担

の有無を問わず、不正行為を行った事業者のグループ企業などにあたる場合には、一律指定取消しや更新拒否の対象になっていました。

しかし、規制があまりにも厳しすぎることから、現在では、立入検査などによって、組織的関与の有無を判断した上で、組織的関与が認められるグループ企業などについてのみ、連座制が適用されています。

● 基準該当障害福祉サービスとは

基準該当障害福祉サービスとは、指定障害福祉サービスを提供する事業者としての基準は満たしていないものの、介護保険事業所等の基準は満たしているという事業所が、市町村に認めてもらうことによって、利用者に提供することのできる障害福祉サービスです。たとえば、離島である、中山間地域である、などといった理由で、指定基準を満たす事業者の参入が見込めなかったり、特定のサービスの供給が足りない場合に、障害福祉サービスを提供することが認められています。

本来であれば、基準を満たしていない以上、その事業者は障害福祉サービスを事業として行うことはできません。

しかし、一定の要件（介護保険事業所の要件を満たしているなど）を満たす事業所であり、かつ、当該地域にサービスの需要があるという場合には、指定基準を満たしていなくても、障害福祉サービスを提供することが認められているというわけです。障害者がサービスに要した費用については、受けたサービスの内容に応じて特例介護給付費または特例訓練等給付費として支給を受けることになります。サービスの内容が、居宅介護・重度訪問介護・同行援護・行動援護・生活介護・短期入所の場合には特例介護給付費が支給されることになります。また、自立訓練（機能訓練・生活訓練）・就労継続支援（B型）の場合には、特例訓練等給付費が支給されます。

特例介護給付費と特例訓練等給付費の支給は原則償還払いになります。償還払いは、利用者がサービス利用料を全額自己負担した後、支給申請書、領収書を市町村へ提出し、給付金が利用者本人へ支給されるという流れになります。また、償還払いができない場合の特例として、事業所が代理受領（サービスの現物給付化）する場合があります。代理受領の場合は、利用者がサービス利用料の1割を負担した後、支給申請書、委任状を市町村へ提出します。支給決定の後に、給付金が事業所へ支給される流れになります。なお、利用者の実費負担分については、給付金の対象にはなりません。

基準該当障害福祉サービスの給付決定は、市町村の判断になるため、事業者は該当の自治体に事前に確認することになります。

サービスを提供する事業者の種類

施設や相談支援などがあり、株式会社の形態で実施できる事業もある

●事業者にもいろいろある

事業者には以下の種類があります。施設や相談支援などの種類があり、法人形態を問わず、実施できるものもあります。

① 指定障害福祉サービス事業者

居宅介護（32ページ）、重度訪問介護（33ページ）などの障害福祉サービスを提供する事業者です。また自立生活や共同生活を送ることができるようになるための訓練や、一般企業等への就職を希望する人のための就労移行支援等も行います。

指定障害福祉サービス事業者は、事業の運営が適正に行われる体制を整備する必要があり、責任者の配置、法令順守規程の作成、自主監査や外部監査の実施などが求められます。

このような高度な管理体制を担保するために、指定障害福祉サービス事業の指定を受けるためには法人でなければならないと、定められています（障害者自立支援法36条3項1号）。

② 指定障害者支援施設

障害者に対して、施設入所支援（48ページ）を行うとともに、施設入所支援以外の施設障害福祉サービスを行う施設のことです。

ただし、のぞみの園（重度の知的障害者に対して支援を行う国の施設）や児童福祉施設は障害者支援施設には含まれません。

障害者支援施設は、夜間において介護が必要な人、入所し訓練を受けることが必要かつ効果的であると認められる人、通所が困難である自立訓練または就労移行支援等を利用している人が、利用対象者となります。

③ 指定障害児通所支援事業者

児童発達支援、医療型児童発達支援、放課後等デイサービス、居宅訪問型児童発達支援及び保育所等訪問支援を行う事業者です（156 ～ 160ページ）。

④ 指定障害児入所施設

障害児に対して、日常生活の世話や、社会生活で必要な技能・知識の教育を行う施設です。施設には医療型と福祉型があります。

福祉型障害児入所施設においては、障害の重度・重複化へのケアや自立支援を主な目的としています。福祉型施設において支援を受けた後に、グループホームやケアホームを利用して、地域生活に移行していくことをめざします。

それに対して医療型障害児入所施設では、専門医療と福祉を併せて提供することが目的とされています。自閉症や肢体不自由、重症心身障害といった、

専門医療を必要とする障害児のために、医療機関と連携して必要な支援を行っていきます。

⑤ **指定障害児相談支援事業者**

障害児の心身の状況、環境、サービスの利用に関する意向などをふまえてサービスの利用計画（障害児支援利用計画）及びその案を作成する事業です。

⑥ **指定特定相談支援事業者**

基本相談支援（必要な情報の提供や助言）と計画相談支援（サービス利用支援）の両方を行う事業者です。

⑦ **指定一般相談支援事業者**

基本相談支援と地域相談支援の両方を行う事業者です。地域相談支援とは、地域移行支援と地域定着支援のことです（76ページ）。地域移行支援を行う事業者を指定地域移行支援事業者、地域定着支援を行う事業者を指定地域定着支援事業者といいます。

①～⑦のそれぞれについて、名称の最初につく「指定」とは、都道府県や政令指定都市および中核市、市町村の指定を受けているという意味です。

なお、①障害福祉サービス事業や③障害児通所支援事業、⑤～⑦の相談支援事業は、公的な規制をする必要性が低いとされる第2種社会福祉事業となるため、株式会社やNPO法人など法人形態を問わずに事業主になることができます。②障害者支援施設や④障害児入所施設は、経営の安定を通じた利用者の保護の必要性が高いとされる第1種社会福祉事業となるため、運営主体として国、地方公共団体、社会福祉法人などを想定していることがあるため、確認することが必要です。

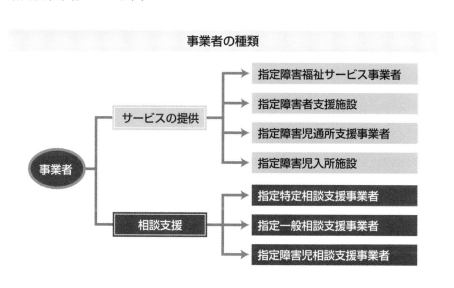

事業者の種類

事業者
- サービスの提供
  - 指定障害福祉サービス事業者
  - 指定障害者支援施設
  - 指定障害児通所支援事業者
  - 指定障害児入所施設
- 相談支援
  - 指定特定相談支援事業者
  - 指定一般相談支援事業者
  - 指定障害児相談支援事業者

4 サービス管理責任者
責任の所在を明確にするために配置される

●サービス管理責任者はどんな仕事をするのか

　障害福祉サービスを提供する事業者において、利用者の初期状態を把握した上で、達成すべき目標を設定し、定期的なサービスの評価を行う者のことをサービス管理責任者といいます。

　事業所は、サービス管理責任者を事業所ごとに配置しなければなりません。サービス管理責任者は、専任の者でなければなりません。サービス管理責任者の配置基準は、事業所の種別に合わせて設定されています。療養介護、生活介護、自立訓練、就労移行支援、就労継続支援を行う事業所では、利用者60名に対して1名の管理責任者の配置が必要です。これに対して、共同生活援助を行う事業所では、利用者30名に対して1名の管理責任者を配置します。

　サービス管理責任者の具体的な仕事としては、①サービス開始前の考慮事項の把握、②到達目標の設定、③個別支援計画の作成、④継続的利用、⑤終了時の評価、といったものが主な内容となっています。一言でいうと、事業所内で提供されるサービスを包括的に管理する立場にあります。

　具体的には個別支援計画を作成するため利用者や利用者の家族との面談と、支援に携わるスタッフとの打ち合わせをそれぞれ行います。利用開始後は、作成した計画や設定された目標の進捗状況を把握しつつ、必要に応じて修正を加えていくことも求められます。

　またその過程の中で、スタッフに対して必要なアドバイス等を与えることもありますし、事業所外の関係機関である医療機関や市役所等の行政機関との連絡等を行い、利用者が包括的な地域支援を受けることができるように連携を図ります。つまりサービス管理責任者の仕事は、障害の特性や障害者の生活実態に関して豊富な知識と経験が必要であり、個別支援計画の作成・評価を行える知識と技術がなければ務まりません。

　また、計画が適切に運用されるようにするための管理能力や、各部署との連絡を円滑に行えるコミュニケーション能力も求められます。そのため、サービス管理責任者になるためには、実務要件や研修要件を満たす必要があり、それらを担保するために特定の研修を受講することが義務付けられています。サービス管理責任者以外の人員については、提供するサービスを維持するために必要な職員に限定して、事業ごとに設定されています。

● サービス管理責任者の実務要件と研修要件とは

平成31年（2019年）4月から、サービス管理責任者の研修要件が変更されました。これまであった相談支援従事者初任者研修やサービス管理責任者等研修の見直しを行い、基礎研修として位置付けました。さらに、サービス管理者については、新たに創設されたサービス管理責任者等実践研修を受講することで、サービス管理責任者として配置されます。サービス管理責任者を続けていくためには、5年毎にサービス管理責任者等更新研修も受講しなければなりません。基礎研修に加えて、実践研修や更新研修を行うことで、知識や技術の更新を図りながら、実践を積み重ね、段階的なスキルアップを図

ることができます。

特に新設されたサービス管理責任者に対する研修においては、前記のようにサービス管理者に求められる高度なスキルの向上に特化した講義及び演習が行われています。基本的な運営管理に加えて、相談支援従事者の人材育成や地域援助技術に関する講義と演習のプログラムが設けられています。

一方で、実務要件は緩和されました。たとえば、サービス管理責任者の配置に関する実務要件は、直接支援業務10年が8年に短縮されています。

新体系への要件変更があったため、既に旧体系の要件を満たしている者は、基礎研修受講後にサービス管理責任者として配置を認めるなど、経過措置が実施されます。

サービス管理責任者になるための要件

実務要件　障害者の保健や医療などの分野における支援業務の実務経験(1〜8年)

＋

基礎研修
①相談支援従事者初任者研修（講義部分の一部）
②サービス管理責任者等研修（研修講義・演習）を受講
（新規創設）実践研修
サービス管理責任者等実践研修を受講

＋

（新規創設）
専門コース別研修

※必要に応じて受講、必須ではない

サービス管理責任者として配置

（新規創設）更新研修　サービス管理責任者等更新研修を5年毎に受講
※すでに旧体系の要件を満たしている場合は、基礎研修受講後にサービス管理責任者として配置を認めるなど経過措置がある

事業者の法定代理受領制度
市町村からサービス費用が事業者に直接支払われるしくみ

● どんな制度なのか

　法定代理受領とは、サービスの利用者が事業者などからサービスを受けたときに、利用者が事業者に支払う費用について、市町村が、利用者の代わりに事業者に支払う制度です。事業者に支払われる費用は介護給付費または訓練等給付費として支給される金額が上限額となります。

　障害福祉サービス等を利用した場合、原則として、まずサービスを利用した者が事業者に対してその費用の支払いを行います。そして事業者から発行された証明書を市町村に提出して、支払った費用の払戻請求を行うという流れになります。これを「償還払い」といいます。それに対して「法定代理受領」は、前述のように利用者を介さずに、市町村から直接事業者に費用の支払いが行われますので、償還払いにおいて想定されるさまざまな問題を解決することが期待できます。

　法定代理受領制度は、利用者・事業者双方にとってメリットの大きな制度といえます。まず、利用者側のメリットについて見ていきましょう。利用者が事業者から障害福祉サービスを受けたときには、当然ながら利用者はサービスの利用料を事業者に支払わなければ

ばなりません。仮に利用料の全額をサービス提供事業者に支払わなければならない場合、前述したように、いったん障害者がかかった費用の全額を事業者に支払ってから、市町村に対して、給付申請を行うことによって、後から返還してもらうことになります。

　このような場合、一時的にではありますが利用者の経済的な負担は重くなってしまいます。そのため、結果的に利用者が障害福祉サービスの利用を自ら制限するようになるおそれがあります。そうすると本来、自立に向けての障害福祉サービスの役割が十分に果たされなくなる可能性があります。

　これに対して、法定代理受領制度では、市町村が、介護給付費または訓練等給付費に相当する費用を利用者ではなく、サービス事業者に支払うことになります。そのため、利用者はサービス利用時点で、自己負担額を超える分の利用料を支払う必要がなくなるのです。このようにすることで、自立に向けてのサービスの活用が促進されることになります。

　一方、事業者の立場からすると、原則的な流れに沿った場合には、サービス提供時点において、重い金銭負担がかかる障害者から、確実にサービス料

の支払いを受けることができるのかが懸念されます。費用の請求はあくまでもサービスが実際に提供されてから行われますので、請求する時点で利用者に支払能力がなければ、事業者は費用を回収できなくなってしまいます。

また、後に自己負担額を超える金額について、障害者に支給されるといっても、障害者に手渡された金額が、確実に事業者へのサービス利用料の支払いに充てられるという保証もありません。利用者としても市町村から給付を受けた費用について、それをどのように使うかについて、何らかの義務が課されたり報告が求められることもありません。そのような場合、法定代理受領制度を利用すれば、市町村から直接、事業者に対して給付額が手渡されることになり、事業者は確実に費用を受け取ることができます。そのため、事業者も安心して利用者に対してサービスの提供を行えるようになります。

このように法定代理受領は、利用者・事業者双方にとってメリットがある制度ですが、本来利用者に支払われるべき給付を直接事業者に支払うしくみになるため、制度を利用する際には利用者の同意が必要です。各市町村で手続き、契約書や同意書の様式について定めている可能性があるため、自治体に確認する必要があります。

●支給手続きについて

法定代理受領の具体的な流れとしては、まず、指定事業者や相談支援事業者が、1か月間に利用者に提供したサービスや相談支援の請求書を、当該月末に作成します。作成した請求書は、翌月初旬の締め切り日までに市町村に提出します。市町村は、提出された請求内容を精査して、問題がなければ事業者に介護給付費などを支給します。

なお、実際の事業者からの請求や事業者への支払手続きは、国民健康保険団体連合会が市町村の委託を受けて行います。

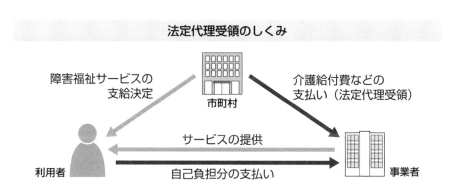

法定代理受領のしくみ

障害福祉サービスの支給決定　市町村　介護給付費などの支払い（法定代理受領）

サービスの提供

利用者　自己負担分の支払い　事業者

障害者優先調達推進法

障害者就労施設等の経営強化のために定められている

○ どんな法律なのか

障害者優先調達推進法（国等による障害者就労施設等からの物品等の調達の推進等に関する法律）は、障害のある人の経済的な自立を支援することを目的として平成24年（2012年）6月に成立し、平成25年（2013年）4月1日から施行された法律です。障害者が経済的に自立するためには、就労の場を確保することが必要です。このため、国等はこれまでにも障害者雇用促進法等によって民間企業での障害者の雇用率向上を図る障害者への職業訓練や職業紹介を行うといった施策を講じており、一定の成果も上がっていました。

一方、重度の障害があって通勤が困難だったり、軽作業しかできないといった事情がある場合、障害福祉サービス事業所などでの就労が中心となります。

しかし、障害福祉サービス事業所などの経営基盤は、「以前は手作業で行っていた軽作業が機械化でなくなる」「景気に左右されて仕事量が不安定」といった事情により脆弱で、経済的に自立できるような収入が見込めないという現状がありました。

そこで同法は、国や地方公共団体等に対し、障害福祉サービス等事業所や在宅就労障害者、障害者を多数雇用している企業等から優先的に物品・サービスを購入するよう努力することを求め、事業所等の経営基盤の強化を図っています。

○ どんな事業所に対してどんな発注をするのか

国や地方自治体は、以下の施設などから優先的に物品・サービスを購入するように、努力することになります。

・障害者総合支援法に基づく事業所・施設等

就労移行支援事業所、就労継続支援事業所、生活介護事業所、障害者支援施設、地域活動支援センター、小規模作業所などがあります。

・障害者を多数雇用している企業

障害者雇用促進法の特例子会社、重度障害者多数雇用事業所などがあります。

・在宅就業障害者

在宅で仕事をしている障害者の業務内容にはさまざまなものがあります。たとえば、①部品加工業、パン、クッキー、弁当などの食品製造、家具製造などの製造業、②清掃業、クリーニング業、データ入力やテープ起こし、ホームページ作成などのパソコン業務などのサービス業、③手芸品・陶芸

品等自主製品の製造販売などの販売業、④その他の印刷業、軽作業といった業務です。

国や地方公共団体からの具体的な発注内容としては、公園や公的施設の清掃、議会や委員会などの内容を録音した音声のテープ起こし、パンフレットなどの印刷といったことが考えられます。

なお、地方公共団体や地方独立行政法人は、障害者就労施設等への受注が増大するように、必要な措置を講ずるよう努めなければなりません。また、障害者就労施設は、購入者に対して供給する物品の情報を提供するよう努めたり、物品の質の向上や円滑な供給を努めることが求められます。

この法律の制定以後、厚生労働省のホームページで、発注先の対象となる障害者就労施設の一覧を掲載し、各公的機関の担当者に、発注を促す取り組みを行っています。

実際に公的機関等が障害就労施設から物品等の購入を行う場合は、毎年度の調達方針を作成した上で、年度の終了後にその実績を公表しなければなりません。

また間接的な促進として、公的機関は、公契約について競争参加資格（入札）を定める際に、法定障害者雇用率を満たしている事業者に配慮する等、障害者の就業を促進するために必要な措置を講じるように努めなければならないとされています。

こうした法律の制定と、各団体の取り組みにより、平成25年（2013年）の制度開始から6年間で、調達額は合計703万7272円の増額、発注件数は7万5241件の増加となっており、一定の成果が上がっていると報告されています。

障害者優先調達推進法に定められている責務

国・独立行政法人等	優先的に障害者就労施設等から物品等を調達するよう努める責務
地方公共団体・地方独立行政法人	障害者就労施設等の受注機会の増大を図るための措置を講ずるよう努める責務

障害者就労施設等への発注例

サービス	クリーニング、清掃、印刷、音声データの書き起こし、データ入力、ホームページ作成、包装・組立、発送
物品	部品の加工製造、弁当等の食品製造、手芸品・陶芸品製造、制服等注文製造

7 居宅介護の指定基準と申請手続き
緊急時には医療機関とも連携する

◉ 事業を始めるためには基準を満たすことが必要である

居宅介護のサービスは、自宅での入浴・排せつ・食事・洗濯・掃除などの家事や生活全般にわたる援助を行う事業になります。

重度訪問介護のサービスは、重度の肢体不自由者などであって常に介護を必要としている障害者が自宅で日常生活を営むことができるよう、生活全般にわたって援助をする事業です。

同行援護のサービスは、視覚に障害があることで、移動が困難な障害者が生活できるよう、障害者が外出する際に必要な情報を提供したり、障害者の移動に同行するサービスです。

行動援護のサービスは、知的障害者や精神障害者が移動する際に生じる危険を回避するために必要な援助や、外出時における移動中の介護などを行うことを内容としています。

◉ どのような人員を配置するのか

居宅介護・重度訪問介護・同行援護・行動援護のサービスを行う事業者は、直接介護を行う従業員とサービス提供責任者、常勤の管理者を配置する必要があります。サービス提供責任者は事業所の規模に応じて、1人以上配置します。

◉ 必要とされる設備

居宅介護・重度訪問介護・同行援護・行動援護のサービスを行う事業者は、事業の運営に必要な広さをもつ専用の区画を設け、サービスの提供に必要な設備および備品等を備える必要があります。

◉ 運営上の注意点は

居宅介護・重度訪問介護・同行援護・行動援護のサービスを行う事業者は、正当な理由なくサービス提供を拒むことはできません。利用者に対して適切なサービスを提供することが困難な場合には、他の事業者を紹介する必要があります。

また、事業者は、どのようなサービスを提供したかについて記録し、利用者が市町村へ介護給付費の支給申請を行う場合にはそれに協力する必要があります。サービスを提供している際に利用者の病状が急変した場合には、医療機関への連絡などを行うことが義務付けられています。

さらに、事業者は業務の中で知った利用者や利用者の家族に関する情報を、正当な理由なく第三者に開示すること

は禁止されています。他の障害福祉事業者に利用者を紹介することの対価として、利用者から金銭などを授受することも禁止されています。

●どんな書類を提出するのか

　事業を始めるためには、以下の書類を提出します。添付書類の中には、申請の形態によっては提出が不要なものもありますから、あらかじめ確認することが必要です。以下の申請書類とともに、事業開始届として、事業計画書及び収支予算書を提出することになります。

【申請書】

・指定申請書
・指定に係る記載事項

【添付書類】

・実施主体が地方公共団体である場合は、事業実施について定めてある条例等
・登記事項証明書
・事業所の平面図・写真
・事業所の管理者の経歴書
・サービス提供責任者の経歴書
・実務経験証明書
・運営規程
・主な対象者を特定する理由書
・利用者からの苦情を解決するために講じる措置の概要
・申請に関する事業についての従事者の勤務の体制・勤務形態一覧表
・居宅介護員の資格証明書の写し
・就業規則またはそれに準ずるもの
・指定を受けられない事由がないことに関する誓約書・役員等名簿
・事業開始届（事業計画書・収支予算書）
・社会保険及び労働保険への加入状況にかかる確認票

居宅介護の指定基準

人員	介護支援専門員（ケアマネジャー）	・各指定事業所につき1人以上設置 ・利用者35人またはその端数を増すごとに1人（35人までは1人、36～70人は2人、71～105人は3人）
	管理者	・常勤の「主任介護支援専門員」1人設置 ・専従の管理者（但し、その管理する施設の介護支援専門員や、同一敷地内にある他の事業所の職務と兼務することは可）
設備及び備品等	設備	・事業の運営を行うために必要な面積を有する事務室 ・相談、会議等に対応するための適切なスペースの確保 ・利用者の出入りしやすい構造の建物であること
	備品等	・事務用品（デスク、パソコン、電話、コピー機等） ・衛生設備（洗面所、石けん、消毒用のアルコール等）

8 療養介護の指定基準と申請手続き

心身の機能の回復を図るため機能訓練を実施する

● 事業を始めるためには基準を満たすことが必要である

療養介護サービスは、主に昼間において病院などで機能訓練、療養上の管理、看護、医学的管理下での介護や日常生活上の世話を提供します。

療養介護は、特定の病状で障害支援区分5、6の重度の障害者（人工呼吸器での呼吸管理が必要な筋萎縮性側索硬化症患者など）を対象とするサービスであり、病床などを設置していない事業主では運営ができないのが実情です。

療養介護のサービスを提供する場合、事業所ごとに一定数の医師・看護職員・生活支援員・サービス管理責任者を配置する必要があります。事業所ごとに職務に専念する管理者も配置することになります。なお、管理者は医師でなければなりません。

療養介護のための事業所では、病院としての施設や多目的室など、療養介護のために必要な設備を備える必要があります。そしてそれらの設備は、もっぱら療養介護事業所の用に供するものでなければなりません。

療養介護事業者は、利用者の心身の機能の回復を図るために、必要な機能訓練を行います。また、運営規程として、事業の目的、従業者の職種・員数、利用定員、緊急時等における対応方法、虐待の防止のための措置に関する事項などを定めておく必要があります。

療養介護サービスを提供する際には、やむを得ない場合でなければ、利用者の身体を拘束することは禁じられています。やむを得ず身体の拘束を行う場合には、拘束した時間などを記録する必要があります。

● どんな書類を提出するのか

事業を始めるためには、以下の書類を提出します。添付書類の中には、申請の形態によっては提出が不要なものもありますから、あらかじめ確認することが必要です。

【申請書】

・指定申請書

・指定に係る記載事項

なお、療養介護のサービスを提供する事業者が受け取る報酬について加算の要件を満たす場合には、介護給付費等算定に係る体制等に関する届出書、介護給付費等算定に係る体制等状況一覧表、勤務形態一覧表を提出します。

【添付書類】

・申請者の定款、寄付行為等・登記事項証明書または条例等

・平面図及び設備・備品等一覧表

・建物面積表
・土地、建物登記簿または賃貸借契約書
・医療法第7条の許可を受けた病院であることを証明する書類
・管理者・サービス管理責任者の経歴書
・管理者・サービス管理責任者の資格等の証明書
・実務経験証明書・実務経験見込証明書
・サービス管理責任者研修・相談支援従事者研修受講誓約書（サービス管理責任者として必要な研修を受講していない場合に提出）
・運営規程
・利用者からの苦情を解決するために講じる措置の概要
・主な対象者を特定する理由書

・申請に関する事業についての資産の状況（貸借対照表、財産目録など）
・就業規則
・指定を受けられない事由がないことに関する誓約書・役員等名簿
・事業開始届、事業計画書、資金収支予算書、利用者名簿、消防計画、給与規程等、権利擁護に関する規程、研修計画、危機管理マニュアル、関係協力機関一覧、書類差替確約書
・耐震化調査票
・社会保険及び労働保険への加入状況にかかる確認票

療養介護の指定基準

人員	医　師	厚生労働大臣の定める基準以上
	看護職員	常勤換算方法で、利用者の数を2で除した数以上であること
	生活支援員	・常勤換算方法で、利用者の数を4で除した数以上であること ・1名は必ず常勤であることが必要
	サービス管理者	・利用者の数が60人以下の場合は1人以上 ・利用者の数が60人以上の場合は60人を超えて40又はその端数を増すごとに1を加えて得た数以上（60人までは1人、61〜100人は2人、101〜140人は3人） ・1人は必ず常勤であることが必要
設備及び備品等	管理者	事業所ごとにその事業所の管理業務に従事する者として医師を配置することが必要
	利用定数	20人以上であること
	設備等	・日照、採光、換気、防災等について考慮された建物 ・医療法に規定する病院として必要とされる設備や多目的室等を備えていること

生活介護の指定基準と申請手続き

生活全般の支援を行うため多職種の配置が必要となる

● 事業を始めるためには基準を満たすことが必要である

生活介護サービスは、入浴や食事の介護、創作的活動や生産活動の機会の提供を行うことを事業内容としています。

・どのような人員を配置するのか

生活介護を行う事業所では、一定の人数の医師、看護職員・理学療法士・作業療法士・生活支援員、サービス管理責任者を配置する必要があります。また、事業所ごとに職務に専念する管理者も配置することが義務付けられています。

・どのような設備でなければならないのか

生活介護を行う事業所には、訓練・作業室、相談室、洗面所、便所、多目的室などを設置する必要があります。

訓練・作業室には必要な用具をそろえ、洗面所や便所は利用者の特性に応じた機能を備えていなければなりません。

・運営上の注意点は

生活介護を行う事業者は、生活介護のサービスを提供した際、利用者から生活介護に関する利用者負担額の支払を受けることができます。利用者に対して食事を提供する場合には、その内容や費用に関して説明を行い、利用者の同意を得る必要があります。

創作的活動や生産活動の機会を提供する場合は、能率を向上させるために、利用者の特性などをふまえた工夫をしなければなりません。また、作業時間や作業量が利用者の過度な負担にならないように配慮する必要があります。

● どんな書類を提出するのか

事業を始めるためには、以下の書類を提出します。添付書類の中には、申請の形態によっては提出が不要なものもあります。

また、利用日数について特例の適用を受けるための届出書の提出が必要な場合もあるため、あらかじめ確認することが必要です。

以下の申請書類とともに、事業開始届（事業計画書及び資金収支予算書を添付）を提出することになります。

【申請書】

・指定申請書

・指定に係る記載事項

なお、生活介護のサービスを提供する事業者が受け取る報酬について加算の要件を満たす場合には、介護給付費等算定に係る体制等に関する届出書などの添付が必要になります。また、利用日数についての特例を受けるための届出書類として、利用日数にかかる特

例の適用を受ける通所施設に係る（変更）届出書があります。

【添付書類】

・申請者の定款、寄付行為等・登記事項証明書または条例等
・平面図・設備・備品等一覧表、建物面積表
・土地・建物登記簿または賃貸借契約書
・管理者・サービス管理責任者の経歴書、資格証明書等
・実務経験証明書・実務経験見込証明書
・サービス管理責任者研修・相談支援従事者研修受講誓約書
・運営規程
・利用者からの苦情を解決するために講じる措置の概要
・主な対象者を特定する理由書
・協力医療機関リスト・協力医療機関との契約の内容がわかる書類
・申請に関する事業についての資産の状況（貸借対照表、財産目録など）
・就業規則
・指定を受けられない事由がないことに関する誓約書・役員等名簿
・利用者名簿
・消防計画および防火管理者講習修了証
・給与規定等、権利擁護に関する規定、工賃規定、研修計画
・危機管理マニュアル
・関係協力機関一覧、関係協力機関との相談議事録
・書類差替確約書
・耐震化調査票、社会保険及び労働保険への加入状況にかかる確認票

生活介護の指定基準の概要

人員基準		
サービス管理責任者	利用者が60人以下	1人以上
	利用者が60人を超える	1人に、利用者が60人を超えてからさらに40人増えるごとに1人追加
サービス提供職員	医師	嘱託医でも可
	看護職員	総数は、障害支援区分に応じて利用者数の1/6〜1/3以上必要（生活支援員の1人は常勤）
	理学療法士あるいは作業療法士	
	生活支援員	
設備基準		
必要な設備	訓練・作業室	広さと設備の確保が必要
	洗面設備	利用者の特性に応じたもの
	便所	利用者の特性に応じたもの
	相談室	室内における談話の漏えいを防ぐための間仕切りを設ける
	多目的室	利用者の特性に応じたもの

10 短期入所サービスの指定基準と申請手続き
障害者支援施設などの併設型か単独型かに留意する

● 事業を始めるためには基準を満たすことが必要である

短期入所サービス事業は、障害者支援施設などに短期間の入所をさせ、利用者の身体の状況に応じて入浴、排せつ、食事の介護を行うことなどをサービスの内容としています。短期入所サービスには医療サービスの有無により医療型と福祉型に分けられます。

短期入所の利用者数は、本体の障害者支援施設等の利用者数に含め、利用者数に応じて必要な職種や人員が定められています。併設型、空床型、単独型の設置状況により人員基準が異なるので注意が必要です。

短期入所サービス事業を行う場合の利用者の居室は、一部屋の定員は4人以下で、利用者1人あたりの床面積を8㎡確保し、ブザーなどの設備を設ける必要があります。また、食堂、浴室、便所、洗面所などの設置も必要です（次ページ図）。

● 短期入所サービスの人員基準

短期入所サービス事業の指定を受けるための人員基準は、厚生労働省によって次のように定められています。

① 医師1人以上
② 生活相談員は利用者に100人（常勤換算）につき1人以上かつ1人は常勤であること（但し利用定員が20人未満の併設事業所は常勤不要）
③ 介護職員・看護師・准看護師は利用者3人（常勤換算）につき1人以上かつ1人は常勤であること（但し利用定員が20人未満の併設事業所は常勤不要）
④ 栄養士1人以上（但し利用定員が40人以下の事業所は、一定の場合栄養士を置かないことができる）
⑤ 機能訓練指導員1人以上
⑥ 調理員その他の従業者は実情に応じて適当数

短期入所サービス事業のは、利用定員が20名以上となると、常勤の人員基準が生じるところがポイントとなります。

● 運営上の注意点は

短期入所サービスを行う事業者は、介護を行う者の病気などが原因で居宅での介護を受けることが一時的に困難に利用者を対象に、短期入所サービスを提供します。短期入所サービスを提供する事業者は、規定された数以上の利用者に対して同時に短期入所サービスを提供することはできません。ただし、災害などのやむを得ない事情がある場合は、規定の人数以上の者に対し

てサービスを提供できます。

○ どんな書類を提出するのか

　事業を始めるためには、以下の書類を提出します。添付書類の中には、申請の形態によっては提出が不要なものもあります。また、以下の申請書類とともに、事業開始届（事業計画書及び収支予算書を添付）を提出することになります。

・指定申請書
・指定に係る記載事項（福祉型または医療型）

　なお、短期入所のサービスを提供する事業者が受け取る報酬について加算の要件を満たす場合には、重度障害者支援加算に関する届出書及び研修修了証の写しなどの添付が必要になります。

【添付書類】
・実施主体が地方公共団体である場合

に、事業実施に関する条例など
・登記事項証明書（法人登記）
・建物の構造概要・平面図、設備の概要（申請に関する事業を併設事業所において行う場合は当該施設を含む）
・建物登記（自己所有の場合）または賃貸借契約書（賃貸借の場合）
・事業所の管理者の雇用契約書・経歴書
・勤務形態一覧表（職員配置状況確認調査表）
・運営規程
・主な対象者を特定する理由書
・利用者からの苦情を解決するために講じる措置の概要
・協力医療機関の名称・診療科名、協力医療機関との契約の内容
・指定を受けられない事由がないことに関する誓約書・役員等名簿
・就業規則　など

短期入所の指定基準の概要

人員基準	管理者	常勤の管理者を配置する
設備基準	従業者	事業所が併設型・空床型か、単独型かどうかに応じて配置が異なる
	居室	定員4人以下
		1人当たり8㎡以上の広さを確保する
		地階に設けてはならない
		寝台・ブザーあるいはこれらに代わる設備
	食堂	広さを確保し備品を設置する
	浴室	利用者の特性に応じたもの
	洗面設備	居室の階ごとに設ける・利用者の特性に応じたもの
	便所	居室の階ごとに設ける・利用者の特性に応じたもの

重度障害者等包括支援の指定基準と申請手続き

利用者の連絡に随時対応可能な体制を整える

● 事業を始めるためには基準を満たすことが必要である

重度障害者等包括支援に関するサービス事業は、常に介護を必要としている者（障害支援区分が6以上で、人工呼吸器による呼吸管理を行っている身体障害者や最重度知的障害者、強度行動障害など）であって、介護の必要性が著しく高い者が自立した生活を送ることができるよう包括的な幅広い援助を行うことを内容としています。

● どのような人員を配置するのか

重度障害者等包括支援サービスを提供する事業者は、事業所ごとにサービス提供責任者を1人配置することが必要です。このサービス提供責任者のうちの1人は、専任かつ常勤でなければなりません。なお、サービス提供責任者の要件として、①相談支援専門員の資格を有していること、②重度障害者等包括支援サービスの対象者の直接処遇に3年以上従事した人、のどちらにも該当していることが必要です。

● どのような設備でなければならないのか

重度障害者等包括支援サービスを提供する事業所には、事業の運営に必要な広さを有する専用の区画を設け、必要な設備や備品を備える必要があります。

● 運営上の注意点は

重度障害者等包括支援サービスを提供する事業者には、利用者からの連絡に随時対応できる体制を整備しておくことが義務付けられています。サービスを提供する際には、利用者の状況に応じて支援を行い、サービスの内容が画一的にならないように配慮する必要があります。事業の目的や事業を実施する地域、緊急時における対応方法などを定めた運営規程を作成することも必要です。

● どんな書類を提出するのか

事業を始めるためには、以下の書類を提出します。添付書類の中には、申請の形態によっては提出が不要なものもあります。以下の申請書類とともに、事業開始届（事業計画書及び収支予算書を添付）を提出することになります。

申請書に関して、記載する住所は、登記事項証明書に記載されているとおりに記載する必要があります。

また、事業所（施設）の住所は、ビル名や部屋番号などがある場合には、それらについても記入しなければなら

ず、省略することはできませんので注意が必要です。

　指定に係る記載事項の記入に関しても、居宅介護などの場合と同様に、記載事項については、できるだけ具体的に記入することが必要です。

　利用料について、運営規程で詳細に定めを置いている場合には、「運営規程に定めるとおり」と記入することも可能です。

【申請書】
・指定申請書
・指定に係る記載事項

【添付書類】
・実施主体が地方公共団体である場合に、事業実施に関する条例など
・登記事項証明書

・事業所の平面図・写真
・事業所の管理者・サービス提供責任者の経歴書（資格証明書を添付）
・実務経験証明書
・運営規程
・主な対象者を特定する理由書
・利用者からの苦情を解決するために講じる措置の概要
・申請に関する事業についての従事者の勤務の体制・勤務形態一覧表
・就業規則
・指定を受けられない事由がないことに関する誓約書・役員等名簿
・社会保険及び労働保険への加入状況にかかる確認票

重度障害者等包括支援の指定基準

人員	サービス管理者	1人以上（1人以上は常勤であること）かつ下記のいずれにも該当すること ①相談支援専門員の資格を有するものであること ②重度障害者等包括支援対象者の直接処遇に3年以上従事した経験を有すること
設備等	事業所	・事業の運営に必要な広さを有する専用の区画を設けること ・指定重度障害者包括支援の提供に必要な設備及び備品を備えていること
	受付・相談室	利用申込みの受け付け、相談等に対するための適切なスペースを確保すること
運営基準	支援体制	利用者と24時間連絡対応可能な体制を確保すること
	サービス提供体制	2以上の障害福祉サービスを提供できる確保すること （第三者へ委託をすることも可）
	外部機関との連携	専門医を有する医療機関との協力体制を構築すること

共同生活援助の指定基準と申請手続き

共同生活を支援する世話人などを配置する

◉共同生活援助の指定基準

共同生活援助のサービスは、利用者が地域の中で共同して自立した生活ができるよう、共同生活住居での援助を行うことを事業内容としています。

共同生活援助のサービスを提供する事業所には、世話人や管理者、サービス管理責任者を配置します（130ページ図）。この世話人やサービス管理責任者は、事業所での職務に専従する必要があります。また、生活支援員を配置する必要があります。生活支援員は、共同生活住居の利用者の食事、入浴、排せつなどに必要な介護や支援を担当します。

共同生活援助のための住居は、利用者の家族や地域住民との交流の機会が確保される地域にあり、病院など施設の敷地外にあるようにしなければなりません。

調理、洗濯などの家事は、原則として利用者と従業員が共同して行います。また、共同生活援助サービスを提供する事業者は、利用者に対し、適切なサービスを提供できるよう、事業所ごとに従業員の勤務の体制を定めておく必要があります。さらに、事業者は、従業員の資質を向上させるために、研修の機会を確保します。

◉どんな書類を提出するのか

事業を始めるためには、以下の書類を提出します。添付書類の中には、申請の形態によっては提出が不要なものもあります。なお、以下の申請書類とともに、事業開始届（事業計画書及び収支予算書を添付）を提出することになります。

・指定申請書
・指定に係る記載事項

【添付書類】

・申請者の定款、寄付行為等・登記事項証明書または条例等
・建物の構造概要・平面図、設備の概要
・登記事項（全部）証明書など所有権が確認できる書類
・賃貸借契約書の写し（賃貸物件を使用する場合のみ）
・受託居宅介護委託契約書の写し（外部サービス利用型事業所のみ）
・事業所の管理者、サービス管理責任者の雇用契約書など、経歴書
・サービス管理責任者研修・相談支援従事者研修修了証
・実務経験証明書・資格証明書の写し
・事業所の世話人、生活支援員の雇用契約書など、経歴書
・勤務体制表（職員配置状況調査表）
・運営規程

・利用者からの苦情を解決するために
　講じる措置の概要
・主な対象者を特定する理由書
・協力医療機関の名称・診療科名、協
　力医療機関との契約の内容
・指定を受けられない事由がないこと
　に関する誓約書・役員等名簿
・申請に関する事業についての資産の
　状況（貸借対照表、財産目録等）
・就業規則
・協議会等への報告・協議会からの評
　価等に関する措置の概要

・共同生活援助事業所における耐震化
　に関する調査票
・関係機関相談状況確認書、各関係機
　関との個別相談議事録
・社会保険及び労働保険への加入状況
　にかかる確認票

なお、サービスを提供する事業者が
受け取る報酬について加算の要件を満
たす場合は、別途、介護給付費等算定
に係る体制等に関する届出書など必要
な書類を提出する必要があります。

共同生活援助の指定基準の概要

人員基準			
サービス管理責任者	利用者が30人以下		1人以上
	利用者が30人を超える		1人に、利用者が30人を超えてからさらに30人増えるごとに1人を加える
世話人	常勤換算方法で、利用者の数を6で除した数以上		
管理者	1人（常勤）		
生活支援員	利用者の該当する障害支援区分ごとに必要な人数		
設備基準			
共同生活住居	事業所全体での定員		4人以上
	住居一か所あたりの定員		2人以上10人以下
共同生活住居におけるユニット	最低一つ以上設置する		
	入居定員は2人以上10人以下		
ユニットの中の居室	定員は原則1人		
	面積は7.43㎡以上（収納設備を除く）		
ユニット中の居間・食堂など	一堂に会するのに必要な広さがある利用者の特性に応じたもの		
ユニット中の便所・浴室	利用者の特性に応じたもの		
ユニット中の台所	環境衛生に配慮した設備		
消防設備など	消防法などに規定された設備		

13 自立訓練（機能訓練）の指定基準と申請手続き
就労移行支援事業とも連携する

事業を始めるためには基準を満たすことが必要である

自立訓練（機能訓練）を提供する事業者は、看護職員、理学療法士、作業療法士、生活支援員、サービス管理責任者などを事業所ごとに配置する必要があります。また、利用者の自宅を訪問して機能訓練サービスを提供する場合には、訪問による機能訓練を提供する生活支援員を置かなければなりません。

看護職員、生活支援員、サービス管理責任者などの人員配置の基準は次ページ図のようになっています。

自立訓練（機能訓練）を提供する事業所には、訓練・作業室、相談室、洗面所、便所、多目的室などを設ける必要があります。この中で、訓練・作業室は十分な広さを確保し、必要な器具を揃えなければなりません。

自立訓練（機能訓練）を行う事業者は、機能訓練を提供した際は、利用者から機能訓練に関する利用者負担額の支払を受けることができます。また、自立訓練（機能訓練）を受けた利用者が地域の中で自立して生活できるよう、就労移行支援事業を行っている事業者などと連携して、障害者の生活のための調整を行う必要があります。

どんな書類を提出するのか

事業を始めるためには、以下の書類を提出します。添付書類の中には、申請の形態によっては提出が不要なものもあります。また、利用日数について特例の適用を受けるための届出書の提出が必要な場合もあるため、あらかじめ確認することが必要です。

以下の申請書類とともに、事業開始届（事業計画書及び収支予算書を添付）を提出することになります。

【申請書】
・指定申請書
・指定に係る記載事項

なお、サービスを提供する事業者が受け取る報酬について加算の要件を満たす場合には、介護給付費等算定に係る体制等に関する届出書、介護給付費等算定に係る体制等状況一覧表、勤務形態一覧表、福祉専門職員配置等加算に関する届出書、送迎加算に関する届出書などの書類を提出する必要があります。

【添付書類】
・申請者の定款、寄付行為等・登記事項証明書または条例等
・平面図・設備・備品等一覧表
・建物面積表
・土地・建物登記簿または賃貸借契約書の写し

- ・管理者・サービス管理責任者の経歴書・資格等の証明書の写し
- ・実務経験証明書・実務経験見込証明書
- ・サービス管理責任者研修・相談支援従事者研修受講誓約書
- ・運営規程
- ・主な対象者を特定する理由書
- ・利用者からの苦情を解決するために講じる措置の概要
- ・協力医療機関の名称・診療科名並びに当該協力医療機関との契約の内容がわかる書類
- ・申請に関する事業についての資産の状況（貸借対照表、財産目録など）
- ・就業規則
- ・指定を受けられない事由がないことに関する誓約書・役員等名簿　　など

自立訓練（機能訓練）の指定基準

人員	看護職員	・常勤換算方法で、前年度の利用者の数を6で除した数以上の設置をすること（利用者の数は、前年度の平均値とする） ・1人は必ず常勤であることが必要
	理学療法士又は作業療法士	・常勤換算方法で、前年度の利用者の数を6で除した数以上の設置をすること（利用者の数は、前年度の平均値とする）
	生活支援員	・常勤換算方法で、前年度の利用者の数を6で除した数以上の設置をすること（利用者の数は、前年度の平均値とする） ・1人は必ず常勤であることが必要
	訪問による自立訓練を提供する生活支援員	利用者の居宅を訪問してサービスを提供する場合はそのための生活支援員を1人以上設置すること
	サービス管理責任者	・利用者の数が60人以下の場合は1人以上 ・利用者の数が60人以上の場合は60人を超えて40又はその端数を増すごとに1を加えて得た数以上（60人までは1人、61〜100人は2人、101〜140人は3人） ・1人は必ず常勤であること
	管理者	・社会福祉主事任用資格に該当する者若しくは社会福祉事業に2年以上従事した者又はこれらと同等の能力を有すると認められる者 ・事業者ごとに設置し、専ら指定に係る事業所の管理業務に従事する者
設備及び備品等	利用定員	20人以上であること
	訓練・作業室	支障がない広さを有すること
	相談室	・室内における談話の漏えいを防ぐための間仕切り等を設けていること ・利用者の支援に支障が無い場合は兼用可能
	洗面所・便所	利用者の特性に応じた設備を整えていること
	多目的室その他運営上必要な設備	利用者の支援に支障が無い場合は兼用可能

事業を始めるためには基準を満たすことが必要である

　自立訓練（生活訓練）を提供する事業者は、事業所に、生活支援員・地域移行支援員、サービス管理責任者を配置します。サービス管理責任者のうち１人は常勤とする必要があります。

　地域移行支援員は、宿泊型の自立訓練を行う場合、自立訓練（生活訓練）事業所ごとに、１人以上置くことが必要です。サービス管理責任者は、利用者の数が60人以下の場合、１人以上置きます。利用者の数が61人以上の場合、40人またその端数を増すごとに１人増員することが必要です。自立訓練（生活訓練）を提供する事業所には、訓練・作業室、相談室、洗面所、便所、多目的室などを設置する必要があります。宿泊施設を設ける場合にはこれらの他に居室と浴室を設け、居室の定員は１名、広さは7.43㎡を確保します。

運営上の注意点は

　自立訓練（生活訓練）を提供する事業者は、生活訓練を提供した際には、利用者から生活訓練に関する利用者負担額の支払を受けることができます。また、生活訓練サービスを提供した際には、その都度、生活訓練サービスの

提供日、内容その他必要な事項を記録する必要があります。

どんな書類を提出するのか

　事業を始めるためには、以下の書類を提出します。添付書類の中には、申請の形態によっては提出が不要なものもあります。また、利用日数について特例の適用を受けるための届出書の提出が必要な場合もあるため、あらかじめ確認することが必要です。

　なお、以下の申請書類とともに、事業開始届（事業計画書及び収支予算書を添付）を提出することになります。

【申請書】

・指定申請書

・指定に係る記載事項

　さらに、サービスを提供する事業者が受け取る報酬について加算の要件を満たす場合には、介護給付費等算定に係る体制等に関する届出書、介護給付費等算定に係る体制等状況一覧表、勤務形態一覧表、福祉専門職員配置等加算に関する届出書、送迎加算に関する届出書などの書類を提出する必要があります。

【添付書類】

・申請者の定款、寄付行為等・登記事項証明書または条例等

・平面図、設備・備品等一覧表

・建物面積表

・土地・建物登記簿または賃貸借契約書の写し

・管理者・サービス管理責任者の経歴書・資格等の証明書の写し

・実務経験証明書・実務経験見込証明書

・サービス管理責任者研修・相談支援従事者研修受講誓約書

・運営規程

・主な対象者を特定する理由書

・利用者からの苦情を解決するために講じる措置の概要

・協力医療機関の名称・診療科名、協力医療機関との契約の内容がわかる書類

・申請に関する事業についての資産の状況（貸借対照表、財産目録など）

・就業規則

・指定を受けられない事由がないことに関する誓約書・役員等名簿　など

自立訓練（生活訓練）の指定基準

人員	生活支援員	以下①と②の数の合計以上であること（1人は常勤であることが必要） ① ②以外の利用者の数を6で除した数 ② 指定宿泊型自立訓練の利用者の数を10で除した数 訪問による指定自立訓練を提供する場合は、そのサービスを提供する生活支援員を1人以上設置する必要がある
	地域移行支援員	指定宿泊型自立訓練の事業所ごとに1人以上
	サービス管理者	・利用者の数が60人以下の場合は1人以上 ・利用者の数が60人以上の場合は60人を超えて40又はその端数を増すごとに1を加えて得た数以上（60人までは1人、61～100人は2人、101～140人は3人） ・1人は必ず常勤であること
	看護職員	健康上の管理などの必要がある利用者がいる場合は生活支援員と同数を設置する必要がある
	管理者	指定自立訓練事業所ごとに専らその職務に従事する管理者を設定する必要がある
設備	訓練、作業室	・十分な広さを有していること ・必要な機械器具等を備えていること
	相談室	室内における談話の漏えいを防ぐための間仕切り等を設けていること
	洗面所	利用者の特性に応じた設備を整えていること
	便所	利用者の特性に応じた設備を整えていること
	居室 (指定宿泊型施設の場合)	・一の居室の定員が1人であること ・一の居室の面積が、収納設備等を除き、7.43㎡以上であること
	浴室 (指定宿泊型施設の場合)	利用者の特性に応じた設備を整えていること

15 就労移行支援の指定基準と申請手続き

就職を支援する職業指導員などを配置する

◯ どのような人員を配置するのか

就労移行支援サービスを提供する事業者は、職業指導員・生活支援員・就労支援員・サービス管理責任者を配置する必要があります。利用者が増加した場合には、それに伴ってこれらの人員も増やさなければなりません。

職業指導員及び生活支援員の総数は、指定就労移行支援事業所ごとに、利用者数の数を6で除した数以上必要です。

◯ 必要とされる設備

認定就労移行支援サービスを提供する事業所には、あん摩マッサージ指圧師・はり師・きゅう師の養成施設で必要とされる設備を設ける必要があります。

◯ 運営上の注意点は

就労移行支援サービスを提供する事業者は、公共職業安定所での求職の登録など、サービスの利用者が行う求職活動を支援します。また、毎年、前年度における就職した利用者の数などの就職に関する状況を、都道府県に報告する必要があります。

◯ どんな書類を提出するのか

事業を始めるためには、以下の書類を提出します。添付書類の中には、申請の形態によっては提出が不要なものもあります。また、利用日数について特例の適用を受けるための届出書の提出が必要な場合もあるため、あらかじめ確認することが必要です。

なお、以下の申請書類とともに、事業開始届（事業計画書及び収支予算書を添付）を提出します。

【申請書】
・指定申請書
・指定に係る記載事項

サービスを提供する事業者が受け取る報酬について加算の要件を満たす場合には、介護給付費等算定に係る体制等に関する届出書、介護給付費等算定に係る体制等状況一覧表、就労移行支援に係る基本報酬の算定区分に関する届出書などの書類を提出します。

【添付書類】
・申請者の定款、寄付行為等・登記事項証明書または条例等
・平面図（各スペースの面積の記入が必要）
・建物面積表
・設備・備品等一覧表
・土地・建物登記簿または賃貸借契約書の写し
・管理者・サービス管理責任者の経歴書・資格等の証明書の写し

・管理者の実務経験証明書
・サービス管理責任者研修（就労分野）・相談支援従事者研修修了証
・運営規程
・利用者からの苦情を解決するために講じる措置の概要
・主な対象者を特定する理由書
・協力医療機関の名称・診療科名、協力医療機関との契約の内容
・申請に関する事業についての資産の状況（貸借対照表、財産目録など）

・就業規則
・指定を受けられない事由がないことに関する誓約書・役員等名簿
・耐震化調査票
・社会保険及び労働保険への加入状況にかかる確認票
・権利擁護
・工賃規定（工賃を支給する場合のみ）
・危機管理マニュアル（事故防止や発生時対応、感染症および災害に関するマニュアルを含む）など

就労移行支援の指定基準

人員	職業指導員及び生活支援員	・常勤換算方法で、利用者の数を6で除した数以上であること ・事業所ごとに1人以上であること ・いずれか1人以上は常勤であること
	就労支援員	・常勤換算方法で、利用者の数を15で除した数以上であること ・1人以上は常勤であること
	サービス管理者	・利用者の数が60人以下の場合は1人以上 ・利用者の数が60人以上の場合は60人を超えて40又はその端数を増すごとに1を加えて得た数以上（60人までは1人、61〜100人は2人、101〜140人は3人） ・1人は必ず常勤であること
	管理者	・社会福祉法第19条第1項各号のいずれか（社会福祉主事任用資格）に該当する者であること ・事業所ごとに配置すること ・専ら指定に係る事業所の管理業務に従事する者であること（但し事業所の支障が無い場合は、当該事業所内又は外の他の職務に従事することができる）
設備	訓練、作業室	・十分な広さを有していること ・必要な機械器具等を備えていること
	相談室	室内における談話の漏えいを防ぐための間仕切り等を設けていること
	洗面所	利用者の特性に応じた設備を整えていること
	便所	利用者の特性に応じた設備を整えていること
	多目的室	利用者の支援に支障が無い場合は、相談室と兼用できる
	静養室	寝台又はこれに代わる設備を備えること

16 就労継続支援の指定基準と申請手続き

就労支援を行いながら、公共職業安定所等との連携も行う

● 雇用型の就労継続支援（Ａ型）の指定基準

就労継続支援Ａ型のサービスを提供する事業者は、事業所に、職業指導員・生活支援員・サービス管理責任者を配置する必要があります。職業指導員と生活支援員のうち少なくとも１人は常勤とします。

また、訓練・作業室、相談室、洗面所、便所、多目的室など、運営上必要な設備を設ける必要があります。訓練・作業室は作業のための広さを確保し、必要な機械器具を備えます。

・運営上の注意点は

指定就労継続支援Ａ型のサービスを提供する事業者は、利用者と雇用契約を締結します。また、利用者の賃金の水準を高めるよう努力する必要があります。さらに、利用者が行う公共職業安定所での求職などの求職活動の支援や、障害者就業・生活支援センター等の関係機関と連携して、就労に関する利用者の相談に応じます。

● 非雇用型の就労継続支援（Ｂ型）の指定基準

就労継続支援Ｂ型のサービスを提供する事業所には、職務に専従する管理者を配置します。職業指導員・生活支援員・サービス管理責任者も配置し、職業指導員と生活支援員のうち少なくとも１人は常勤とします（次ページ図）。

また、訓練・作業室、相談室、洗面所、便所、多目的室などの設備を設置します。訓練・作業室は作業のための広さを確保し、必要な機械器具を備える必要があります。

・運営上の注意点は

就労継続支援Ｂ型のサービスを提供する事業者は、公共職業安定所、障害者就業・生活支援センター、特別支援学校などの関係機関と連携して、利用者の就労に対する意向や適性をふまえて実習先を確保します。また、利用者の求職活動の支援や、職業生活における利用者からの相談にも応じます。

● どんな書類を提出するのか

以下の申請書類とともに、事業開始届（事業計画書及び収支予算書を添付）を提出することになります。

・指定申請書
・指定に係る記載事項

サービスを提供する事業者が受け取る報酬について加算の要件を満たす場合には、介護給付費等算定に係る体制等に関する届出書、介護給付費等算定に係る体制等状況一覧表、就労継続支

援A型（あるいはB型）に係る基本報酬の算定区分に関する届出書、勤務形態一覧表及び指定日から勤務することができる書類（雇用契約書、内定承諾書など）、福祉専門職員配置加算に関する届出書などを加算して算定する内容に関する届出などの書類を提出します。

【添付書類】

・申請者の定款、寄付行為等・登記事項証明書または条例等
・平面図（各スペースの面積の記入が必要）
・建物面積表
・設備・備品等一覧表
・土地・建物登記簿または賃貸借契約書の写し
・管理者・サービス管理責任者の経歴書・資格等の証明書の写し
・実務経験証明書・実務経験見込証明書
・サービス管理責任者研修・相談支援従事者研修修了証
・運営規程
・利用者からの苦情を解決するために講じる措置の概要
・主な対象者を特定する理由書
・協力医療機関の名称・診療科名、協力医療機関との契約の内容
・申請に関する事業についての資産の状況（貸借対照表、財産目録など）
・就業規則
・指定を受けられない事由がないことに関する誓約書・役員等名簿

就労継続支援の指定基準の概要

人員基準		
職業指導員　生活支援員 （常勤換算で利用者数を10で除した人数以上）	事業所ごとに1人以上	
	職業指導員・生活支援員の中で1人は常勤	
管理者	1人（原則、常勤の者）	
サービス管理責任者 （1人以上は常勤）	利用者が60人以下	1人以上
	利用者が60人を超える	1人に、利用者が60人を超えてからさらに40人増えるごとに1人を加える
設備基準		
訓練・作業室	広さと機械器具を備える	
相談室	室内における談話の漏えいを防ぐための間仕切り等を設ける	
洗面所	利用者の特性に応じたもの	
便所	利用者の特性に応じたもの	
多目的室など	利用者の特性に応じたもの	
消火設備など	消防法などに規定された設備	

※人員・設備についての指定基準はA型もB型も同様である。

17 児童発達支援の申請手続き
障害児の日常生活における基本動作などの訓練や指導を行う

● どんな書類を提出するのか

児童発達支援の開始を希望する事業者は、以下の書類を提出します。また、以下の書類の他に、事業開始届（事業計画書・収支予算書を添付する）を提出する必要があることにも注意しなければなりません。

・指定申請書
・指定に係る記載事項

なお、サービスを提供する事業者が受け取る報酬について加算の要件を満たす場合には、障害児（通所・入所）給付費算定に係る体制等に関する届出書、障害児通所・入所給付費の算定に係る体制等状況一覧表を合わせて提出する必要があります。

また、多機能型事業所の場合は、障害児通所支援事業所に係る多機能型による事業を実施する場合の記載事項（総括表）も提出します。

【添付書類】
・登記事項証明書など
・事業所の平面図、写真
・設備の概要・事業所の管理者・児童発達支援管理責任者の経歴書（児童発達支援管理責任者として必要な研修を受講した場合は、研修修了証を添付）
・児童発達支援管理責任者等の資格証の写し（資格要件で必要な場合）

・児童発達支援管理責任者の実務経験書
・児童発達支援管理責任者研修・相談支援従事者研修修了証
・運営規程
・利用者からの苦情を解決するために講じる措置の概要
・申請する事業に関する従事者の勤務の体制・勤務形態一覧表
・従業者の資格証、実務経験証明証の写し（必要に応じて）

たとえば保育士については保育士証、児童指導員については社会福祉士登録証、教員免許状などが必要です。

・従業者の障害福祉サービスに関する実務経験書（必要に応じて）
・協力医療機関の名称・診療科名、協力医療機関との契約の内容
・申請に関する事業についての資産の状況（貸借対照表、財産目録など）
・就業規則
・児童福祉法が規定する、障害児通所支援事業者の指定を受けることができない事由に該当しないことに関する誓約書
・消防計画
・車検証の写し（送迎を行う場合）
・社会福祉施設等における耐震化に関する調査票

18 医療型児童発達支援の申請手続き

児童発達支援事業において医療サービスを提供する場合

● どんな書類を提出するのか

　事業者が、児童発達支援事業において、医療サービスを提供する場合に、以下の書類を提出します。なお、医療型児童発達支援に対して、医療サービスの提供を伴わない児童発達支援事業を、福祉型児童発達支援と呼んで区別しています。

　医療型児童発達支援の開始を希望する事業者は、以下の書類を提出します。また、以下の書類の他に、児童福祉施設設置認可申請書（建物の規模・構造がわかる書類、収支予算書を添付する）、事業開始届（事業計画書を添付する）を提出する必要があることにも注意しなければなりません。

・指定申請書
・指定に係る記載事項

　なお、サービスを提供する事業者が受け取る報酬について加算の要件を満たす場合には、障害児（通所・入所）給付費算定に係る体制等に関する届出書、障害児通所・入所給付費の算定に係る体制等状況一覧表を合わせて提出する必要があります。多機能型事業所の場合は、障害児通所支援事業所に係る多機能型による事業を実施する場合の記載事項（総括表）も提出します。

【添付書類】

・登記事項証明書など
・平面図・設備の概要
・事業所の管理者・児童発達管理責任者の経歴書（児童発達管理責任者として必要な研修を受講した場合は、研修修了証を添付）
・児童発達管理責任者の実務経験書
・児童発達管理責任者研修・相談支援従事者研修修了証
・運営規程
・利用者からの苦情を解決するために講じる措置の概要
・申請する事業に関する従事者の勤務の体制・勤務形態
・協力医療機関の名称・診療科名、協力医療機関との契約の内容
・医療法7条の許可を受けた診療所であることを証明する書類
・申請する事業に関する資産の状況（貸借対照表、財産目録など）
・就業規則
・児童福祉法が規定する、障害児通所支援事業者の指定を受けることができない事由に該当しないことに関する誓約書
・消防計画など

◯どんな書類を提出するのか

　放課後等デイサービスの開始を希望する事業者は、以下の書類を提出します。また、以下の書類の他に、事業開始届（事業計画書・収支予算書を添付する）を提出する必要があることにも注意しなければなりません。

・指定申請書
・指定に係る記載事項

　なお、サービスを提供する事業者が受け取る報酬について加算の要件を満たす場合には、障害児（通所・入所）給付費算定に係る体制等に関する届出書、障害児通所・入所給付費の算定に係る体制等状況一覧表を合わせて提出する必要があります。

【添付書類】

・登記事項証明書など
・事業所の平面図、写真・設備の概要
　平面図については、実際に事業に供するスペースの面積を記載する必要があります。建物が賃貸の場合は、賃貸借契約書の写しを添付しなければなりません。
・事業所の管理者・児童発達支援管理責任者の経歴書（児童発達支援管理責任者として必要な研修を受講した場合は、研修修了証を添付）
・児童発達支援管理責任者等の資格証の写し（資格要件で必要な場合）
・児童発達支援管理責任者の実務経験証明書
・児童発達支援管理責任者研修・相談支援従事者研修修了証
・運営規程
・利用者からの苦情を解決するために講じる措置の概要
・申請する事業に関する従事者の勤務の体制・勤務形態一覧表
・従業者の資格証の写し（必要な場合）
・従業者の児童福祉サービスに関する実務経験証明書（必要な場合）
・協力医療機関の名称・診療科名、協力医療機関との契約の内容
・申請する事業に関する資産の状況（貸借対照表、財産目録など）
・就業規則
・児童福祉法が規定する、障害児通所支援事業者の指定を受けることができない事由に該当しないことに関する誓約書
・消防計画
・車検証の写し（送迎を行う場合）
　車両がリースの場合、リース契約書も提出する必要があります。

20 居宅訪問型児童発達支援の申請手続き

外出が困難な障害児をサポートするしくみ

●どんな書類を提出するのか

居宅訪問型児童発達支援の開始を希望する事業者は、以下の書類を提出します。また、以下の書類の他に、事業開始届（事業計画書・収支予算書を添付する）を提出する必要があることにも注意しなければなりません。

・指定申請書

・指定に係る記載事項なお、サービスを提供する事業者が受け取る報酬について加算の要件を満たす場合には、障害児（通所・入所）給付費算定に係る体制等に関する届出書、障害児通所・入所給付費の算定に係る体制等状況一覧表を合わせて提出する必要があります。

また、多機能型事業所の場合は、障害児通所支援事業所に係る多機能型による事業を実施する場合の記載事項（総括表）も提出します。

【添付書類】

・登記事項証明書など

・事業所の平面図、写真・設備の概要
平面図については、実際に事業に供するスペースの面積を記載する必要があります。建物が賃貸の場合は、賃貸借契約書の写しを添付しなければなりません。

・事業所の管理者・児童発達支援管理

責任者の経歴書（児童発達支援管理責任者として必要な研修を受講した場合は、研修修了証を添付）

・児童発達支援管理責任者等の資格証の写し（資格要件で必要な場合）

・児童発達支援管理責任者の実務経験書

・児童発達支援管理責任者研修・相談支援従事者研修修了証

・運営規程

・利用者からの苦情を解決するために講じる措置の概要

・申請する事業に関する従事者の勤務の体制・勤務形態一覧表（多機能型の場合は、他事業の勤務形態一覧表も提出）

・従業者の資格証の写し（必要な場合）

・従業者の障害福祉サービスに関する実務経験証明書（必要な場合）

・協力医療機関の名称・診療科名、協力医療機関との契約の内容

・就業規則

・児童福祉法が規定する、障害児通所支援事業者の指定を受けることができない事由に該当しないことに関する誓約書

・消防計画

・社会福祉施設等における耐震化に関する調査票

第5章 障害福祉サービス事業

159

21 保育所等訪問支援の申請手続き
保育所などの集団生活への適応を目的に行う支援

○ どんな書類を提出するのか

　保育所等訪問支援の開始を希望する事業者は、以下の書類を提出します。また、以下の書類の他に、事業開始届（事業計画書・収支予算書を添付する）を提出する必要があることにも注意しなければなりません。

・指定申請書
・指定に係る記載事項なお、サービスを提供する事業者が受け取る報酬について加算の要件を満たす場合には、障害児（通所・入所）給付費算定に係る体制等に関する届出書、障害児通所・入所給付費の算定に係る体制等状況一覧表を合わせて提出する必要があります。

　また、多機能型事業所の場合は、障害児通所支援事業所に係る多機能型による事業を実施する場合の記載事項（総括表）も提出します。

【添付書類】
・登記事項証明書など
・事業所の平面図、写真・設備の概要平面図については、実際に事業に供するスペースの面積を記載する必要があります。建物が賃貸の場合は、賃貸借契約書の写しを添付しなければなりません。
・事業所の管理者・児童発達支援管理責任者の経歴書（児童発達支援管理責任者として必要な研修を受講した場合は、研修修了証を添付）
・児童発達支援管理責任者等の資格証の写し（資格要件で必要な場合）
・児童発達支援管理責任者の実務経験書
・児童発達支援管理責任者研修・相談支援従事者研修修了証
・運営規程
・利用者からの苦情を解決するために講じる措置の概要
・申請する事業に関する従事者の勤務の体制・勤務形態一覧表（多機能型の場合は、他事業の勤務形態一覧表も提出）
・従業者の資格証の写し（必要な場合）
・従業者の障害福祉サービスに関する実務経験証明書（必要な場合）
・申請する事業に関する資産の状況（貸借対照表、財産目録など）
・就業規則
・児童福祉法が規定する、障害児通所支援事業者の指定を受けることができない事由に該当しないことに関する誓約書
・消防計画
・社会福祉施設等における耐震化に関する調査票

22 入所支援の申請手続き
障害児を施設に受け入れてサポートするしくみ

● どんな書類を提出するのか

入所支援の開始を希望する事業者は、以下の書類を提出します。以下の書類の他に、児童福祉施設設置許可申請書（事業計画書・収支予算書を添付する）を提出する必要があることにも注意しなければなりません。

なお、入所支援については、福祉型障害児入所施設と医療型障害児入所施設に大別されますので、それぞれの書式が用意されています。必要書類については、基本的には共通していますが、一方のみに必要な書類もありますので注意が必要です。

・指定申請書
・指定に係る記載事項

指定に係る記載事項については、福祉型障害児入所施設と医療型障害児入所施設で、それぞれの専用様式があります。

また、サービスを提供する事業者が受け取る報酬について加算の要件を満たす場合には、障害児（通所・入所）給付費算定に係る体制等に関する届出書、障害児通所・入所給付費の算定に係る体制等状況一覧表を合わせて提出する必要があります。

【添付書類】
・定款・寄付行為、登記事項証明書など

・建物の構造概要、平面図、設備の概要
・事業所の管理者・児童発達支援管理責任者の経歴書（児童発達支援管理責任者として必要な研修を受講した場合は、研修修了証を添付）
・児童発達支援管理責任者の実務経験書
・児童発達支援管理責任者研修・相談支援従事者研修修了証
・運営規程
・利用者からの苦情を解決するために講じる措置の概要
・申請する事業に関する従事者の勤務の体制・勤務形態
・（福祉型障害児入所施設のみ）協力医療機関の名称・診療科名、その協力医療機関との契約内容
・（医療型障害児入所施設のみ）医療法7条の許可を受けた病院であることを証明する書類
・申請する事業に関する資産の状況（貸借対照表、財産目録など）
・就業規則
・児童福祉法が規定する、障害児入所支援事業者の指定を受けることができない事由に該当しないことに関する誓約書および役員名簿
・社会福祉施設等における耐震化に関する調査票

◯どんな書類を提出するのか

障害児の相談支援の開始を希望する事業者は、以下の書類を提出します。

・指定申請書
・指定に係る記載事項

相談支援に関する届出は、都道府県ではなく、市町村などに対して行うことになります。様式については、各自治体によって異なりますので、確認が必要です。他の障害福祉サービス事業と共通の様式の場合は、障害児相談支援に◯をします。

上記書類の他に、事業開始届（事業計画書・収支予算書、管理者経歴書を添付する）を提出する必要があることにも注意しなければなりません。ただし、自治体によっては事業開始届は都道府県に対して届け出る必要があるため、市町村に対して申請書などを届け出る一方で、都道府県に対しても事業開始届の提出が必要になりますので、注意が必要です。

【添付書類】

・申請者の定款、寄付行為など（定款の変更が指定申請までに間に合わない場合は、定款変更誓約書）
・登記事項証明書など
・事業所の平面図（事務室・相談室が確認できることが必要）

・備品等一覧表
・事業所の管理者・相談支援専門員の経歴書
・実務経験証明書・実務経験見込み証明書
・相談支援従事者研修修了証

相談支援従事者一日研修を受講した人は、障害者ケアマネジメント研修の修了証も添付する必要があります。

・従業者全員の資格証などの写し
・運営規程
・利用者からの苦情を解決するために講じる措置の概要
・主たる対象者を特定する理由書

主たる対象者とは、身体障害者（肢体不自由・視覚・聴覚言語・内部障害）、難病等対象者、知的障害者、精神障害者、障害児のことで、相談支援の対象障害を特定する場合に必要です。

・申請する事業に関する従事者の勤務の体制・勤務形態一覧表
・申請する事業に関する資産の状況（貸借対照表、財産目録等）
・就業規則
・指定特定相談支援事業者の指定に関する誓約書
・指定障害児相談支援事業者の指定に関する誓約書
・役員等名簿

第6章

障害年金

年金制度

加入する年金制度によって給付額が変わる

● 老齢・障害・死亡に備えている

公的年金には国民年金、厚生年金、の2種類があります。いずれも、国の法律に基づいて加入が義務付けられています。職業によって加入する年金制度が決まります。

公的年金に加入する理由は、3つの社会的なリスクをカバーするためです。具体的には、「老齢」「障害」「死亡」です。「死亡」は、人として生まれた限り、誰でも必ず直面するリスクです。「老齢」は長生きすれば必ず直面しますし、「障害」も誰もが直面する可能性のあるリスクです。これらのように

誰もが直面する可能性のあるリスクをカバーする保険が公的年金です。

● 2階建ての家のイメージ

公的年金には職業によって国民年金、厚生年金の2種類がありますが、これらは名前が違うだけでなく、実は、給付される金額をはじめ、構造も違うのです。なお、かつて存在した公務員が加入する共済年金は、平成27年10月に厚生年金に統一され、被用者年金制度が一元化されています。深刻化する少子高齢化問題に備え、年金財政を確保することが目的です。これまでの共済

3階建ての年金制度

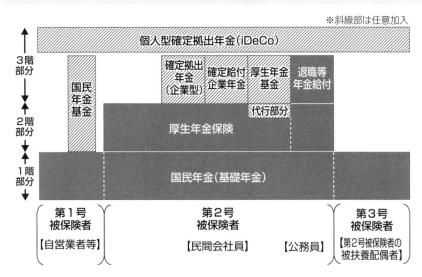

年金加入者は、今後は厚生年金加入者となるため、たとえば被保険者としての加入年齢に70歳という制限が設けられ、保険料率は共済年金加入時代と比べて引き上げられることになります。

公的年金の構造はよく家にたとえられます。公的年金の加入は義務ですので、一定の年齢以上の国民は一人一軒の「年金の家」を持っていると考えられます。国民年金は平屋の家で、厚生年金は2階建ての家となります。

厚生年金の1階部分は国民年金と同じ作りになっていますが、この家の所有者は国民年金に2階部分を加えた金額の年金が支給されます。厚生年金保険の2階部分を厚生年金といいます。

また、任意の制度として、国民年金の家の所有者は2階を建て増すことができます。これを国民年金基金といいます。建て増すには、国民年金に加えて、国民年金基金の掛け金を支払わなければなりません。

一方、厚生年金の家の所有者は、3階部分を建て増すことができます。この3階部分は、厚生年金基金といいます。厚生年金基金は、会社の意思で導入するかどうかが決まることに特徴があります。

● 被保険者の種類は3種類

厚生年金には厚生年金に加入している会社の会社員や公務員などが加入します。公的年金制度は、国民年金（基礎年金）をすべての人が加入する年金制度として位置付けているため、厚生年金の加入者は、国民年金についても被保険者（第2号被保険者）として扱われることになります。

国民年金だけに加入している人（自営業者等）を第1号被保険者、厚生年金の加入者を第2号被保険者、第2号被保険者に扶養されている配偶者を第3号被保険者といいます。

第3号被保険者は保険料の負担なしに最低限の年金保障を受けることができるもので、主に会社員・公務員世帯の専業主婦（または主夫）が対象となります。

年金の種類と給付の種類

国民年金に加入していると…　　厚生年金保険に加入していると…

	国民年金	厚生年金保険
年をとったとき	老齢基礎年金	老齢厚生年金
障害状態になったとき	障害基礎年金	障害厚生年金
亡くなったとき	遺族基礎年金	遺族厚生年金

➡ 給付には一定の要件がある

2 障害給付がもらえる場合

３つの要件をすべて充たす必要がある

●障害が残ったときに受け取れる

　障害年金は、病気やケガで障害を負った人に対して給付される年金です。国民年金の加入者が障害を負った場合の給付を障害基礎年金といいます。厚生年金加入者の場合は、障害厚生年金といいます。厚生年金加入者の場合、老齢給付と同じく、障害基礎年金と障害厚生年金の両方の受給が可能です。

　障害基礎年金は、障害が最も重い障害等級１級か、次に重い２級でないと支給されないのに対し、障害厚生年金には１級と２級の他、３級と障害手当金（168ページ）があります（障害手当金は一時金であるため、年金と総称して、「障害給付」と呼ばれることもあります）。そのため、障害等級１級、２級に該当せず、障害基礎年金を受給できない人であっても、３級の障害厚生年金や障害手当金を受給できることが可能です。

●障害年金をもらうための要件

　障害基礎年金は、次の３つの要件をすべて充たしている場合に支給されます。

①　病気やケガで診察を最初に受けた日（初診日）に国民年金に加入しているまたは過去に国民年金の加入者であった60歳から65歳の人で、日本国内に在住している

②　初診日から１年６か月を経過した日または治癒した日（障害認定日）に障害等級が１級または２級に該当する

③　初診日の前日に以下の保険料納付要件を充たしている

・初診日の月の前々月までに国民年金の加入者であったときは、全加入期間のうち、保険料の納付期間と免除期間が３分の２以上を占める

　これらの条件を噛み砕いて説明しますと、障害基礎年金をもらえる人は、国民年金の加入者か、老齢基礎年金をまだ受け取っていない60〜65歳の人で、一定の条件の下で障害等級が１級か２級と認定され、さらに国民年金の保険料の滞納が３分の１未満の人ということになります。

　③の滞納に関する規定では、特例として初診日が2026年（令和８年）３月31日以前の場合、初診日の月の前々月までの直近１年間に保険料の滞納がなければ受給できることになっています。

●初診日に年金に加入していること

　障害年金を受け取れるかどうかの基準を見ると、「初診日」が重要であることがわかります。３つの条件のすべ

てに初診日という言葉があるからです。

たとえば、初診日に厚生年金に入っていたか、国民年金に入っていたかで、2階部分を受け取れるか受け取れないかが決まるわけですから、転職、独立といった場合には注意が必要です。

なお、20歳前の人が障害等級に相当する障害を負った場合、国民年金の被保険者ではないため障害基礎年金を受給できませんが、20歳前の障害を負う者に対する「二十歳前傷病による障害基礎年金」という制度が別途あります。

◉障害認定日に障害等級に該当する

障害年金を受け取るには、障害等級が1級、2級、もしくは3級（障害厚生年金のみ支給）と認定されなければなりません。認定には、等級を認定する基準と、その等級をいつの時点で認定するかというルールがあります。

等級を認定する基準には、政令で定められた「障害等級表」と「障害認定基準」という客観指標があります（障害等級表の等級は、障害のある者が持っている障害手帳に記載されている等級とは別個のものです）。いつの時点で認定するかという点に関しては病気やケガが治癒または初診日から1年6か月経過したときと定められています。これを障害認定日といいます。

「治癒した」とは、一般的なイメージで言う「治る」ということとは違い、障害の原因になる病気やケガの治療行為が終わることです。「完治した」という意味ではありません。

◉保険料をきちんと納付していること

障害年金も、老齢年金と同じく、保険料をきちんと納めている人しかもらえません。病気やケガで診察を受けて、障害が残りそうだということで慌てて滞納分を払いに行っても、時すでに遅しで、給付対象にはなりません。日頃から保険料はしっかりと払うようにしなければなりません。

障害の程度

重い障害 （1級障害）	やや重い障害 （2級障害）	やや軽い障害 （3級障害）	軽い障害 （一時金）
常時介護を要する人	常時ではないが随時介護を要する人	労働が著しく制限を受ける人	聴力や視力、言語に障害があるなど生活に制限を受ける人
1級障害基礎年金 1級障害厚生年金	2級障害基礎年金 2級障害厚生年金	3級障害厚生年金	障害手当金

3 障害手当金の受給要件
障害等級３級より軽い障害がある場合に支給される

●障害等級３級に該当しない場合

　障害等級３級以上に該当する障害が残った場合には、障害年金が支給されます。これに対して、障害手当金は、障害等級３級よりやや軽い障害が残った場合に、年金ではなく、一時金として支給される給付です。

　病気やケガで初めて医師の診療を受けた日（初診日）において被保険者であった者が、その初診日から起算して５年を経過する日までの間にその病気やケガが治った日に、一定の障害の状態に該当した場合に支給されます。

　ただし、障害手当金を受給してしまうと、その後に障害の程度が悪化しても同一の障害について障害給付を受給できなくなる場合もあります。そのため、障害手当金の受給は慎重に行うことが必要です。

　障害手当金は、初診日の前日において、初診日の属する月の前々月までに被保険者期間があり、その被保険者期間のうち、保険料納付済期間と保険料免除期間をあわせた期間が被保険者期間の３分の２未満である場合は支給されません。

　ただし、2026年（令和８年）４月１日より前に初診日のある障害については、この納付要件を充たさなくても、

初診日の前日において初診日の属する月の前々月までの１年間のうちに保険料の未納がない場合には、障害手当金が支給されます。

●障害手当金が支給されない者もいる

　障害を定める日において、次の年金の受給権者に該当する者には、障害手当金が支給されません。

① 厚生年金保険法（旧法を含む）の年金給付

② 国民年金法、共済組合または私立学校教職員共済法の年金給付

③ 国家公務員災害補償法、地方公務員災害補償法、公立学校の学校医、学校歯科医及び学校薬剤師の公務災害補償に関する法律、労働基準法、労働者災害補償保険法の規定による障害補償または船員保険法の規定による障害を支給事由とする年金給付

　ただし、①と②に該当する者のうち、障害厚生年金等の障害給付の受給権者で障害等級１〜３級に該当しなくなった日から３年を経過した者（現に障害状態に該当しない者に限る）は、障害手当金の支給を受けることができます。

障害給付と労災・健康保険の関係

障害保険は全額支給、その他の給付は減額されるのが原則

労災保険の給付を減額する

通勤途中や、業務中の事故が原因で障害を負ってしまった場合、障害年金に加えて、労災保険からも給付があります。障害年金と労災保険は別の制度ですので、両方の受給要件を充たせば、両方の給付を受けることができます。しかし、この場合、労災保険からの給付との調整が行われます。

健康保険の傷病手当金を減額する

傷病手当金も労災保険と同様、受給要件を充たせば、障害年金との併給が可能です。ただ、この場合も、調整が行われます。障害年金の支給額分、傷病手当金が減額されます。したがって、障害年金額が傷病手当金額よりも高い場合は、傷病手当金は支給されません。

障害基礎年金と老齢厚生年金の調整

一定の場合に併給が可能です。ただし、併給が認められるのは、障害基礎年金及び老齢厚生年金の併給、障害基礎年金及び遺族厚生年金の併給であり、基礎年金同士である障害基礎年金と老齢基礎年金の併給は認められません。

第6章 障害年金

厚生年金からの障害給付と労災保険

障害給付の種類	障害補償年金の減額率
障害基礎年金+障害厚生年金	27%
障害厚生年金のみ	17%
障害基礎年金のみ	12%

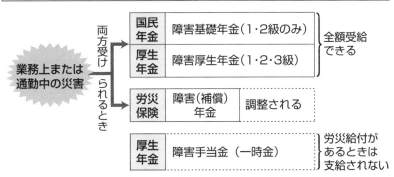

5 障害年金の受給金額

等級に応じて一律、家族の扶養手当もある

● 1級は2級の1.25倍もらえる

　障害基礎年金は、加入期間の長短に関係なく障害の等級によって定額が支給されます。支給額については一定期間ごとに見直しが行われており、令和4年度においては、1級が年額97万2250円（2級の125％にあたる）、2級が年額77万7800円（老齢基礎年金の満額と同額）です。それに加えて18歳未満の子（または一定の障害をもつ20歳未満の子）がいる場合は、子1人につき22万3800円（3人目からは7万4600円）が加算されます。

　いずれの場合も、障害認定日から支給されます。

　一方、障害厚生年金は、1級障害の場合は老齢厚生年金の1.25倍、2級と3級障害の場合は老齢厚生年金と同一の金額が支給されます（3級は最低保障があります）。障害厚生年金の支給額は、その人の障害の程度や収入に応じて異なった金額となります。障害厚生年金の額を計算する場合、平成15年4月以降の期間とそれより前の期間とで、計算方法が異なります（次ページ図）。

　また、1級と2級の場合は、生計を維持している配偶者がいる場合、障害厚生年金額に一定額が加算されます。

● 障害手当金

　病気やケガで初めて医師の診療を受けた日（初診日）において被保険者であった者が、その初診日から起算して5年を経過する日までの間にその病気やケガが治った日に、一定の障害の状態に該当した場合に支給されます。

　なお、障害手当金は、障害を定める日において、公的年金給付、公務員や教職員の補償の対象者、障害補償や船員保険法の規定による障害を支給事由とする年金給付の受給権者には、障害手当金が支給されません。

　障害手当金の支給額は、報酬比例の年金額の2倍相当額です。ただし、最低保障額（令和4年度は116万6800円円）も定められています。

　障害手当金の額には物価スライドは適用されませんが、本来の2級の障害基礎年金の額の4分の3に2を乗じて得た額に満たないときは、最低保障額を見直します。

● 障害の重さが変わる場合もある

　障害認定日以降、障害の重さが変わる場合もあります。以下の5つのケースが生じた場合、改定が行われます。

① 事後重症

　障害認定日には、障害等級1〜3級

に該当しなかったが、後に症状が悪化して、1〜3級に該当するようになった。

② 増進改定

障害認定日に障害等級2〜3級に該当し障害年金を受給していたが、後に症状が悪化して1〜2級に該当するようになった。

③ 初めて2級障害に該当

障害認定日には障害等級が2級より下だったが、基準障害が発生したこと

で今までの障害と併せて2級以上の障害になった。

④ 併合認定

障害認定日に1級か2級の人（現在は3級に軽減した人も含む）に新しく1〜2級の障害が発生した。

⑤ 併合改定

1〜2級の人（現在は3級に軽減した人も含む）に新たに3級以下の障害が発生した。

障害給付の受給額

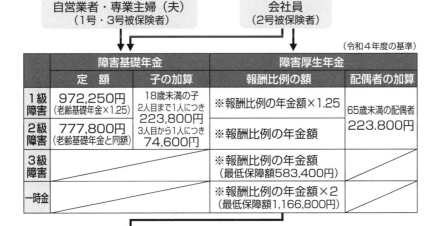

自営業者・専業主婦（夫）
（1号・3号被保険者）

会社員
（2号被保険者）

（令和4年度の基準）

	障害基礎年金		障害厚生年金	
	定　額	子の加算	報酬比例の額	配偶者の加算
1級障害	972,250円（老齢基礎年金×1.25）	18歳未満の子 2人目まで1人につき 223,800円 3人目から1人につき 74,600円	※報酬比例の年金額×1.25	65歳未満の配偶者 223,800円
2級障害	777,800円（老齢基礎年金と同額）		※報酬比例の年金額	
3級障害			※報酬比例の年金額（最低保障額583,400円）	
一時金			※報酬比例の年金額×2（最低保障額1,166,800円）	

※報酬比例の年金額 ＝ ① ＋ ②

※被保険者月数が300か月未満のときは、300か月として計算する。この場合、以下の式で計算する

$$(① ＋ ②) \times \frac{300}{全被保険者月数}$$

①平成15年3月までの期間

平均標準報酬月額 $\times \dfrac{7.125}{1000} \times$ 平成15年3月までの被保険者月数

②平成15年4月以降の期間

平均標準報酬額 $\times \dfrac{5.481}{1000} \times$ 平成15年4月以降の被保険者月数

※老齢厚生年金算出時と同じ従前保障あり

6 障害年金の請求パターン

障害認定日の翌月に遡って請求できる場合もある

●障害年金の請求

障害年金の請求手続きは、原則として初診日から1年6か月を経過した日（障害認定日）の障害の状態を判断の基準として行います。この方法で障害年金を請求することを、判断基準となる日の名称をとり障害認定日請求といいます。なお、初診日から1年6か月を経過する前に治ゆした場合（症状が固定し、治療の効果が期待できない状態となったとき）は、例外として、1年6か月を経過していなくても、その治ゆしたときを基準に裁定請求をすることができます。たとえば、心臓の障害の場合はペースメーカーを装着した日、肢体の障害の場合は切断をした日、などが障害認定日になります。

なお、裁定請求の手続きは障害認定日以降に行うことになります。障害認定日以降とは、具体的には認定日から1年以内の期間で、この期間に請求することを本来請求といいます。本来請求として裁定請求を行い、認定された場合は障害認定日の翌月分から障害年金を受給できるようになります。

また、障害年金の請求には、本来請求の他に遡及請求という方法があります。これは、障害認定日から1年を経過した場合でも、障害認定日に遡って

請求を行う方法です。遡及請求を行うためには、障害認定日より3か月以内に診察した医師による診断書に加え、請求を行う時点での診断書が必要になります。ただし、遡及請求を行う場合は、最大5年分しか遡ることができない点に注意が必要です。

たとえば、障害認定日の7年後に裁定請求をした場合、請求日から遡って5年分しか支給されず、残りの2年分は受給することができないということになります。

なお、生まれながらに障害を抱える先天性障害者の場合や、20歳前に障害を抱えた者については、保険料の納付要件を問わず、20歳に到達した日を障害認定日とした上で、障害年金の請求をすることになります。これを「二十歳前傷病の障害年金」といい、20歳になった日以降に前述のような本来請求や遡及請求の手続きを取り、年金を受け取ることができます。

●事後重症による請求

初診日から1年6か月が経過した日（障害認定日）には障害年金を受けるほどの状態ではなかったものの、その後悪化して障害等級に該当する程度になった場合は、65歳の誕生日前々日ま

であれば、そのときに裁定請求することができます。このことを事後重症による請求といいます。障害認定日に障害等級に該当していなかったという場合だけでなく、受診歴やカルテがないために、障害認定日に障害等級に該当していたことを証明できないという場合にも、事後重症による請求をすることになります。事後重症による請求の場合の障害年金は、請求日の翌月分から支給されることになります。

● 初めて2級障害による請求

「初めて2級障害」とは、すでに2級より下と判断される何らかの障害を持っている者に対して新たな障害が発生した場合に、既存の障害と新たな障害を併合することで「初めて障害等級2級以上に該当した場合」のことです。

この場合の新たな障害のことを基準障害といい、「初めて2級障害」のことを「基準障害による障害年金」と呼ぶ場合もあります。「初めて2級障害」に該当した場合は、後発の新たな傷病に対する初診日を基準として、初診日における被保険者等要件と保険料納付

要件をクリアしているかを判断します。一方、先に発生していた既存の障害にまつわる被保険者要件や保険料納付要件は一切問われることはありません。

基準障害における被保険者等要件と保険料納付要件の具体的内容は、通常の障害年金の場合と同様です。基準障害の初診日の前日において、保険料を未納している期間が1年以上ある場合や、納めるべき期間の3分の1以上が未納である場合は受給することができません。

申請は、原則として65歳までに行う必要があります。ただし、65歳になる前日までに障害等級2級以上に該当した場合は年金の受給権が発生するため、65歳を超えても請求できます。

被保険者要件と保険料納付要件を満たした上で請求を行った場合、請求月の翌月より、既存の障害と基準障害を併合した新たな障害の程度に該当する障害年金が支給されます。なお、老齢基礎年金を繰り上げ受給している場合は請求ができません。また、過去に遡っての支給は行われないため、早急に手続きをするのがよいでしょう。

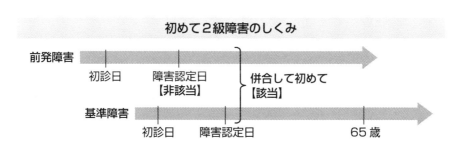

初めて2級障害のしくみ

前発障害　初診日　障害認定日【非該当】　併合して初めて【該当】

基準障害　初診日　障害認定日　65歳

障害年金はいつから受給できるのか

請求の内容に応じて支給開始時期が異なる

●いつから支給開始されるのか

障害年金は、年金を請求した時期に応じて、支給開始される時期が異なります。

まず、障害認定日に障害等級に該当しており、その上で認定日1年以内に請求を実施する「本来請求」の場合は、認定が下りた場合は障害認定日の翌月より支給が開始されます。

一方、請求の時点で障害認定日より1年を過ぎている状態で遡って請求を行う「遡及請求」の場合は、基本的には障害認定日の翌月より支給が開始されますが、遡ることができる期間は最長5年となる点に注意が必要です。遡及請求の場合は65歳を超えた状態でも請求し、受け取ることが可能です。

また、障害認定日後に障害等級に該当することで請求を行う「事後重症請求」の場合は、請求した月の翌月より支給が開始されます。過去に遡って請求を行わない点が、遡及請求とは異なります。事後重症請求の場合は、65歳を迎える前に請求を済ませる必要があります。

その他、もともと障害等級に該当しない障害を抱えている人が新たに傷病を患うことで障害等級に該当する状態となった場合には、後に患った傷病における初診日で受給要件が審査され、請求した月の翌月から支給が開始されます。この場合は、65歳になる前に障害等級に該当する障害を抱えていれば、65歳を超えても請求を行うことが可能です。

なお、先天性の障害や20歳前で障害を抱えることになった場合は、初診日に国民年金に加入していませんが、「二十歳前傷病の障害年金」という制度があるため、保険料納付要件を問われることなく障害基礎年金の請求が可能で、20歳以降に年金を受け取ることができます。

●いつまで受け取れるのか

支給開始された障害年金は、受取人が死亡または障害状態を外れた場合には支給停止されます。つまり障害状態が改善しない限り一生涯死ぬまで受け取り続けることが可能です。

老齢年金を受給することになった場合に支給される年金については、年齢に応じて異なります。

●受給の可能性を検討する

障害年金を受給するには、定められた受給要件を満たす必要があります。まずは、受給の可能性があるかを検討してみましょう。

174

第一に確認すべきなのは、初診日です。初診日とは、年金の受給を検討している障害のもととなっている病気やケガについて、初めて病院の医師による診療を受けた日のことです。まずは、初めてケガをした日、もしくは体調不良を感じた日について思い出してみましょう。すぐに思い出せない場合は、病院の領収証や保険調剤明細書、お薬手帳などを確認し、かかった日とかかった病院名を割り出します。このような場合に備え、特に大きな疾病や長期にわたりそうな疾病にかかった場合は、日頃から領収証や明細書を整理しておく方法が重要です。

先天性の障害の場合は、初診日は生まれた日となり、障害認定日は20歳に到達した日となります。この場合は、20歳になるまでは障害年金の請求はできず、20歳になってから請求の手続きをする必要があります。また、先天性の場合でも、実際に生活に支障をきたす程度の症状が確認できるのが後日になってから、という場合があるため注

意が必要です。次に確認すべきことは、対象となる障害の程度です。障害基礎年金を受給する場合は障害等級1級または2級、障害厚生年金を受給する場合は障害等級1級または2級、3級に該当する必要があります。まずは、自身の症状がどのような内容であるかを確認する必要があります。肉体的な部分における障害の場合は歩行や食事、入浴、掃除や洗濯などの日常生活への支障はどの程度生じているのかを確認します。検査の数値により障害の等級が決定する症状もあるため、かかりつけの医師にも相談してみましょう。

一方、精神的な部分における内容の場合は、診断された病名や、その症状によって日常生活への支障がどの程度生じているのかを確認します。

特に自身や家族の障害の状態が長引くと、心身ともに疲労が蓄積してしまい、確認作業が進まないケースもあります。このような場合は、社会保険労務士などの専門家に相談してみるのも有効です。

障害年金支給の開始と終了

請求の種類		請求日	支給開始月	支給の終了
障害認定日請求	本来請求	制限なし	障害認定日の翌月分から	受取人が死亡したとき
	遡及請求	制限なし	同上（5年の時効あり）	
事後重症請求		65歳に達する日の前日まで	請求日の翌月分から	受取人が障害状態を外れたとき
初めて2級請求		制限なし	請求日の翌月分から	

◯ 3つの書類を準備して年金事務所へ行く準備をする

障害年金の受給には、必要になる書類があるため、確認して確実に揃えていきましょう。準備する書類は、①受診状況等証明書、②医師による診断書、③病歴・就労状況等申立書の3つです。3つの書類が無事にそろったところで、実際に年金事務所へ行き、申請の手続きを行うことになります。まずは、最寄りの年金事務所の所在地を確認しましょう。実際に申請に行く日の開所時間や交通機関、駐車場の有無確認も重要です。所在地や開所時間については、パソコンで日本年金機構のホームページに自宅の住所を入力することで、管轄の年金事務所の情報を調べることが可能です。自宅近くの年金事務所ではなく、職場近くの年金事務所へ行くこともできます。

次に、年金手帳または基礎年金番号通知書を準備します。年金手帳は年代により色が異なり、茶色、オレンジ色、青色の表紙で、母子手帳やパスポート大の書類です。準備した上で基礎年金番号を確認しましょう。なお、年金手帳または基礎年金番号通知書を紛失した場合は、本人確認書類を準備することで、同じ年金事務所で基礎年金番号

通知書の再発行が可能です。

◯ どんな書類を提出するのか

障害年金を請求するには、さまざまな書類を準備し、提出しなければなりません。たとえば、重要なものには年金請求書が挙げられます。年金請求書とは、年金をもらうための請求書です。年金は、すべて請求制度をとっているため、この請求作業を行わなければ受け取ることができません。年金請求書は、最寄りの年金事務所や役所で入手することが可能です。請求書は年金の種類によって異なるため、必ず障害年金を受給することを伝え、入手しましょう。受け取ったら、基礎年金番号や生年月日、氏名などの基本的情報の他、受取りを希望する口座番号や加算がある場合の対象者（加給対象者）などを記載して提出します。

さらに、障害年金の請求には確実に必要となる受診状況等証明書や医師による診断書、病歴・就労状況等申立書の準備もしなければなりません。受診状況証明書は初診日を証明するための書類で、初めて受診した医療機関に作成を依頼します。これらの書類は、必ず直接取りに行く手筈を整え、その場で不備がないか確認することが重要で

す。診断書は、障害の具体的な内容について証明するための書類で、医師に発行を依頼します。病歴・就労状況等申立書は、請求する本人やその家族が、障害にまつわる具体的な状況を記載するための書類です。

その他の書類としては、年金請求書に記載した個人番号、基礎年金番号や口座番号の証明となるものが必要です。具体的には、本人やその配偶者分のマイナンバーカード、年金手帳もしくは基礎年金番号通知書や預金通帳を準備します。また、申請日の6か月以内に発行された戸籍謄本や住民票も準備をしておかなければなりません。加給対象者がいる場合は配偶者の所得証明書や子の在学証明書、対象者の年金証書も必要です。

共済組合に加入していた期間がある場合は、その証明となる年金加入期間確認通知書も用意します。

○受診状況等証明書の記載と作成依頼

受診状況等証明書とは、別名「初診日証明」ともいわれる書類のことで、障害のもとになっている病気やケガで初めて病院を受診した「初診日」を証明するための書類です。初めて受診した先である病院の医師に依頼し、作成してもらいます。

この書類は、初診以降ずっと同じ病院にかかっている場合は、後述する医師による診断書によって初診日の証明がなされるという理由から用意する必要はありません。一方、初めてかかった病院が遠方だった場合や、より確実に治療を受けられるよう別の病院へ転院した場合などは、初診日の確認ができるように受診状況等証明書が必要になります。

○診断書の作成依頼

医師による診断書とは、障害の程度を証明するために医師に発行してもらう書類です。病気やケガの状況や治療にかかった日数、手術が必要であった場合はその内容や入院日数などが記載されています。

実際に診断書を入手する際に依頼を行う医療機関については、障害認定日に確実に障害状態に陥っていると予想される場合は障害認定日時点にかかっていた医療機関、障害状態かどうかが不明の場合は今現在かかっている医療機関に対して依頼をすることになります。

依頼する際には、通常の場合は「依頼状」という書類を作成した上で、医療機関の窓口へ出向き、依頼します。依頼状についての正式なフォーマットはありませんが、相手に失礼のないような文章を心がけましょう。内容としては、社会人が作成するようなビジネス文書の書式を用いて、日付・依頼先となる医療機関と医師の氏名を記入し、患者となる依頼主名を記載します。そ

の上で、「診断書作成願い」と題名を記した上で、診断書の依頼を行うことを記載します。書類の書式や時事の挨拶、結びの言葉などは、一般的なビジネス文書例を参考にするとよいでしょう。

　依頼状を作成する際に心がけなければならないのは、医師が診断書を作成するにあたり参考となる資料を添付する点です。診断書には、医師が依頼主を診察する際に把握することができない部分も記載しなければなりません。したがって、医師が作成に困ることがないよう、事前に情報を提供しておく必要があります。具体的には、作成済みの受診状況等証明書のコピーなどが挙げられます。また、障害を抱えていることで日常生活にどのような支障が生じているか、生活能力の程度、就労や家事などの労働力などについて文書にして添付することで、診断書の内容がより具体的なものになります。

　依頼状には、依頼する診断書の枚数や不明点を問い合わせる連絡先もあわせて記載します。社会保険労務士に依頼している場合は事務所名、住所、氏名、連絡先を記しておく方法が効果的です。

●病歴・就労状況等申立書の作成

　病歴・就労状況等申立書とは、前述の2つの書類とは異なり、医師ではなく患者側（本人またはその家族）が作成する書類になります。病名や発病

日、初診日や障害の程度など、受診状況等証明書や診断書に書かれた内容に加え、診断書だけでは図ることができない、具体的な症状や日常生活で生じている支障の内容について記載します。たとえば、医師にかかっていない間の症状や外出、仕事や食欲、着替え、炊事、洗濯、入浴などへの影響などを具体的に記していきます。

　病歴・就労状況等申立書は、障害年金の受給審査に影響する重要な存在であり、患者側が作成する唯一の書類です。記載後は、客観的な視点から判断ができる立場の者に内容を確認してもらう方法をとることが有効です。

　受診状況等証明書、診断書、病歴・就労状況等申立書の3つの書類は、①受診状況等証明書→②診断書→③病歴・就労状況等申立書の順番で準備していきます。それぞれの書類の内容に矛盾がないかをチェックを行った上で提出をしましょう。

●障害年金受給の請求

　障害年金の請求手続きは、原則として、初診日から1年6か月を経過した日（障害認定日）の障害の状態を判断するため、その障害認定日以降に裁定請求することになります。

　ただし、初診日から1年6か月を経過する前に治ゆしたとき（症状が固定し、治療の効果が期待できない状態となったとき）は、そのときに裁定請求

ができます。

　また、初診日から1年6か月経過後の障害認定日には障害年金を受けるほどの状態ではなかったものが、その後悪化して障害等級に該当する程度になったときは、65歳の誕生日前々日までなら、そのときに裁定請求することができます。

障害年金請求時の必要書類と手続き

障害年金請求時の必要書類

必要書類	備　考
年金請求書	年金事務所、市区町村役場でもらう
年金手帳 基礎年金番号通知書	本人と配偶者のもの
病歴・就労状況等申立書	障害の状況、就労や日常生活の状況について記載する
診断書	部位ごとの診断書を医師に記入してもらう
受診状況等証明書	診断書作成の病院と初診時の病院が違うとき
戸籍抄本	受給権発生日以降、提出日の6か月以内。子がいる場合は世帯全員。マイナンバー記入により省略可。
住民票	
印鑑 ※押印が必要な場合のみ	認印（シャチハタは不可）
預金通帳	本人名義のもの
配偶者の所得証明書 （または非課税証明書）	加給年金対象の配偶者がいるとき市区町村の税務課で発行
子の生計維持を証明するもの	加給年金対象の子がいるとき　在学証明書など
年金証書	本人、配偶者がすでに年金をもらっているとき
年金加入期間確認通知書	共済組合の加入期間があるとき

障害年金の手続き

初診日の年金加入状況		請求先
厚生年金		年金事務所または年金相談センター
国民年金	第1号被保険者	市区町村役場
	第3号被保険者	年金事務所または年金相談センター
20歳前に初診日がある場合		市区町村役場

障害年金がもらえない場合

等級が3級より下、犯罪行為、故意による障害状態はもらえない

● 障害年金の支給停止

障害年金が支給停止となる場合として、障害等級が3級より下の場合、犯罪行為や故意に障害の原因を起こして障害状態になった場合があります。

障害等級が3級より下の場合に障害年金がもらえないケースでは、いくつかの注意が必要です。

まず、以前は3級以上だったが、現在は軽くなり、3級より下になった場合です。この場合、確かに障害年金は支給されなくなりますが、再び、悪化したときには支給が再開されます。あくまで支給停止であって、受給権が消滅したわけではないと考えられるからです。また、労働基準法の障害補償を受ける権利を取得した場合、そのときから6年間支給停止されます（障害基礎年金の受給権がある場合は同時に支給停止される）。

さらに、障害厚生年金の受給権者が、同一の障害を支給事由とする被用者年金各法の障害共済年金の受給権をもつことになった場合にも支給停止が行われます。この場合、障害基礎年金の併合認定と、障害厚生年金と障害共済年金の改定が行われますが、障害厚生年金と障害共済年金の一方は支給停止されることになります。

● 障害年金の失権

年金の受給権が消滅することを失権といいます。まず、犯罪行為で障害状態になった場合、年金減額か、支給されないことがあります。これは、あくまで犯罪行為の場合ですので、重過失による障害の場合は、一部または全額が支給されます。さらに、故意に障害の原因を起こして障害状態になった場合も、支給が制限されます。

この故意の範囲は明確に決まっているわけではありません。ケース・バイ・ケースで判断されます。また、65歳を過ぎるまで3級より下だった場合は、受給権そのものが消滅します。65歳以降に3級以上になっても障害年金はもらえません。老齢年金を受給できるからというのがその理由です。ただし、ここでも、特例があります。3級より下の障害状態になって3年以内に65歳になった場合、受給権が失権するのは、3級より下の障害状況になってから3年後とみなします。

さらに、受給権者が死亡したときや、併給調整の併合認定により新たな受給権を取得したとき（従前の障害年金の受給権が消滅する）に、障害年金の受給権は失権します。

第7章

成年後見制度

1 成年後見制度

判断能力が十分ではない人の意思を尊重した法的な保護・支援をする制度

● どんな制度なのか

　成年後見制度とは、知的障害や認知症など、精神上の障害（身体上の障害は含まれない）が理由で判断能力が十分ではない人が不利益を受けることがないように、法的な権限を与えられた人（成年後見人等）をつけて保護・支援をする制度です。

　成年後見制度は、現在判断能力が十分ではない状態にある人を保護・支援する法定後見制度と、現在は判断能力が十分な状態にある人が将来に備えて利用する任意後見制度とに分けることができます。

　成年後見制度は、判断能力が十分ではない人の支援だけでなく、その人に残された能力を活用すること、他者から干渉されずに自分のことは可能な限り自分で決定できるようにすること（自己決定権の尊重）を理念としています。そして、障害のある人が、家庭や地域で問題なく生活できるような社会を作ること（ノーマライゼーション）をめざしています。

　たとえば、認知症の方が悪徳業者にだまされて、自分には必要のない高価な商品を購入したという場合、成年後見人等がその契約を取り消します（本人の支援）。他方、認知症の方が日用

品を買う場合には、成年後見人等の手を借りたり、同意を得なくても自分で自由に買うことができます（本人の自己決定権の尊重）。

　また、本人の生活や健康の維持、療養等に関して、たとえば、成年後見人等は、本人に代わって、本人の住まいの確保や施設への入所契約、本人の治療・入院の手続きを行うことができます。

　このように、成年後見制度とは、財産管理や身上監護についての判断能力の不十分な人を助ける一方で、本人の意思を尊重して、本人の生活状況や健康状態に配慮する、柔軟な制度だといえます。

● 一定の資格制限や選挙権・被選挙権の制限の撤廃

　成年後見制度を利用した場合、以前は、公務員や弁護士、医師など一定の資格や職種、業務などから排除される「欠格条項」（資格制限）が存在しました。令和元年6月の法改正によって欠格条項が撤廃され、成年後見制度を利用しても、これらの資格等から直ちに排除されるのではなく、「心身の故障により業務を適正に行うことができない」かどうかの審査などを行い、資格等を制限するかどうかが個別に判断さ

れることになっています。

また、かつては、公職選挙法によって、成年後見開始の審判を受けて成年被後見人となった人は選挙権および被選挙権が失われるとされていましたが、平成25年6月の公職選挙法の改正により、成年被後見人であっても一律に選挙権・被選挙権を有することになっています。

このように、近年、成年後見人等の権利をより一層保護しようとする法改正が行われたことによって、成年後見制度はより利用しやすくなったといえます。

●市民後見人の育成

成年後見制度の活用にあたって現在深刻な問題となっているのが、特に成年後見人の不足です。成年後見人となる人材が足りないと、利用したくても利用することができない高齢者や要介護者が増えて制度が有効に機能しません。

そこで、平成28年4月に、成年後見制度の基本理念や国の責務などを定めた「成年後見制度利用促進法」が制定され、弁護士や司法書士といった専門家以外の一般市民を後見人（市民後見人）として育成し、その活用を図ることが明記されました。

後見人は被後見人の財産管理を行うため、法律の専門家を後見人とするケースが多いのですが、人手不足を解消するため、市民後見人を育成しようとする方針です。

●障害者福祉との関係

障害者の生活支援について定める障害者総合支援法では、成年後見制度利用支援事業が市町村の地域生活支援事業の必須事業に位置付けられています。成年後見制度は、障害者・障害児の生活を支援する制度としても活用が期待されています。

成年後見制度の概要

理念	本人の自己決定の尊重と本人の保護の調和
支援の内容	・財産管理（本人の財産の維持・管理） ・身上監護（生活に関する手配、療養・介護の手配など）
支援の類型	・法定後見制度 　後見、保佐、補助（本人の判断能力の程度に対応） ・任意後見制度 　本人が契約によって後見人を選任
公示方法	登記制度による

法定後見と任意後見

判断能力が低下する前後が基準になる

● 成年後見制度の種類

　成年後見制度は、法定後見制度と任意後見制度からなります。任意後見制度は本人の判断能力が低下する前の時点で、将来の判断能力低下に備えて利用するものであるのに対し、法定後見制度は判断能力が実際に低下した後でなければ利用できません。

　法定後見の場合には、認知症などの精神上の障害によって判断能力を欠く人又は判断能力が不十分な人のために、家庭裁判所が選任した保護者（成年後見人・保佐人・補助人）が、本人の意思を尊重しつつ、本人の利益を考えながら、本人を代理して契約などの法律行為を行ったり、本人が自分自身で法律行為を行う際に同意を与えたりすることによって、本人の財産管理の支援、介護保険などのサービス利用契約についての判断など、福祉や生活に配慮して支援や管理を行います。なお、家庭裁判所が保護者を選任するに際しては、本人の配偶者やその他の親族に限らず、介護や法律の専門家など幅広い候補の中から、本人の事情を考慮して適任である者を選びます。

● 成年後見制度

　法定後見制度は、後見・保佐・補助の3種類に分かれ、本人の精神上の障害の程度によって区別されます。

① 後見（成年後見）

　精神上の障害によって判断能力がない状態が常に続いている状況にある人を保護・支援する制度です。本人を保護・支援する保護者を「成年後見人」と呼びます。

② 保佐

　精神上の障害によって判断能力が著しく不十分な人を保護・支援する制度です。「判断能力が著しく不十分」とは、簡単なことは自分で判断できるものの、法律で定められた一定の重要な事項については、支援してもらわなければできないような場合をいいます。本人を保護・支援する保護者を「保佐人」と呼びます。

③ 補助

　精神上の障害によって判断能力が不十分な人を保護・支援する制度です。本人を保護・支援する保護者を「補助人」と呼びます。保佐と補助の違いは、本人の判断能力低下の程度（「著しく不十分」か、「不十分」か）です。

● 任意後見制度

　任意後見は、将来、自分の判断能力が不十分になったときに備えて、受け

184

たい支援の内容と、支援する人（任意後見受任者。後に任意後見人となる人）をあらかじめ決めておく制度です。

　任意後見における支援内容は、不動産売買などの財産管理や介護サービス利用時の手続きと契約などです。将来、本人の判断能力が不十分になったたときに、任意後見受任者などが家庭裁判所に任意後見監督人選任の申立てを行うことで、任意後見受任者が任意後見人に就いて任意後見が開始されます。

補助・保佐・後見（成年後見）の異同

		補　助	保　佐	後　見
名称	本人	被補助人	被保佐人	成年被後見人
	保護者	補助人	保佐人	成年後見人
	監督人	補助監督人	保佐監督人	成年後見監督人
要件	対象者	精神上の障害により判断能力を欠く者または不十分な者		
	判断能力の程度	不十分	著しく不十分	常に判断能力を欠く
	鑑定の要否	原則として不要	原則として必要	原則として必要
開始手続	申立者	本人、配偶者、四親等内の親族、他の類型の保護者・監督人、検察官、任意後見受任者、任意後見人、任意後見監督人、一定の場合には市町村長		
	本人の同意	必　要	不　要	不　要
保護者の責務と権限	一般的義務	本人の意思を尊重すると共に、本人の心身の状態および生活の状況に配慮する		
	主な具体的職務	同意権・取消権の範囲における本人の生活、療養看護および財産に関する事務		本人の生活、療養看護および財産に関する事務
	同意権の付与される範囲	申立ての範囲内で家庭裁判所が定める「特定の法律行為」について	原則として民法13条1項列挙事由の行為について（※）	同意権なし
	取消権の付与される範囲	同上	同上	日常生活に関する行為を除くすべての法律行為について
	代理権の付与される範囲	申立ての範囲内で家庭裁判所が定める「特定の法律行為」について		財産に関するすべての法律行為について

※民法13条1項列挙事由
①元本を領収し、又は利用すること、②借財又は保証をすること、③不動産その他重要な財産に関する権利の得喪を目的とする行為をすること、④訴訟行為をすること、⑤贈与、和解又は仲裁合意をすること、⑥相続の承認若しくは放棄又は遺産の分割をすること、⑦贈与の申込を拒絶し、遺贈を放棄し、負担付贈与の申込を承諾し、又は負担付遺贈を承認すること、⑧新築、改築、増築又は大修繕をすること、⑨一定期間を超える不動産又は動産の賃貸借をすること、⑩①～⑨の行為を未成年者や成年被後見人等の法定代理人としてすること

3 成年後見人等の職務

本人の財産管理や契約などの法律行為に関する行為を行う

● 成年後見人等の職務

　成年後見人等は、本人の身の回りの事柄に注意しながら、本人の生活や医療、介護といった福祉に関連した支援や本院の財産の管理、契約などを行います。

　成年後見人等が行う支援とは、本人に代わって不動産の売買を行ったり（代理）、本人が行った売買契約に同意を与えることです。権限の種類や内容はそれぞれ異なっており（185ページ表参照）、保佐や補助では支援者である保佐人・補助人に同意権が認められているのに対し、成年後見では支援者である成年後見人には同意権がないといった違いがあります。ただし、どの制度を利用している場合でも、日用品の購入などの日常生活に関する法律行為については、本人が単独で行うことができ、成年後見人等は取り消すことができません。

　なお、成年後見人等が支援できる内容は、財産管理や契約などの法律行為に関するものに限られています。食事の世話や入浴の補助といった介護関係の仕事（事実行為）は成年後見人等の仕事には含まれません。

● 成年後見制度と契約について

　法律行為の一種である契約は、本人が自分の意思に基づいて行うことを基本としています。そのため、財産の処分や介護サービスに関する契約を結ぶ場合は、原則として本人自身が行う必要があります。

　本人以外の人が契約を結ぶ場合、本人に代わって契約を結ぶ権利がなければなりません。この権利は一般的に代理権と呼ばれています。代理権がない状態では、たとえ親族でも本人に代わって契約をすることはできません。

　しかし、契約時に本人の判断能力が低下しているような場合には、本人が正しく契約内容を理解していない可能性が高く、本人が思わぬ損害や被害を受ける可能性があります。成年後見制度は、本人の判断能力を補って、本人の権利や利益を守り、損害を受けることのないようにする制度です。

　成年後見制度を利用することで、成年後見人などの法定代理人が、本人のために不動産の売買契約や介護サービスに関する契約を結ぶことが可能になります。たとえば、認知症によって本人の判断能力が著しく低下しているような場合、保佐制度が利用でき、不動産の売買に関する代理権を与えられた保佐人は、本人の土地の売買契約を本人のために行うことができます。

4 成年後見人等の選任

特別な資格は必要ない

● 成年後見人等の選任

　成年後見人・保佐人・補助人（成年後見人等）は、法定後見を必要とする人を支援する重要な役割を担っています。成年後見人等は、後見開始・保佐開始・補助開始の審判の手続きに基づいて、家庭裁判所が選任します。

　家庭裁判所は、調査官が中心となって調査を行い、本人の意見も聴いた上で、適切な人を選びます。選任の際、本人の心身や生活、財産状況の他、成年後見人等の候補者となった人の仕事、本人との利害関係など、さまざまな事情を考慮して、成年後見人等が選ばれます。

　成年後見人等になるための資格要件はありませんが、以前に成年後見人等を解任されたことがある人や、未成年者、破産者などは選任できません。

● 候補者がいない場合

　成年後見人等の候補者や法定後見の内容について親族間での意思が一致している場合、候補者を立てた上で、その候補者に関する必要書類も準備して申立てを行うと、法定後見の開始時期が早まる可能性があります。ただし、必ずしも候補者が成年後見人等になるわけではありません。

　しかし、親族間で意見がまとまっていない場合や、候補者が見当たらない場合は、候補者を立てずに申し立てることもできます。

　この場合、家庭裁判所が申立人から事情を聴いたり、本人の意向を聞き、さまざまな事情を考慮して、成年後見人等に適した人を選任します。

● 法人や複数の成年後見人等

　成年後見人等の仕事の範囲が広すぎて、一人で行うには不適当な場合もあります。たとえば、本人所有の不動産などの財産が、遠隔地に複数あるような場合には、各地の財産管理を複数の成年後見人等で分担できます。

　また、財産関係、福祉関係、法律関係といった具合に担当する内容を分担し、別の人が対応した方がよい場合には、複数の専門家や法人が、それぞれの専門分野を担当する成年後見人等に選任される場合もあります。

　法人も、成年後見人等となることができます。選任に際しては、家庭裁判所は、候補者である法人がどのような事業を営んでいるのかについてや、その法人や法人の代表者と本人の間の利害関係などを調査し、利害関係が生じている法人については、選任の可否が慎重に判断されます。

5 任意後見人の選任

任意後見人にふさわしい人物を選任する

● 任意後見の効力発生時期

任意後見制度を利用した場合に、本人を支援する人が任意後見人です。任意後見制度は「任意後見契約」という契約が基本となります。任意後見契約は、将来本人の判断能力が落ちたときに支援してもらう内容を、本人と任意後見受任者との間で、本人の判断能力があるうちに定めておく契約です。本人と任意後見契約を結んで、将来本人の任意後見人として支援することを約束した人を任意後見受任者といいます。

もっとも、本人と任意後見受任者の間で任意後見契約が締結されても、そのままの状態では何の効力も生じません。家庭裁判所による任意後見監督人選任の審判に基づき任意後見監督人が選ばれて、はじめて任意後見契約の効力が発生します。任意後見契約の効力が発生した場合、任意後見受任者が任意後見人となり、本人の支援を行うのが原則です。

● 任意後見人になれない場合もある

上記の任意後見監督人を選任する段階で、任意後見受任者が任意後見人に適さないと判断された場合には、任意後見監督人の選任自体が却下され、任意後見契約の効力が発生しません。

任意後見受任者が任意後見人に適さないと判断されるのは、たとえば、任意後見受任者が未成年の場合や、破産者である場合、行方不明の場合などです。また、裁判所から法定代理人を解任されたことがある場合や、不正な行為などをして著しく不行跡な場合（著しい浪費癖があるなど）も、任意後見人に適さないと判断されます。さらに、本人に訴訟を起こしたことのある者や、直系血族の中に本人に訴訟を起こした者がいる場合も、任意後見人に適さないと判断されます。

一方、任意後見人として上記の不適切な事柄がなければ、本人が任意後見契約を結ぶ相手として信頼している成人であれば、誰でも任意後見人として選ぶことができます。複数でも問題ありません。

複数の任意後見人を選ぶ場合には、全員に同じ範囲の仕事をまかせることができます。個別に依頼する内容を分けても、全員が共同で仕事を行っても問題ありません。予備の任意後見人を選んでおき、メインの任意後見人が任務を果たせない状態になった場合に、予備として選んでおいた人が任意後見人として任務を果たすように、契約で定めておくこともできます。

6 成年後見人等の権限

権限と職務内容から利用すべき制度を判断できる

◯ どんな権限があるのか

法定後見制度は、本人に残された判断能力の程度によって、後見・保佐・補助に分けて考えることができます。

後見（成年後見）を利用する場合に本人を支援する人を「成年後見人」といいます。他の類型よりも成年後見人が持っている権限の幅が広いのが特徴です。

保佐と補助を利用する場合に本人を支援する成年後見人等は、それぞれ「保佐人」「補助人」と呼ばれています。保佐人や補助人に対して認められる権限は、同じ類型を利用していても、ケースごとに異なります。

成年後見人等に認められる権限は、代理権・同意権・追認権・取消権です。

①代理権は、売買契約や賃貸借契約などの法律行為を本人に代わって行うことのできる権限です。②同意権は、本人が法律行為を行うときに、その法律行為について同意できる権限です。③追認権は、本人の行った法律行為を後から認める権限です。取消権とは、本人が行った法律行為の取消しができる権限です。

成年後見人等に与えられる権限は、利用する制度によって異なります（下図参照）。同じ類型でもどの種類の権限をどの範囲まで行使できるかは、本人の状況を考慮して考えることになります。

一方、任意後見制度で任意後見人に与えられる権限は代理権です。任意後見人に与えられる代理権の及ぶ範囲は、任意後見契約の締結時に、原則として本人と任意後見受任者の間で自由に定めることができます。

法定後見と任意後見における取消権と代理権

		取消権	代理権
法定後見	成年後見人	日常生活に関するものをのぞくすべての法律行為	財産に関するすべての法律行為
	保佐人	民法13条1項所定の行為	申立ての範囲内で審判によって付与される
	補助人	申立ての範囲内で審判によって付与される	申立ての範囲内で審判によって付与される
任意後見		なし	任意後見契約で定めた事務

7 後見（成年後見）

後見事務は財産管理と身上監護に分けられる

● 成年後見人の役割

　後見開始審判に基づき本人を支援する人を成年後見人、成年後見人の支援を受ける本人を成年被後見人といいます。

　成年後見人は、すべての法律行為（日常生活に関する行為を除く）を本人の代わりに行う代理権と、成年被後見人が単独で行った法律行為（日常生活に関する行為を除く）を取り消すことができる取消権を持っています。

　これらの権限を有する成年後見人が、実際に成年被後見人を支援するために行う職務を後見事務といい、大きく財産管理と身上監護という2つの職務に分けることができます。

● 後見事務の内容

　後見事務のうち「財産管理」は、成年被後見人の財産を維持または処分する職務です。成年後見人は財産管理を包括的に行う権限が与えられています。財産管理の権限が部分的である保佐人や補助人と異なり、成年後見人の財産管理に関する権限は非常に重要で強力です。

　財産管理には、成年後見人になるとすぐに着手すべき職務もあります。それは財産目録の作成（成年被後見人の財産を調査して1か月以内に作成）と、成年被後見人の生活や療養看護、財産管理に必要と予想される金額の算定です。

　また、成年被後見人の財産を把握するだけでなく、本人が暮らしていくのに必要な費用や支出状況を把握しておくことも財産管理に含まれます。

　もう一つの「身上監護」は、成年被後見人の生活や健康管理に配慮することです。たとえば、介護サービスを利用する場合に成年後見人が行う仕事は身上監護に含まれます。ただし、成年後見人に与えられた権限は、日常生活に関する行為を除いた法律行為の代理権や取消権です。

　これに対し、成年被後見人の生活や健康管理のために何かの労務（サービス）を提供するという事実行為は成年後見人の職務ではありません。成年被後見人が提供を受けるべきサービスを選択して契約を締結することが、成年後見人の職務です。

　その他の成年後見人の職務として、成年被後見人宛の郵便物の転送を受けることや、成年被後見人の死亡後に行う事務（弁済期が到来した債務の弁済、遺体の引き取り、火葬の手続きなど）があります。

8 補助

補助開始の審判には本人の同意が必要

● 補助人の役割

　補助制度を通して本人を支援する人を補助人といい、支援を受ける本人のことを被補助人といいます。補助の対象となる人は、精神上の障害によって判断能力が不十分な人です。本人以外の者の請求によって補助開始の審判をするには、本人の同意が必要となります。

　補助人に与えられる権限の種類と範囲は、本人の意思が尊重され、補助開始の審判とともに、その内容について審判がなされます。この審判で認められた内容が補助人に与えられる権限囲となります。

　補助人の職務の対象となるのは、被補助人の日常生活に関する行為を除いた法律行為です。このうち、補助人に同意権と取消権を与える場合には、保佐人の同意権・取消権の対象である「重要な行為」（193ページ図）の中から特定の行為を選んで申し立てます。

　一方、補助人に代理権を与える場合には、代理の対象となる法律行為（「重要な行為」に限定されません）を選んで申立てを行います。

● 補助人の職務の内容

　補助人は、家庭裁判所の審判で定められた権限の範囲内で、被補助人を支援するのが職務です。職務内容は成年後見や保佐と同様に、財産管理と身上監護という2つの内容に分けられます。

　まず「財産管理」は、被補助人の財産を維持または処分する職務です。代理権が与えられている場合は被補助人に代わって法律行為を行い、同意権・取消権が与えられている場合は、被補助人の法律行為に対して同意を与えたり必要な場合には取り消します。

　成年後見人や保佐人と異なり、補助人の権限は審判で定めた範囲に限られるっため、財産管理や身上監護もこの範囲内で行うことになります。たとえば、財産目録の作成は原則として補助人の職務ではありませんが、審判で定められた権限に財産目録の作成が含まれている場合には補助人の職務として財産目録を作成します。

　次に「身上監護」は、本人の生活や健康管理に配慮することです。被補助人の生活や健康管理のため介護などのサービスを自ら提供する行為が補助人の職務でない点は、成年後見人・保佐人と同様です。補助人にその種の身上監護事務を行う権限が与えられている場合には、本人の介護保険の認定申請なども行います。

保佐

別途申立てによって代理権の付与を受けることもできる

● 保佐人の役割

　保佐制度で本人を支援する人を保佐人といい、保佐人の支援を受ける本人のことを被保佐人といいます。保佐の対象となる人は、精神上の障害によって判断能力が著しく不十分な人です。具体的には、日常生活の買物などは自分の判断で行えるが、重要な財産行為について自ら適切な判断をすることが難しい人です。重要な財産行為とは、家や土地等の高額な売買や、お金の貸し借りなどです。

　保佐人は、家庭裁判所の審判によって定められた権限の範囲内で、被保佐人を支援するのが職務です。

　保佐人は、日常生活に関する行為を除いた法律行為のうち、民法が定めている「重要な行為」（次ページ図）についての同意権と取消権を持っていますが、代理権は原則として持っていません。

　ただし、保佐の場合には、被保佐人の同意を得て、保佐開始の申立てとは別に代理権付与の申立てを行うことができ、代理権付与の審判によって、特定の法律行為について代理権を持つこともできます。代理権付与の申立ての対象となる法律行為は、日常生活に関する行為を除いた法律行為のうち、本人しか行うことのできない法律行為（遺言など）以外の法律行為です。

　保佐制度を利用するときに、代理権付与の申立てを行う場合には、対象となる法律行為の中から特定の法律行為を選び、申立てを行うことになります。

　また、保佐人の同意権・取消権の対象を「重要な行為」以外の行為（日常生活に関する行為を除く）にも及ぶようにすることも可能です。この場合も、別途審判を受ける必要があります。

● 保佐人の職務の内容

　保佐人の職務は、後見や補助と同様に、財産管理と身上監護という2つの内容に分けられます。

　まず「財産管理」は、被保佐人の財産を維持または処分する職務です。被保佐人の「重要な行為」について同意を与えたり、同意がない（家庭裁判所の代諾許可もない）ことを理由に取り消したりします。代理権を与えられている場合には、被保佐人に代わって保佐人が「重要な行為」を行います。

　保佐人は成年後見人と異なって、財産管理を包括的に行う権限は与えられていません。財産管理の対象となる法律行為は、民法所定の「重要な行為」と家庭裁判所で別途付与された権限の

範囲内となります。

成年後見人の職務であった財産目録の作成と、本人の生活や療養看護、財産管理に必要と予想される金額の算定は、保佐人の職務ではありません。これは保佐人に包括的な権限が与えられていないためです。

ただし、必要がある場合に、家庭裁判所が保佐人に財産目録の作成を指示することがあります。家庭裁判所の指示があった場合には、保佐人は財産目録を作成しなければなりません。

次に「身上監護」は、成年後見人や補助人と同様、本人の生活や健康管理に配慮することです。代理権が与えられている保佐人であれば、たとえば被保佐人が介護サービスを利用する場合に、サービスの提供を受ける契約を本人に代わって行います。なお、被保佐人の生活や健康管理のためのサービスを自ら提供する行為は、法律行為ではなく事実行為です。これらの行為が保佐人の職務でないことは、成年後見人や補助人と同様です。

●「重要な行為」とは

保佐開始の申立てを行った際に保佐人に付与される同意権や取消権の対象は、被保佐人の財産に関わる「重要な行為」です。この重要な行為全部に同意権や取消権が及びます。さらに、これら以外の行為に対しても同意権や取消権が及ぶようにするには、別途申立てを行い、裁判所の審判が必要になります。この「重要な行為」は民法が定めており、具体的には下図の行為です。

重要な行為（民法13条1項列挙事由）

重要な行為

- ①元本の領収、利用
- ②借財（借金）、保証（借金の保証人になることなど）
- ③不動産その他重要な財産に関する権利の得喪を目的とする行為（不動産、貴金属、自動車の売買契約など）
- ④訴訟行為（訴えの提起など）
- ⑤贈与、和解、仲裁合意
- ⑥相続承認、相続放棄、遺産分割
- ⑦贈与の申込みの拒絶、遺贈の放棄、負担付贈与の申込みの承諾、負担付遺贈の承認
- ⑧建物などの新築、改築、増築、大修繕
- ⑨一定期間（樹木の栽植・伐採を目的とする山林は10年、それ以外の土地は5年、建物は3年、動産は6か月）を超える期間の賃貸借
- ⑩①～⑨を未成年者や成年被後見人等の法定代理人としてする行為

10 成年後見人等の義務

正当な理由がなければ成年後見人等をやめることはできない

●本人に対する義務

　成年後見人等は、本人の法律行為に関する取消権・代理権などの強力な権限を持つのと同時に、本人に対する義務も負っています。具体的には、意思尊重義務と身上配慮義務と呼ばれるものです。

　意思尊重義務とは、本人の意思を尊重することで、身上配慮義務とは、本人の心身の状態（身体や精神の状態）や健康の状況に配慮することです。

　成年後見人等は、本人に対する義務以外にも、自身の職務の状況について、原則として年1回、自主的に家庭裁判所に報告することが求められています（定期報告）。さらに、家庭裁判所だけでなく、成年後見監督人等（成年後見監督人、保佐監督人、補助監督人）による監督も受けます。

　また、成年後見人等が本人の住んでいる土地建物（自宅など）の処分を行う場合は、家庭裁判所の許可が必要です。処分とは、成年被後見人等の土地建物を売却したり他人に貸すことや、土地建物に抵当権を設定することを指します。すでに他人に貸している土地建物の賃貸借契約を解除する場合も、同じく家庭裁判所の許可が必要です。

　そして、成年後見人等は、勝手に辞任することができません。辞任するには家庭裁判所の許可が必要です。成年後見人等の辞任は、正当な理由がある場合に限って認められます。

　たとえば、高齢になって職務を果たせなくなったことや、遠隔地に転居するために職務を続けることができなくなることなどが、辞任の正当な理由に該当します。

成年後見人等の職務に含まれない行為

職務に含まれない行為	具体例
実際に行う介護行為などの事実行為	料理・入浴の介助・部屋の掃除
本人しかできない行為	婚姻・離縁・養子縁組・遺言作成
日常生活に関する法律行為	スーパーや商店などで食材や日用品を購入
その他の行為	本人の入院時に保証人になること 本人の債務についての保証 本人が手術を受ける際の同意

任意後見人

将来の判断能力の低下に備えて本人が指定する

●任意後見人の役割

　任意後見人は、任意後見契約に基づいて本人が選任する後見人です。任意後見契約は「任意後見契約に関する法律」に基づき、本人と任意後見受任者（将来的に任意後見人となる人）との間で結ばれる契約です。任意後見契約は、公正証書によって結ぶ必要があります。

　任意後見人には、任意後見契約の内容に基づいて代理権が与えられその職務は代理権が与えられている法律行為に関連する内容となります。

　なお、介護サービスを自ら提供する行為は法律行為ではないため、任意後見人の職務に含まれません。たとえば、財産管理の面で、任意後見人に対し本人所有の不動産に関する法律行為の代理権が与えられている場合、その不動産の売買を行うのに必要な行為が職務となります。

　身上監護の面においても同様です。任意後見人に対し介護保険や福祉サービスの利用契約に関する代理権が与えられている場合、これに付随する諸手続きやサービス内容の確認などは任意後見人の職務となります。

　任意後見人の代理権の内容は、任意後見契約書の中に、「代理権目録」という内容を設けてに具体的に記載します。任意後見人は、代理権目録に記載された範囲内でしか本人を愛理できません。与えられた代理権の範囲が狭すぎるなどの場合、本人の支援を十分に行えない可能性がありますが、代理権の範囲を広げるためには、別途新たな任意後見契約を結んで代理権目録に記載しばなければなりません。

●後見（法定後見）との違い

　任意後見契約は、本人の判断能力に問題がない時点において、将来の判断能力の低下に備えて結ぶものです。本人の判断能力が不十分な状態になった後は新たな任意後見契約を結ぶことができません。一方、法定後見制度は、本人の判断能力が不十分な状態である場合に利用します。成年後見人等に代理権・同意権・取消権（成年後見人は同意権がありません）を付与できますし、権限の範囲を広く設定することも可能です。

　そのため、任意後見人が、与えられた権限で十分な支援が行えないと判断した場合には、任意後見人自らが本人について法定後見開始の審判の申立てができるようになっています。

12 成年後見監督人等

本人に不利益がないか等について成年後見人等を監督する

●成年後見監督人等とは

　家庭裁判所に選任される成年後見人等は、同意や取消し・代理といった法律行為を通じて本人を支援します。成年後見人等に与えられた権限は本人を支援するためのものですが、適切に行使されない場合には、本人に不利益が生じてしまうおそれがあります。このため、成年後見人等の活動状況をチェックする人が不可欠になります。

　そこで、成年後見監督人・保佐監督人・補助監督人が成年後見人等の活動を監督する役割を担います。成年後見人を監督する人が成年後見監督人、保佐人を監督する人が保佐監督人、補助人を監督する人が補助監督人であり、これらの監督人は成年後見監督人等と総称されます。

　成年後見監督人等は、本人や本人の親族、成年後見人等の申立てを受けて家庭裁判所が選任する他、家庭裁判所の職権で（申立てがなくても）選任することもあります。

●成年後見監督人等の職務

　成年後見監督人等は、成年後見人等が適切に職務を行っているかをチェックするのが職務です。

　成年後見人等の職務遂行状況を把握するため、成年後見監督人等は、成年後見人等に対して定期的な報告や必要な資料の提出を求めます。そして不正な行為を見つけた場合には、家庭裁判所に成年後見人等の解任を申し立てることができます。

　成年後見監督人等が判断するのは、本人の財産の管理についてだけではありません。成年後見人等が死亡した場合や破産手続開始決定を受けた場合には、すぐに成年後見人等の後任者を選任するように家庭裁判所に申し立てなければなりません。緊急時には、成年後見人等に代わって必要な職務を行うことも成年後見監督人等の職務です。

　成年後見監督人等は、成年後見人等が本人の意思を尊重しているか、本人の身上監護を適切に行っているかについてもチェックします。

　成年後見人等の職務を監督し、解任の申立てを行うこともできる成年後見監督人等ですが、成年後見監督人等に解任事由が生じた場合は、自身が解任される場合もあります。

　成年後見監督人等の解任は、本人、本人の親族、検察官の申立てを受けて家庭裁判所が行う他、家庭裁判所が職権で行うこともできます。

13 任意後見監督人

任意後見人の代わりに法律行為をすることもある

任意後見監督人とは

任意後見人が選任された場合において、その任意後見人を監督する人のことを任意後見監督人といいます。任意後見契約では、家庭裁判所で任意後見監督人が選任されなければ、任意後見契約の効力は生じません。

任意後見監督人の選任によって任意後見契約の効力が生じ、任意後見契約で定められた任意後見人が、任意後見監督人の監督の下で、契約で定められた法律行為を本人に代わって行うことができます。なお、本人以外の者の請求によって家庭裁判所が任意後見監督人選任の審判をするには、原則として本人の同意を得る必要があります。

任意後見監督人の職務

任意後見監督人の職務のメインは、任意後見契約で定められた後見事務の内容を任意後見人が適切に行っているかどうかを監督することです。任意後見監督人は任意後見人の仕事の状況を把握するために、任意後見人の職務内容や遂行状況についての報告を求めることができます。

任意後見人の不正な行為を見つけた場合や、任意後見人に著しい不行跡があった場合、任意後見監督人は家庭裁判所に対し任意後見人の解任を申し立てることができます。この他、任意後見人が権限を濫用している場合、財産の管理方法が不適当であった場合、任務を怠った場合にも、解任の申立てができます。

任意後見監督人は、任意後見制度を利用する上で非常に重要な役割を果たしているため、勝手に辞任することができません。ただし、正当な事由（事情や理由）がある場合には家庭裁判所が辞任を許可します。正当な事由とは、たとえば、遠隔地に転勤したような場合や、高齢になったり病気になって任意後見監督人の職務を行うことが難しくなった場合などです。

任意後見監督人が解任される場合もあります。任意後見監督人が解任されるのは、任意後見人が解任される場合と同様の理由に基づきます。

また、任意後見監督人が破産者となった場合や、任意後見人と利害が一致する状況になった場合には、任意後見監督人はその地位を失います。

このような場合や任意後見監督人が辞任したり解任された場合、家庭裁判所は新たな任意後見監督人を選任することになります。

法定後見開始の申立て①

家庭裁判所への申立てから審判を経て法定後見が開始する

● 法定後見制度の利用の手続き

本人の判断能力が十分でない場合に法定後見制度を利用するあめには、まず、家庭裁判所に後見等開始の審判の申立てを行います。申立てをする時には、あらかじめ必要な書類を用意しておきます。

申立て当日に、裁判所書記官が申立書及び申立関係書類の点検を行い、家庭裁判所調査官あるいは参与員は、申立人と成年後見人等の候補者から事実関係を確認します。後見や保佐の場合には、本人の精神状況についての医師等による精神鑑定が行われます。

親族の意向についても、申立内容や成年後見人等の候補者を書面で伝えて確認します。

さらに、可能な場合には家庭裁判所で本人調査を行い、本人の意向を確認します。本人が家庭裁判所に出向くことができない場合には、本人の所に家庭裁判所調査官が出向きます。

家庭裁判所は、鑑定・親族への意向照会・本人調査の結果から、申立内容について検討・判断します（審理）。

審理を経て、審判をした家庭裁判所は、その審判内容を申立人と成年後見人等に送ります（審判書の送付）。

審判では、申立書に書かれている成年後見人等の候補者がそのまま選任されることがよくあります。ただ、場合によっては候補者ではなく法律の専門家などが選任されることもあります。

家庭裁判所から審判書を受領してから、異議もなく2週間経過すると、審判が確定します。

審判が確定すると、法定後見が開始され、法務局に法定後見開始の事実についての登記がなされます。

● 申立方法はそれぞれ異なる

法定後見開始の申立ては、本人の他に、本人の配偶者や四親等以内の親族、検察官の他、一定の場合には市町村長が行うことができます。また、申立人と成年後見人等の候補者は、申立後、家庭裁判所調査官から申立内容について確認されるので、家庭裁判所に出向くことになります。

申立ての際には、どの制度を利用するかによって準備する内容が異なります。

成年後見開始の申立ての場合、後見開始の審判を求めるだけで特に他の準備は必要ありません。成年後見人の場合、成年後見開始の審判が確定すると日常生活に関する法律行為以外のすべての財産管理に関する法律行為の代理権が認められるからです。

保佐の場合にも、保佐開始の審判を求めるだけですむ場合もあります。ただし、保佐人は「重要な行為」についての同意権・取消権が認められるだけですので、保佐人に代理権を与える場合には別途「代理権付与の審判」を求める必要があります。

また、「重要な行為」以外の法律行為について、保佐人に同意権を与える場合には、どの法律行為を対象にするのか明確にしておかなければなりません。

補助の場合には、補助開始の審判を求めただけでは、何らの支援内容も発生しませんので、具体的な支援内容を別の審判で決めなければなりません。補助人に代理権を与える場合には、代理権付与の審判を求めます。同意権を与える場合には、同意権付与の審判を求めます（同意権付与により取消権もセットで付与されます）。両方の権利を与える場合には、代理権付与の審判と同意権付与の審判が必要です（いずれも補助開始の審判の申立てと同時に行います）。

また、代理権・同意権が及ぶ法律行為の範囲も定めておかなければなりません。

申立手続きの流れ

1. 申立て（本人の住所地にある家庭裁判所に対して行う）

- 申立てができるのは、本人、配偶者、四親等以内の親族、検察官、任意後見人、任意後見監督人、市町村長など。

2. 審判手続（調査 → 鑑定・診断 → 審問の順に行う）

- 家庭裁判所調査官が、本人の精神状態、生活状態、資産状況、申立理由、本人の意向、成年後見人等候補者の適格性などを調査する。家庭裁判所は、市町村などの行政、金融機関などに必要な調査報告を求めることもある。
- 鑑定は裁判所から依頼された鑑定人、診断は申立権者が依頼した医師が行う。鑑定や診断の結果は、本人の意思能力や障害の程度がどれくらいか、能力が回復する可能性があるかどうかなどを判断する重要な資料となる。
- 本人の精神的な障害の程度、状況を確認し、援助の必要性を判断するために、裁判官が直接本人に会って意見を聴く。審問は必要に応じて数回にわたって行われることもある。

3. 審判（家庭裁判所の判断の結果が示される）

- 申し立てられた類型やそれに伴う同意権・取消権、代理権を成年後見人等に付与することが適切かどうか、家庭裁判所の判断の結果が出される。誰を成年後見人等にするかも決定する。

4. 告知・通知（審判の結果が関係者に伝えられる）

5. 登記（法務局に後見等の内容が登記される）

法定後見開始の申立て②

申立てに必要な書類や費用を事前に把握しておく

申立てに必要な書類

法定後見開始の申立てを行うに際しては申立書が必要です。申立書には本人の状況をはじめとする申立ての概要を記します。申立書は定型の書式です。家庭裁判所で無料配布しています。後見の場合は「後見開始申立書」、保佐の場合は「保佐開始申立書」、補助の場合は「補助開始申立書」を作成します。

この申立書を補充する書類も可能な限り添付します。添付種類には、申立事情説明書、後見人等候補者事情説明書、財産目録、親族関係図などがあり、各家庭裁判所で用紙が用意されています。

本人に関する書類としては、戸籍謄本、住民票、登記事項証明書（法定後見登記についてのもの）、診断書が必要です。

本人以外の人が申立てを行う場合は、申立人の戸籍謄本も必要です。また、成年後見人等の候補者がいる場合は、候補者の戸籍謄本や住民票が必要です。

なお、登記事項証明書とは、不動産登記にも「登記事項証明書」という名称の書面がありますが、ここでは法定後見登記についての証明書、つまり法務局が発行する申立ての対象となっている法定後見の開始の審判を受けていないことを証明するものです。たとえ

ば、成年後見の開始の審判の申立てをしている場合は、成年後見登記がされていないことの証明書を添付します。

この他、家庭裁判所が判断する際に参考となりそうな資料がある場合には、審理を早く進めてもらうためにも添付するようにします。たとえば、本人の判断能力を把握するのに参考となる介護保険の保険証や障害者手帳、年金手帳などです。また、本人の財産状況（収支状況）の把握に有効なものとしては、財産目録の他に、預金通帳や不動産評価証明書、不動産登記事項証明書、株式などが考えられます。

申立時に必要となる費用

次に、申立ての手続きを行う際に必要となる費用を見ていきましょう。

① **申立手数料**

収入印紙で納めます。金額は1件につき800円です。これは1つの審判につき800円かかることを意味します。たとえば「保佐」について、代理権付与の審判の申立ても行う場合には、保佐開始の審判に800円、代理権付与の審判に800円とそれぞれの申立ての手数料を納める必要があります。

また、保佐の対象となる法律行為の範囲を広げる場合は、その範囲を広げ

る申立て（同意権追加付与の申立て）の手数料が800円かかります。

一方「補助」について、代理権と同意権の双方を補助人に付与する場合は、補助開始、代理権付与、同意権付与の3つの審判を申し立てるので、合計2,400円かかることになります。

② 登記手数料

登記手数料とは、後見等が開始された後に裁判所が登記するために必要となる費用で、金額は2,600円です。登記手数料は収入印紙の貼付により納付するのが原則です。

③ 連絡用の切手

各裁判所で費用が異なります。金額は約3,000〜5,000円程度です。連絡用として使われるものとしては、たとえば、裁判所から送られてくる審判書の郵送費用などです。

④ 鑑定費用

鑑定費用は現金で支払います。鑑定の内容によって金額は左右しますが、約10〜20万円程度です。明らかに鑑定する必要がないと認められる場合や補助を利用する場合など、鑑定を要しない場合もあります。

⑤ 専門家に支払う費用

相談料、申立書作成料、裁判所での面接に同行した場合の日当などの報酬が発生します。報酬額は一律に定まっているわけではありません。それぞれの専門家によって報酬額が異なりますから、事前に把握しておく必要があります。

⑥ 必要書類の入手費用

戸籍謄本や登記事項証明書、診断書といった書類を入手するのには発行手数料がかかったり、郵送料が別途かかります。こうした費用は、各自治体で異なる場合があるので、事前に調べておくとよいでしょう。

申立書に記載する内容

申立人に関連すること
氏名・本籍・住所・生年月日・職業・本人との関係

本人に関連すること
氏名・本籍・住所・生年月日・職業

申立ての内容に関連すること
申立ての趣旨・申立ての理由・本人の状況

成年後見人等の候補者がいる場合における候補者に関連すること
氏名・住所・生年月日・職業・本人との関係・勤務先・連絡先

16 法定後見開始の申立て③
登記は、家庭裁判所の嘱託によって法務局で行われる

●審判の手続きについて

　申立人の後見（保佐・補助）開始の申立てを受け付けた家庭裁判所は、まずその申立てに番号をつけます。「平成○年（家）第○○○○○号」といった形式でつけるもので、事件番号と呼ばれます。家庭裁判所は個々の申立事案を事件番号で管理します。

　したがって、裁判所とのやりとりはすべてこの事件番号を頼りに行います。実際には問い合わせ時などに必要となります。事件番号とともに、申立事案の担当者が決まります。家庭裁判所の担当者を調査官といいます。以後、調査官が中心となって、申立事案についての事実関係や内容について調査を進めていきます。

　申立人・成年後見人等の候補者・本人は裁判所に出向いて調査官から質問を受けます。本人が出向くことができない場合には、調査官が本人のもとに出向きます。また、調査官は必要な場合には関係者から話を聞き、判断材料とします。直接会う場合もあれば、郵送でのやりとりで行う場合もあります。

　調査官の調査とは別に、裁判官が事情を直接尋ねる審問を行う場合もあります。審問は、必ず開かれるものではなく、調査官が本人の意向を確認する

場合もあります。

　関係者の調査や審問とは別に、精神鑑定が行われます。鑑定は必要な場合に行われるもので、補助などでは診断書だけで足りることもあります。家庭裁判所は、医師から提出された鑑定書と裁判所の調査・審問結果から、最終判断を下します（審判）。

●審判が下された後はどうなるのか

　法定後見の申立てがそのまま認められたり、申立内容とは少し異なる審判が下されると、その内容を記した審判書の謄本が本人、成年後見人・保佐人・補助人に選ばれた人と申立人などに郵送されます（告知）。

　成年後見人等が審判書の謄本を受領してから2週間経過すると、審判が確定します。審判が確定すると、後見（保佐・補助）が開始されます。

　もし審判の内容に不服がある場合には、この2週間のうちに異議申立てを行うことができます。ここで不服とする内容は、後見開始・保佐開始・補助開始の審判そのものに対してです。審判で選ばれた成年後見人等の人選については不服とすることはできません。この異議申立てを即時抗告と言い、審判が確定するまでの2週間を即時抗告

期間といいます。

　審判が確定すると、家庭裁判所の書記官から法務局に対して、審判内容が通知されます。法務局の登記官は、内容を「後見登記等ファイル」に記録します。これを登記といいます。このように、後見・保佐・補助の登記は、家庭裁判所の嘱託によって法務局で行われます。

●審判前の保全処分

　通常、法定後見の審判が下されるには数か月ほどかかります。補助などで早い場合には１、２か月ということもありますが、長い場合は半年近くかかることもあります。審判前の保全処分とは、通常の法定後見開始の申立ての手続きを進めていたのでは本人の財産が侵害されるような場合や、すぐに財

産処分などを行う必要性があるような場合に利用される手続きです。

　すぐに財産処分をする必要がある場合とは、たとえば、すぐに本人の入院費を支払う必要がある場合などです。

　また、財産が侵害されるような場合とは、一人暮らしの本人が悪質商法の餌食となっており、次々に契約しているような場合です。保全処分の申立ては、後見等開始の審判の申立人にのみに限られます。

　事前の保全処分の申立てを行った結果、緊急性が認められた場合、本人の財産管理人が選任されます。

　審判が下されると、財産管理人は本人が財産管理者の同意を得ないで行った契約を取り消すことができますし、入院費を支払うこともできるようになります。

審判前の保全処分

審判前の保全処分が必要な場合	緊急に施設入所契約を結ぶ必要がある 緊急に財産管理が必要である
審判前の保全処分の申立てを行える人	後見・保佐・補助開始の審判の申立人
家庭裁判所が行う事項	本人の財産管理者を選任する 本人の財産管理や身上監護について必要な指示をする 特に必要な場合には、財産管理人に取消権（同意権）を付与する 申立てがない状態でも必要な場合は職権で保全処分の命令を出す

鑑定制度①
原則として補助の場合には鑑定を必要としない

● 医学的な側面から判断する

　法定後見制度を利用する場合には、申立てに先立って、本人がかかりつけとなっている医師等の診断を受ける必要があります。診断の内容については、診断書として発行してもらうようにします。診断書は利用する制度を判断する材料にもなります。

　法定後見の申立てを行うときに提出する書類には、本人の状況を示す申立書や申立書を補充する事情説明書、戸籍謄本といった書類の他に本人についての診断書も必要となります。そのため、診断を受けた際には診断書をの発行を受ける必要があります。また、診断書の他に、障害者手帳を持っている場合にはその手帳も添付します。

　この他にも、本人の精神上の障害や判断能力について裁判所が判断する場合の参考となるものがある場合には、その書類を提出しましょう。

● 鑑定が必要な場合と不要な場合

　鑑定の手続きは、本人の判断能力がどの程度あるのかを医学的に判定するために行われるものです。

　後見で本人の行為を取り消したり、保佐で重要な行為（193ページ）に保佐人の同意を必要とする規定は、本人支援のために行われるものですが、同時に本人の自由な行為に制限を加える側面もあります。制限を加えなければならない程度の精神上の障害が本人にあるかどうかについては慎重に判断されるべき事柄です。

　こうしたことから、後見や保佐には、診断書よりも専門的で時間もかかり、費用も高い鑑定書が必要とされます。

　他方、補助制度を利用する場合には、本人の同意が必要とされています。

　また、本人の判断能力も、後見・保佐と比べて高く、本人の行為を制限する程度も後見や保佐と比べると低く、範囲も狭いのが通常です。こうした事情から、補助の場合には原則として鑑定は必要とされません。ただ、補助でも判断能力についての判定が難しいような場合には、鑑定を必要とすることもあります。逆に、明らかにその必要がないと認められるような場合には後見や保佐であっても鑑定が行われないこともあります。

　なお、家庭裁判所が鑑定を行い、鑑定人を指定しますが、鑑定人については、申立人が推薦することができます。

　鑑定人候補を見つけることができない場合には、家庭裁判所に相談してみるとよいでしょう。

18 鑑定制度②

正確な診断書を精神科医などに作成してもらうのがよい

● 鑑定書と診断書について

申立時に提出する診断書は近所の病院や診療所の医師に依頼しても問題ありません。診断書を書いてもらう場合には、鑑定書とは異なって、医師が精神科医である必要もありません。ただ、診断書には、本人の状況についての診断名と所見、判断能力についての医師の意見と根拠などが記入されます。精神科医に依頼できそうな場合には精神科医に依頼した方が的確な診断書となることは間違いないでしょう。

鑑定の場合には、原則として裁判所が鑑定人となる医師を指定し、診察や検査を経て鑑定することになります。鑑定の結果を記した鑑定書には、本人の診察経過や入院先の診療録、既往歴と現病歴、日常生活や心身状態などが記載されます。親族が話した内容が記される場合もあります。また、本人の財産管理や処分に関する能力についての鑑定人の考察、失われている能力の回復の見込みといった事柄についても記載されます。

診断書と鑑定書については、「成年後見制度における鑑定書作成の手引」「成年後見制度における鑑定書書式《要点式》」「成年後見制度における診断書作成の手引」という手引きや書式が裁判所によって作成されています。

これらの手引きや書式は、家庭裁判所で手に入れることができる他、裁判所のホームページにも掲載されています。ただし、この手引きと書式は医師向けに書かれたものです。

● 鑑定書と診断書の費用と期間

鑑定を行う場合、事案によっても異なりますが、結果が出るまでには約1～2か月の期間が必要です。一方、診断は事案によって異なりますが、鑑定ほど期間はかかりません。

鑑定の費用はおよそ5～10万円程度ですが、診断書は3,000円～1万円程度のことが多いようです。

家庭裁判所によってはあらかじめ鑑定料にあてる金額を納めるようになっています。利用する予定の家庭裁判所の予納額は事前に把握しておくようにしましょう。

後見や保佐の利用を考えている場合、申立前に医師の診断を受けるときに、診断書とともに鑑定書の作成を依頼しておくのも申立ての手続きを早める1つの方法です。

19 任意後見契約

任意後見契約は公正証書によって締結しなければならない

● 任意後見契約とは

任意後見契約とは、将来、認知症などによって本人の判断能力が低下する場合に備えて、支援する人（将来の任意後見人）と本人の間で将来の後見人になってもらうことを委任する契約です。

任意後見の契約書は、本人と任意後見受任者が公証役場に出向いて、公正証書で作成します。公証役場では、本人の意思と代理権の範囲などを公証人が確認します。任意後見契約書を作成した後、公証人は、管轄の法務局に任意後見契約の登記を嘱託します。法務局では任意後見契約について、本人と任意後見受任者が誰であるか、代理権の範囲がどの程度であるか、といった内容が登記されます。

本人と任意後見受任者の間で任意後見契約を結んだだけでは、効力は発生しません。実際に任意後見監督人が選任されたときに任意後見受任者は任意後見人となり、効力が発生します。

任意後見監督人は、任意後見人が任意後見契約の内容に従って後見事務を行っているかどうかを監督します。

任意後見契約にはいくつかの利用パターンがあります。1つ目は、判断能力が十分な時に将来に備えて任意後見契約を結んでおくパターンです（将来型）。

2つ目は、判断能力が十分なうちは委任契約で財産管理を委任し、判断能力が不十分になった場合に任意後見を開始するようにしておくパターンもあります（移行型）。3つ目は、任意後見契約を結んですぐに任意後見監督人選任の申立てを行うパターンです。本人に判断能力がある場合で、それが低下し始めた段階で本人が気づいて、任意後見契約を結ぶものです。補助を選ぶこともできますが、任意後見制度を利用したいと考えた場合、任意後見契約を締結してすぐに効力が生じるように家庭裁判所に申立てをすることもできます（即効型）。

● 公正証書の作成方法と費用

公正証書は、公証役場で公証人が法律に従って作成する公文書です。原則として公証人は、公証役場で仕事を行っていますが、体力的な理由などで公証役場に本人が出向けないような場合、本人の自宅や入院先などに公証人の方が出向いて公正証書を作成することもあります。

任意後見契約公正証書を作成する場合には、印鑑証明書と実印、運転免許証と認印などの本人確認書類を持っていく必要があります。公正証書を作成する費用は以下のとおりです。

・公正証書作成基本手数料 1万1,000円
・登記嘱託手数料 1,400円
・法務局に納付する印紙代 2,600円
・書留郵便の料金 600円
・正本謄本作成手数料 250円×枚数分

●任意後見契約の終了

　任意後見契約は、任意後見契約の解除、任意後見人の解任、本人について法定後見の開始、本人の死亡、任意後見人の死亡などにより、終了します。通常の委任契約であれば、当事者の一方の申し出あるいは両者の合意によって、いつでも解除できますが、任意後見契約の場合は、任意後見監督人が選任される前に解除する場合と、選任後に解除する場合とで、解除が認められる条件が異なります。

　任意後見監督人が選任される前に解除する場合には、本人か任意後見受任者のどちらからでも自由に解除できます。ただし、公証人の認証を受けた解除通知書を相手に送る必要があります。

　認証とは、署名や署名押印、記名押印が本人のものであることを公証人が証明することです。これに対し、任意後見監督人選任後に解除する場合は、解除するのに正当な理由や事情がある場合に、家庭裁判所の許可を受けなければなりません。

　任意後見人の解任は、本人や本人の配偶者や親族、任意後見監督人、検察官が家庭裁判所に請求できます。任意後見人が職務を行うのにふさわしくないと判断された場合に解任されます。

　また、本人や任意後見人が死亡した場合や、任意後見人が破産手続開始決定を受けた場合、任意後見人自身が後見開始の審判を受けた場合は、任意後見契約が当然に終了します。

任意後見契約の類型

	将来型	移行型	即効型
財産管理の方針・制度利用の目的	将来判断能力が低下した時になってはじめて支援を頼む	将来判断能力が低下した時はもちろん、判断能力のある現在から支援を頼む	すでに判断能力が低下しつつある現在からすぐに支援を頼む
任意後見契約締結時の状態	判断能力が十分にあり、自分のことは自分ですべて行える	判断能力が十分にあり、自分のことは自分ですべて行える	判断能力が低下してきているが、任意後見契約の締結を行う能力はある
契約締結後の動き（実際に行うこと）	任意後見契約を締結するにとどまる。将来判断能力が低下したときに、任意後見監督人選任の申立てを行う	任意後見契約と委任契約を同時に結んでおき、早速、委任契約に基づいて財産管理をゆだねる	任意後見契約を締結してすぐに任意後見監督人選任の申立てを行い、任意後見を開始する

20 任意後見制度の利用

他の制度と併用することで将来への対策を万全にする

● 任意後見制度の長所・短所

任意後見制度には、いくつかのメリットとデメリットがあります。

まず、メリット（長所）としては、次のような事項が挙げられます。

① 現在の時点で、本人に判断能力の低下がなくても利用することが可能

② 契約内容が公正証書で作成され、かつ登記もされるため、任意後見人の地位を公的に証明できる

③ 家庭裁判所で任意後見監督人が選任されるので、任意後見人の仕事ぶりをチェックできる

④ 法定後見制度と比べて支援内容の幅が広い

これに対し、デメリット（短所）としては、以下の事項が挙げられます。

① 本人の死後の事務や財産管理を委任することができない

② 本人がした契約の取消権がない

③ 財産管理委任契約ほど簡単に早く行うことができない

④ 判断能力が十分な間は任意後見を開始できない

● 任意後見制度と他の制度の併用

任意後見制度にはメリットだけでなくデメリットもありますから、他の制度と比較検討した上で、他の制度の利用を選択するか、他の制度を併用する方法も考えるとよいでしょう。ここでは、制度を併用する方法を紹介します。

任意後見は、将来自分の判断能力が低下したときに備えて、あらかじめ支援してくれる人を選び、将来の財産や身の回りのことを支援する人に頼んでおくことができる制度です。

現時点で自分に判断能力がある場合は、任意後見制度の利用をまず考えましょう。その上で、判断能力が十分である現時点から財産管理を依頼したい場合には、財産管理委任契約を結びます。

任意後見制度を利用する場合は、本人の判断能力が低下しはじめていないかどうか、本人の状況を見てもらった方がよいでしょう。そのためには、見守り契約（後見が開始されるまで、支援する人と本人が定期的に連絡をとる契約）を結んでおく方法が考えられます。

また、身寄りがない場合は、自分の死後のことが気にかかる場合もあります。たとえば、葬儀の手配や財産の清算などについては、死後の事務委任契約などを別途結ぶとよいでしょう。

21 成年後見登記制度
本人のプライバシー保護に配慮した制度である

● 成年後見登記制度とは

　法定後見制度や任意後見制度を利用している場合に、その後見がどのような内容であるかを登録し、その内容を権限を有する者からの請求により、証明書によって公示する制度を成年後見登記制度といいます。成年後見制度を利用すると、成年後見人等に認められている権限の範囲や任意後見契約の内容などが東京法務局が管理する「後見登記等ファイル」に登記されます。

　このように、成年後見制度を利用していることを公示することで、成年後見人等の信頼性が高まり、契約などもスムーズに行われるようになります。

　登記された内容は、請求に応じて発行される登記事項証明書に記載されます。登記事項証明書は、登記の内容を記し、その内容が確かに存在していることを証明する公的な証明書です。登記事項証明書の発行は、請求を受けた法務局が行います。

　なお、成年後見登記制度については、本人のプライバシーを守る必要から、登記内容を閲覧できないようになっています。登記の閲覧に代わって、登記事項証明書（登記されていないことの証明書など）が交付されますが、登記事項証明書の交付を請求できる人は法律で定められており、定められた人以外は、登記事項証明書の交付を請求することはできません。

● 法定後見・任意後見と登記

　法定後見制度では、後見・保佐・補助を利用するときに、申立権者が家庭裁判所に開始の申立てを行います。申立てを受けた家庭裁判所による審理等を経て、法定後見の開始の審判が確定すると、その内容は法務局で登記されます。

　審判の確定から登記までの具体的な手続きの流れとしては、まず家庭裁判所の書記官から法務局に対して、審判の内容を通知します。通知を受けた法務局の登記官は、その内容を、定まった方式に従って後見登記等ファイルに記録します。

　任意後見制度の場合、任意後見契約が公証人による公正証書で作成されます。公正証書が作成されたときに、その内容を公証人が法務局に通知します。

　通知を受けた法務局の登記官は、その内容を、定まった方式に従って後見登記等ファイルに記録します。

Column

成年後見制度をめぐるトラブルや問題点

　判断能力が低下した者の財産の管理を他人に頼む主な方法としては、任意後見契約や法定後見制度があります。任意後見契約は事前（予防）措置となるため、契約締結には判断能力が要求されるのに対し、法定後見制度は判断能力が低下しなければ利用できない事後措置となります。法定後見制度では、後見人が選任されると預貯金などの財産は後見人が管理することになるため、後見人による横領や使い込みが問題となるケースも増えています。そのため家庭裁判所では、後見人による不正を防止する趣旨から親族後見人ではなく、専門職後見人を選任する傾向にあります。

　しかし、件数こそ少ないものの、専門職後見人による横領など看過しがたい問題も発生しています。また、専門職後見人が就任すると、原則として本人が亡くなるまで、本人の財産から少なくとも月額2万円程度の報酬の支払いが必要となり、これがネックとなって後見制度の利用を躊躇するなど、使い勝手の悪さも目立ちます。

　このような法定後見制度の使い勝手の悪さを補完するためのツールとして信託なども最近では注目を集めていますが、信託における受託者には身上監護権はなく、後見人のように医療・介護の手続きを代理で行うことはできません。また、税務や法律の知識もある程度必要になるため、税理士、弁護士、司法書士などの専門家に依頼する必要があり、そのための費用もかかります。

　結局のところ、どの財産管理制度を利用するのかは、本人の判断能力の程度、親族の協力の程度、財産状況を総合的に考慮して決定していかなければなりません。ただ、法定後見制度は判断能力が低下した人に代わって、必要となる医療・介護に関する契約や手続きを行える唯一の制度であることから、利用のニーズは高く、その必要性を否定することはできません。今後、さらに使い勝手のよい制度へと改善されていくことが期待されます。

第8章

財産管理委任・信託

財産管理委任契約

自分にかわって財産を管理してもらう契約

●財産管理委任契約とは

　判断能力が衰える前から、財産管理などを信頼できる人に任せたい場合には、自分に代わって財産を管理してもらうように財産管理委任契約を結びます。任せる人に代理権を与えることから、任意代理契約と呼ばれることもあります。財産管理委任契約では、財産管理の他に身上監護の事務を任せる契約を結ぶことができます。

　なお、任意後見契約と同時に財産管理委任契約も結ぶことができます。

●財産管理委任契約の依頼内容

　財産管理委任契約で委任を受けた人のことを受任者といいます。財産管理委任契約で受任者に委任（依頼）する内容として定める事項は大きく2つに分かれます。1つは財産管理、もう1つは療養看護です。

　財産管理とは、受任者が本人の財産を適切に管理することです。具体的には、銀行での現金の引出し・預入れや振込、家賃の支払い、電気・ガス・水道・電話など公共料金の支払い、保険の契約・解約や保険金の請求といった事項のことを意味します。

　一方、療養看護とは、医療や介護など、本人の心身を守るために必要な

サービスの利用に関わる事務処理のことです。療養看護の具体例は以下のとおりです。

・入院時・退院時に必要な手続き
・入院中に必要な手続き
・介護保険の要介護認定の申請
・介護施設への入所時・退所時に必要な手続き
・介護サービスの利用契約の締結時、解除時に必要な手続き
・介護サービスの内容の変更、契約の更新などに必要な手続き
・医療・介護サービスを利用した時の費用の支払い

●財産管理委任契約締結のメリット

　銀行などの金融機関の口座から多額の現金を引き出す場合、本人確認が必要です。定期預金口座の解約や多額の振込みを行う場合も同様です。

　このような本人確認が必要な行為を本人以外の第三者が行う場合、本人が交付した委任状が必要です。役所で戸籍関係の書類や住民票などの交付を本人以外の者が請求する場合も、原則として委任状が必要です。

　しかし、財産管理委任契約は手続の代行などを包括的に委任するので、これを結んでおくと、個々の手続きのた

びに新たな委任状を作成する手間が省ける場合があります。ただし、財産管理委任契約は法律に基づいた制度でないため、契約を結んでいても、手続きの度に委任状の提出を求められるケースがあることに注意を要します。

そうであっても、身内に財産を危うくする人がいる場合には、自分の財産を守るために、財産管理委任契約を結ぶメリットは大きいでしょう。たとえば、子のうちの1人に財産管理や療養看護を任せた場合、その子が親の委任を受けていることを、他の子をはじめとする周囲に示すことができます。これによって、受任者である子は気兼ねなく親の手助けができますし、親も他の身内との兼ね合いを考える必要がなくなります。

●財産管理委任契約締結の注意点

財産管理委任契約の受任者を選ぶときに一番の基準とすべきことは、「その人が信頼できる人かどうか」です。受任者が弁護士などの専門家の場合には、毎月数万円程度の報酬を支払うことになりますから、遠慮や妥協をせずに依頼内容にあった専門家を選ぶようにしましょう。

また、「受任者に権限を与えすぎない」ことも重要です。特に財産管理を含めて委任する場合には、財産の処分（売却など）までは権限に含めないことも考えられます。

●財産管理委任契約書の上手な作り方

財産管理を頼む相手が決まると、受任者に依頼する項目や付与する権限を定める財産管理委任契約を締結することになります。契約書は当事者間で自由に作成することもできますが、法律の専門家である公証人に作成してもらう（公正証書にする）ことで後々のトラブルを防ぐことが可能になります。

財産を管理するための生前・死後の手段

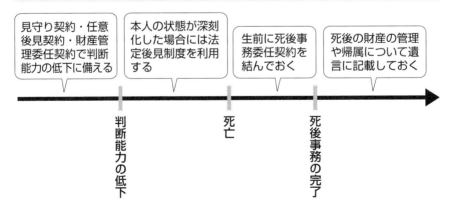

| 見守り契約・任意後見契約・財産管理委任契約で判断能力の低下に備える | 本人の状態が深刻化した場合には法定後見制度を利用する | 生前に死後事務委任契約を結んでおく | 死後の財産の管理や帰属について遺言に記載しておく |

判断能力の低下 → 死亡 → 死後事務の完了

2 信託
委託者、受託者、受益者がいる

●どんなしくみなのか

　信託とは、簡単に言えば、他人を信じて何かを託すことです。信託において、何かを他人に託す者を委託者、何かを託される者を受託者、信託により利益を受ける者を受益者といいます。

　たとえば、高齢のＡさんとＡさんの子で重度障害者であるＢさんが一緒に暮らしていたとします。ＡさんとＢさんには他に身寄りはありませんが、Ａさんには多額の預金があり、Ｂさんの世話をすることは可能です。しかし、Ａさんは高齢で、いつ亡くなるかわからないので、貯金をＣさんに預けてＢさんの世話をＣさんに託すことに決めました。このとき、Ａさん・Ｃさんの間で締結される信託に関する契約が信託契約です。ＣさんはＡさんから託されて、Ａさんの財産を用いてＢさんの世話をします。この信託契約では、Ａさんが委託者、Ｃさんが受託者、Ｂさんが受益者になります。

●委託者のメリット

　信託は、財産の保有者（委託者）にとって以下のようなメリットがあります。

・委託者の財産を保護する

　たとえば、財産の信託契約を締結した場合、財産の所有権は受託者に移転

します。そのため、たとえ委託者が倒産した場合でも信託契約の対象となった財産を倒産処理の影響から回避することができます。

・委託者死亡後の財産管理

　委託者が死亡した後でも、受託者と信託契約を締結することで委託者の子や孫の生活保障のための財産管理ができます。

・委託者の意思の尊重

　受託者は、委託者に依頼されたとおりに財産の処分を行うので、信託契約によって委託者の意図どおりのことが実現できます。

　また、委託者は受益者を自由に指定することができるので、たとえば、「受益者はＡとするが、Ａが死亡した場合にはＢを受益者にする」という形での受益者の指定が可能です。

●受託者のメリット

　受託者は信託事務を行う中で契約を締結し、債務を負担することがあります。しかし、受託者は登記をすることで信託契約から生じる債務の負担額を限定することが可能です。

　また、受託者自身の財産と、信託契約に関わる財産とは分離しなければなりません。したがって、受託者がたと

え受託者の債務者から強制執行（国家が債権者の請求権を強制的に実現する手続のこと）を受けた場合でも、信託財産は影響を受けません。

● 受益者のメリット

信託は、受託者が財産の管理や処分を行うので、受益者自身は手自分自身で活動をしなくても利益を手にすることができます。また、信託契約によって受益者がもつ利益を受け取る権利（受益権）については、その権利を他人に譲渡することも可能です。

● 信託の性質について

委託者の財産を受託者に移転することで信託が行われます。そのため、財産の名義は委託者から受託者に変更されます。委任契約（何かを行うことを依頼する契約のこと）や寄託契約（物を預けて保管することを内容とする契約のこと）を締結しただけでは、財産の名義人が移転することはありません。財産の名義人が移転するという点は、信託の特徴だといえます。

また、受託者に対して厳しい義務と責任を課すことで、委託者は安心して受託者と信託契約を締結することができます。そのため、信託法では、受託者に対してさまざまな義務と責任を課しています。

さらに、信託契約に基づく受託者から、確実に受益者が受益権に基づく配当を受け取ることができるように配慮されています。

信託のしくみ

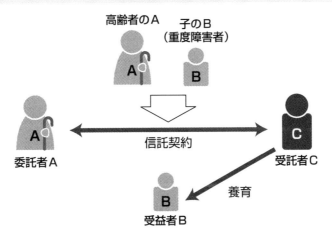

215

3 信託の種類

信託契約、自己信託、遺言による信託の3種類がある

● 信託の種類

　信託をする方法には、①信託契約、②自己信託（信託宣言）、③遺言による信託の3種類があります。

　このうち信託契約は、委託者になる者と受託者になる者との間で、契約を締結する方法です。財産の処分や信託の目的、受託者になる者が行うべきことなどを契約の中で取り決めます。

　信託契約は、書面で締結する必要はありません。委託者と受託者との間で口頭で合意をすれば、それで信託契約は成立します（諾成契約）。しかし、信託は長期間存続する可能性が高く、契約期間中や契約終了後にトラブルが生じる可能性があります。信託契約の内容は書面にするのが一般的です。

● 信託契約と認定される場合

　信託契約では、財産の処分（譲渡や担保権設定など）、信託の目的、受託者が目的達成のためにすべき行為（財産の管理や処分など）などを信託契約の中で定めます。契約書の中に「信託」という文字がなくても、これらについて定めていれば、その契約は信託契約であると認定されます。

　たとえば、詐欺事件の被害者代表と加害者との契約に基づき、加害者が被害者代表に対して預り金を交付することが、詐欺事件の被害者を受益者とする信託契約と認定される場合があります。また、債務整理のために債務者が弁護士に預り金を交付することが、債権者を受益者とする信託契約と認定される場合があります。もっとも、お金を預かる契約であれば、何でも信託になるわけではありません。

● 自己信託による方法とは

　委託者が自分を受託者とする信託の方法も存在します。この方法による信託を自己信託（信託宣言）といいます。たとえば、親が「私は、自分の子を受益者とし、私が受託者となって不動産を管理します」と宣言すれば、それは自己信託に該当します。自己信託により、その対象となる財産（信託財産）が強制執行ができなくなるため、受益者のために財産を確保しつつ、自らその財産の管理ができます。

　しかし、自己信託は、執行免脱に利用される懸念があるため、公正証書その他の書面または電磁的記録によって行うことが求められています。信託契約と異なり、口頭で自己信託を行うことが認められていないわけです。

● 遺言による信託とは

遺言を利用することで信託を行うこともできます。これを遺言による信託といいます。遺言は、死亡した人が残した書面であれば、何でもよいわけではありません。原則として、自筆証書遺言、公正証書遺言、秘密証書遺言のいずれかの方式に従って作成された書面であることが必要です。

遺言による信託は、遺言で受託者になる人を指定しますが、その人が受託者になることを承諾しなければ、その人は受託者になりません。受託者として指定された人が承諾しなかった場合、裁判所は、利害関係人（遺言をした委託者の相続人や遺言執行者、受益者となる人など）の申立てにより、受託者を選任できます。この点は、遺言に受託者の指定に関する定めがないときも同様です。

● 信託銀行の遺言信託との区別

多くの信託銀行では「遺言信託」と

いう商品を扱っています。遺言信託とは、信託銀行が契約者に対し、遺言作成のアドバイスを行う、作成された遺言書の保存を行う、遺言執行者として遺言内容を実現する、という業務を行うことを内容とした商品です。

信託銀行は遺言内容を実現するための業務を行いますが、遺言により信託がなされているわけではありません。前述した「遺言による信託」は、遺言を用いて設定される信託ですから、この点で遺言信託と遺言による信託は異なります。

ただし、遺言執行者として適任者がいない場合などに遺言の執行を依頼できるなど、信託銀行の遺言信託を活用するメリットもあります。

遺言による信託のしくみ

委託者

遺言 → 受託者を指定 → 受託者が承諾 → その人が受託者になる

受託者が拒絶 → 利害関係人の申立てにより家庭裁判所が受託者を選任

遺言代用信託

委託者が死亡した際に受益者が受益権を取得する

● 遺言代用信託とは

遺言代用信託は、たとえば、自分が生きている間は自分を受益者として生活費を信託財産の中から受け取り、自分が死んだ後は家族などを受益者とする形式の信託です。遺言代用信託を活用すれば、自分の死後の財産分配を円滑に行うことができます。

遺言代用信託には、①委託者が死亡した際に受益者として指定された人が受益権を取得する内容の信託、②委託者の死亡後に受益者が信託財産に係る給付を受け取る内容の信託、の2つの類型があります。①は委託者が死亡するまで受益者が存在しませんが、②は受益者が死亡する前も受益者が存在するという違いがあります。

遺言代用信託を行った場合、委託者は、自分が死亡するまで受益者の変更ができます。通常、遺言代用信託を行う委託者は、受益者を変更する権利を保持しておきたいとの意思を有しているからです。この点から、類型②の遺言代用信託の場合、受益者は、委託者が死亡するまで、原則として受益者としての権利を有しません。

また、委託者の死亡によって受益者が受益権を取得するまで、委託者が受託者を監督する権限を有します。遺言

代用信託が行われた場合、委託者が死亡する前は、受益者が存在しない（類型①）もしくは受益者が権利を有しない（類型②）ため、委託者自身が受託者を監督するものとされています。

なお、遺言代用信託も遺留分に関する規制を受けます。そのため、遺言代用信託を行う場合には、相続人の遺留分に配慮して信託の内容を決める必要があります。

● 遺言による信託との違い

遺言による信託（217ページ）と遺言代用信託は、以下のように内容が異なります。

遺言による信託は、民法の遺言に関する規定に従うことが必要です。しかし、遺言代用信託は、信託契約を締結する方法によるため、遺言に関する規定は適用されません。また、遺言による信託は、受託者に指定した者が受託者になるとは限りません。しかし、遺言代用信託は、委託者が生きているうちに受託者と信託契約を結ぶので、自分の希望する人が受託者になってくれないことはありません。

これらの観点からすると、遺言による信託よりも遺言代用信託の方が使い勝手がよいといえるでしょう。

5 受益者連続信託

受益権が移動する信託もある

●受益者連続信託とは

受益者連続信託とは、受益者が死亡した場合に他の者に受益権が移転するという形式の信託をいい、後継ぎ遺贈型信託と呼ばれることもあります。

たとえば、Aには、妻B・長男C・次男Dがいるとします。何もしていなければ、Aが死亡した場合にはAの財産はBに2分の1、CとDに4分の1ずつ相続されます。しかし、受益者連続信託により、Aが生きている間はAが受益者、Aが死亡した後はBが受益者、Bが死亡した後はCが受益者、Cが死亡した後はDが受益者とすることができます。

受益者連続信託は、信託が行われてから30年が経過した後に受益権を取得した者が死亡するか、あるいは受益権が消滅することにより終了します。

前述の例では、Aが死亡してBが受益権を取得したのが信託後30年を経過する前であれば、Cは受益権を取得できます。しかし、Aが死亡してBが受益権を取得したのが信託後30年を経過した後であれば、Bは受益権を取得できても、Cは受益権を取得することができません。

ただし、受益者連続信託を行う場合でも、相続人の遺留分を侵害すること

はできません。前述の例では、Aの財産に対してC・Dは各8分の1の遺留分を有しています。C・Dは、A死亡のときに受益者連続信託により遺留分が侵害されている場合、Bに対し、侵害されている遺留分に相当する金銭の支払いを請求することができます（遺留分侵害額請求権）。

●税制上の問題点

受益者連続型信託によって受益者が対価を支払わずに受益権を取得した場合、その受益権は贈与もしくは遺贈によって移転したとみなされます。

たとえば、前述の例でAがアパートを所有しており、信託の内容が「受益者が死亡したとき、次の受益者がアパートの賃料を受け取る。アパートは信託が終了した時の受益者が取得する。」であったとします。その後、Aが死亡した場合、Bはアパートの賃料を受け取ることはできますが、アパートを取得することはできません。しかし、相続税法上はアパートを相続したものとして相続税が課されます。

同様に、C・Dが受益権を取得した場合も、アパートを取得したものとして相続税を支払う必要があります。

6 特定贈与信託

特定障害者の生活を支えるための金銭などの信託制度

◉特定贈与信託の特徴

中程度以上の障害を持っている人の多くは、家族の援助によって生活を維持しています。特定贈与信託は、家族の死亡後も、このような障害者が引き続き生活を維持できるように、障害者の家族や支援者などが信託会社等に金銭などの信託を行う制度です。

特定贈与信託を利用することで、受益者が特別障害者の場合は6000万円、特別障害者以外の特定障害者の場合は3000万円を上限として、贈与税が非課税となります。

特定贈与信託に該当して贈与税が非課税となるためには、受益者となる障害者の家族や支援者などの個人が委託者となることが必要です。複数の個人が共同して委託者となることも可能です。また、受託者が信託銀行もしくは信託会社（信託会社等）に限定されており、家族などが受託者となる場合は特定贈与信託に該当しません。

◉対象となる障害者

前述のとおり、特定贈与信託の対象となる障害者は、①特別障害者、②特別障害者以外の特定障害者です。障害者のすべてが対象となるわけではなく、特定障害者に限定されています。

①の特定障害者は、精神障害者保健福祉手帳1級の者、身体障害者手帳1級・2級の者、重度の知的障害者と認定された者などが該当します。②の特定障害者は、精神障害者保健福祉手帳2級・3級の者、中程度の知的障害者と認定された者などが該当します。

◉対象となる財産

信託ができる財産は、以下の6つに限定されています。

① 金銭

② 有価証券

③ 金銭債権

④ 立木および立木とともに信託される立木の生育地（立木とともに信託されるものに限る）

⑤ 継続的に相当の対価を得て他人に賃貸される不動産

⑥ 受益者である特定障害者の居住する不動産（①～⑤までのいずれかと一緒に信託されるものに限る）

◉信託期間や費用などのポイント

信託期間は受益者である特定障害者の死亡日までとされています。あらかじめ信託期間を定めることや、信託期間中の解除や取消しはできず、受益者の変更もできません。しかし、信託

財産の追加は可能です。

　信託財産は信託会社等が運用し、得られた利益は信託財産に加えられ、受益者である特定障害者の所得となるため、所得税計算に含める必要が生じます。これに対し、元本割れを生じた場合、信託財産は預金（貯金）保険の対象外であるため、保護を受けることはできません。また、特定贈与信託を利用する際には信託報酬や租税公課、事務費などの費用がかかり、これらは信託財産から支払われます。

●非課税措置を受けるための手続き

　特定贈与信託において、税法上の優遇措置が適用されるのは「贈与税」です。財産（厳密には信託財産に係る受益権）の生前贈与となるため、相続税法の「特定障害者に対する贈与税の非課税制度」により、前述のとおり6000

万円もしくは3000万円を限度として贈与税が非課税になります。

　非課税措置を受けるためには、障害者非課税信託申告書を所轄の税務署長に提出することが必要です。この手続きは、以下の書類を添付し、受託者である信託会社等を経由して行います。

① 特定障害者扶養信託の契約書の写し

② 特定障害者の区分に応じた証明書

③ 信託財産（信託受益権）の価額の明細書および特定障害者の住民票の写し

特定贈与信託のしくみ

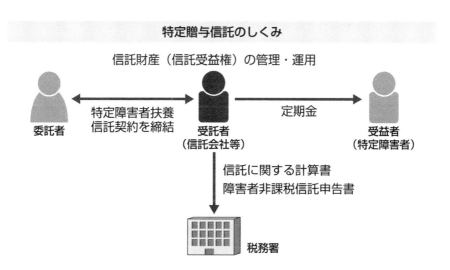

信託財産（信託受益権）の管理・運用

委託者 ←特定障害者扶養信託契約を締結→ 受託者（信託会社等） ←定期金→ 受益者（特定障害者）

信託に関する計算書
障害者非課税信託申告書

税務署

7 教育資金贈与信託
祖父母から孫への贈与も非課税になる信託制度

● どのようなしくみなのか

　教育資金贈与信託は、委託者である両親や祖父母が、子や孫を受益者として、その教育資金を信託銀行等に信託した場合、1500万円を限度として贈与税が非課税となる制度です。非課税となるのは「教育資金の一括贈与に係る贈与税の非課税措置」に基づきます。

　具体的には、両親や祖父母といった受益者の直系尊属にあたる人が、受益者である30歳未満の子や孫の教育資金として、信託銀行等に金銭等を信託した場合に、最高1500万円まで（学校等以外への支払いに充てられるときは最高500万円まで）贈与税が非課税となることが、教育資金贈与信託に当てはまります。なお、非課税となるのは、平成25年4月1日から令和8年3月31日までの間に教育資金贈与信託が行われた場合です（延長の可能性あり）。

● 利用するための手続き

　教育資金贈与信託を利用できるのは、教育資金を贈与する人（委託者）は、贈与を受ける人（受益者）の両親や祖父母などの「直系尊属」である場合に限られ、受益者は、信託契約をする日において30歳未満である場合に限られます。また、受託者は信託銀行等に限られます。

　さらに、受益者が「教育資金非課税申告書」に記入し、受託者である信託銀行等を経由して、受益者の所轄税務署長に提出することが必要です。受益者が未成年の場合は、書類への記入は親権者が代行します。なお、委託者が受益者の直系尊属であることや、受益者が30歳未満であることを証明するために、戸籍謄本などを信託銀行等へ提出することも必要です。

● 教育資金として払い出す場合

　教育資金として払い出す場合は、信託銀行等に請求します。払い出すためには、教育資金の支払いに充てたことを証明する領収書等を信託銀行等に提出することが必要です。信託銀行等は領収書等の提出を受けて、教育資金の支出として記録します。

　払出しの方法には、領収書等の提出方法により、①教育資金を自らが支払った上で、支払いから1年以内に領収書等を信託銀行等に提出する方法、②教育資金を支払った日の属する年の翌年3月15日までに領収書等を提出する方法があります。

● 教育資金として使わなかった場合

　教育資金贈与信託の信託期間は、受

益者が30歳に達した日または受益者が死亡した日のいずれか早い日に終了するのが原則です。信託契約により信託期間を定めたり、信託期間の途中で解約したりすることはできません。

信託が終了したときに信託財産が残っている場合は、信託が終了した日に委託者から受益者への贈与があったものとして、その残額に対して受益者に贈与税が課税されます。受益者が死亡したことにより信託が終了した場合は、信託財産は受益者の相続人に相続されるため、相続税の課税対象となり贈与税は課税されません。

○その他の知っておきたいポイント

以下のことも知っておきましょう。

・**委託者が亡くなった場合**

委託者が死亡しても、信託契約は終了せず、引き続き信託財産は受益者の教育資金として利用できます。

・**運用にかかる費用**

費用については、個々の信託契約により異なります。受託者となる信託銀行等に問い合わせるようにしましょう。

・**運用収益にかかる税金**

信託財産の運用により生じる収益については、受益者の所得税として課税されます。なお、運用収益に贈与税は課税されません。

・**追加して信託する場合**

既に教育資金贈与信託を設定していても、令和8年3月31日までの間（延長の可能性あり）であれば、1500万円まで非課税の教育資金を追加して信託を行えます。この場合、最初に信託を設定している信託銀行等の同一の営業所での手続きが必要です。

追加して信託する場合は、「追加教育資金非課税申告書」を所轄税務署へ提出する必要があります。受益者が記入し、提出等の手続きは信託銀行等が行います。

教育資金贈与信託は、信託銀行等によって取扱いが異なります。利用を検討している場合は、詳細を信託銀行等に問い合わせてみるとよいでしょう。

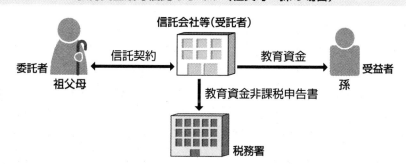

教育資金贈与信託のしくみ（祖父母→孫の場合）

信託会社等（受託者）

委託者　祖父母　←信託契約→　　→教育資金→　受益者　孫

↓教育資金非課税申告書

税務署

8 後見制度支援信託①
被後見人の財産を守る必要がある

● どのような制度なのか

後見制度支援信託とは、家庭裁判所の関与の下で、被後見人の財産を信託財産とすることにより、被後見人の財産を守る制度のことをいいます。

後見人（成年後見人・未成年後見人）は、家庭裁判所の指示に基づき、被後見人（成年後見人・未成年後見人）の財産を信託財産として、信託銀行等との間で信託契約を締結します。信託銀行等が受託者、被後見人が委託者兼受益者となります。被後見人の財産のうち日々の生活に必要な金銭は後見人が管理し、信託財産にはしません。後見人の管理する金銭が不足する場合は、家庭裁判所の指示に基づき、信託銀行等から払戻しを受けます。

● 後見制度支援信託のメリット

後見制度支援信託については、以下のメリットがあります。

・後見人の不正防止

後見人が被後見人の財産を流用する事例が発生しており、後見人の不正行為を防ぐ必要があります。後見制度支援信託を利用すれば、信託財産を払い戻すには家庭裁判所の指示が必要となり、被後見人の財産からの支出を家庭裁判所がチェックできるため、後見人

の不正行為を防ぐことができます。

・後見人の負担の軽減

通常の後見制度では、被後見人の財産状況に関する報告書の作成は煩雑なものになり、後見人の負担が重いとされています。しかし、後見制度支援信託を利用すれば、被後見人の財産の一部が信託財産となり、信託銀行等が管理することになるため、後見人の負担を軽くすることが可能です。また、金銭管理の方法などをめぐる親族間のトラブルを防ぐことも可能です。

● どんな財産が対象になるのか

後見制度支援信託で信託財産となるのは金銭のみです。金銭以外の不動産や動産などを信託財産とすることはできません。信託財産は国債や株式などを用いて運用されます。信託財産が運用されても、信託が終了した時点では金銭に換えて受益者に渡されます。

信託された財産は、信託会社等の下で管理・運用されますが、後見制度支援信託では、元本補てん契約の付された信託が利用されています。

元本補てん契約とは、信託財産に損失が生じた場合に、信託銀行等がその損失を補てんする契約のことです。原則的な信託の形態では、信託財産に損

失が生じても、受託者が自分の財産を用いて損失を補てんすることは禁止されています。しかし、後見制度支援信託では、十分な財産的基盤をもっている信託銀行等が受託者になるため、元本補てん契約を締結することが可能です。

●契約手順をおさえておく

後見制度支援信託は、以下の手順で契約の締結を行います。

まず、後見制度支援信託の利用の前提として、本人の住所地の家庭裁判所に対し、後見開始あるいは未成年後見人選任の審判の申立てを行います。後見制度支援信託を利用する場合、後見人には弁護士・司法書士など（専門職後見人）が選任されます。

上記の審判後、専門職後見人は、後見制度支援信託の利用の適否を検討し、利用に適していると判断した場合、信託財産の金額などを設定した報告書を提出します（報告書の提出について裁判所への手数料の納付は不要です）。

家庭裁判所は、報告書の内容を確認し、問題がなければ指示書を専門職後見人に発行します。その後、専門職後見人は信託銀行等との間で信託契約を締結し、財産目録の作成・信託条件の設定などを行います。

専門職後見人の関与する事務の終了後、財産管理などの事務は、後見人である親族（親族後見人）に引き継がれます。

第8章 財産管理委任・信託

後見制度支援信託のしくみ

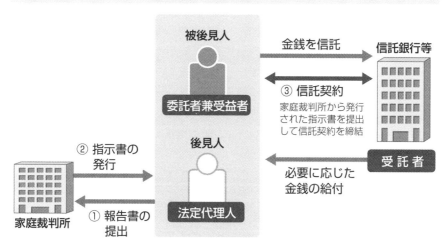

被後見人
委託者兼受益者

金銭を信託

信託銀行等

③ 信託契約
家庭裁判所から発行された指示書を提出して信託契約を締結

受託者

② 指示書の発行

後見人
法定代理人

必要に応じた金銭の給付

家庭裁判所

① 報告書の提出

9 後見制度支援信託②
被後見人の死亡時などに終了する

● 後見制度支援信託が終了する場合

　成年後見の場合、被後見人が死亡したときや、被後見人の後見開始取消審判が確定した（被後見人ではなくなった）ときに、後見制度支援信託が終了します。後見制度支援信託は、被後見人の生活を守るための制度ですから、被後見人が死亡したり、後見開始審判が取り消されたりした場合は、後見制度支援信託を続ける意味がなく、その時点で終了します。

　一方、未成年後見の場合、被後見人が成年になった時点で後見制度支援信託が終了します。成年時に被後見人ではなくなるからです。ただし、最低信託契約期間が定められている場合は、被後見人が成年になった後も、最低信託契約期間が経過するまでは後見制度支援信託が継続します。

　なお、成年後見・未成年後見に共通して、信託金額が1回の定期金の額を下回った場合、後見制度支援信託が解約された場合、信託銀行等が受託者を辞任した場合には、後見制度支援信託が終了します。

● 後見制度支援信託の問題点

　後見制度支援信託には、①被後見人の財産を信託するため、後見人が柔軟に被後見人のための支出ができなくなる可能性がある、②被後見人の不動産や株式など金銭以外の財産には後見制度支援信託を利用できない、③専門職後見人に支払う報酬額や信託銀行等に支払う手数料が高額になる可能性がある、などの問題点があります。

　①の問題点については、家庭裁判所が信託財産の払戻しについての指示書を迅速に発行することで対処する必要があります。

　②の問題点については、被後見人の財産を金銭に換価する（金銭に換える）ことで、後見制度支援信託を行えます。しかし、被後見人の財産が不当に目減りすることがないよう、慎重に金銭への換価を行うことが必要です。

　③の問題点については、報酬額などが高額になる可能性があるものの、前項で述べたように、後見人の負担を軽減できることが後見制度支援信託の利点ですから、常に負担が過大になるわけではありません。信託銀行等が受け取る報酬は信託財産の運用益から支払われるため、信託財産の元本が取り崩されることはありません。

10 見守り契約

任意後見開始前に定期的に連絡をとる契約

● 見守り契約とは

任意後見契約の締結後、任意後見が開始されるまでの間、支援する人と本人が定期的に連絡をとる契約を一般に見守り契約といいます。定期的な連絡をとることで、たとえば、任意後見を開始する時期について相談したり判断してもらえます。

任意後見制度を利用する場合、判断能力がある時に支援してくれる人との間で任意後見契約を交わしますが、実際に任意後見が開始するのは、本人の判断能力が衰えてからです。任意後見契約の締結時に「○年○月○日から任意後見契約が開始される」とは確定できませんし、判断能力が衰えても直ちに任意後見を開始すべきと判断できるかも不明です。場合によっては、任意後見契約を交わしてから数十年も顔を合わせない状況もありえます。

そのような状態で判断能力が衰えても、支援してくれる人が任意後見人になれない状況になっていたり、行方不明になっていたりする可能性があります。せっかく将来を見越して依頼する内容などを決めておいたのに、ムダになったという事態を避けるには、定期的に本人と支援する人が連絡をとる見守り契約を結ぶことは有効です。

● 見守り契約のポイント

見守り契約は、任意後見契約を結ぶときに一緒に契約しておくとよいでしょう。見守り契約の書式や内容は自由に決めることができますが、主として契約の目的や、本人と支援する人の面談・連絡についての詳細、支援する人の義務などを記載します。

その他、任意後見契約の効力が生じるまでの期間に支援する人が本人のもとに赴くなど、見守り契約を結んで定期的に連絡をとることなども具体的に記載します。定期的な連絡をとることで本人の生活や健康状態を把握し、見守ることが見守り契約の目的です。

連絡の具体的な取り決めは、たとえば、毎月1回程度電話連絡を行う、3か月～半年に1回は面談を行う、などのように定めておくとよいでしょう。本人の状況を見守ることのできる程度の頻度を保ちつつ、本人の負担にならないよう配慮する必要があります。

また、支援する人はただ見守るだけではいけません。見守りながら本人との信頼関係を築きつつ、任意後見開始のタイミングを見極めなければならないのです。

なお、見守り契約の報酬は、年払いであることが多いようです。

Column

障害者施設における金銭管理

　障害者が、信託会社と信託契約を締結していない場合には、障害者施設では、利用者から依頼を受けて、預金通帳・印鑑・カードなどを管理することがあります。そして、利用者が具体的に施設側に意思表示が可能な場合には、利用者の意思に応じて、施設の職員が利用者のために物品の購入や預金の引き出しを行います。ただし、利用者と施設側とは経済的に利益相反の関係にあります。このことを施設側は十分に認識しておく必要があります。そのため、物品の購入や預金の引き出し行為が利用者の意思に基づいていることをしっかりと確認しなければなりません。

　利用者の判断能力が十分でないにもかかわらず、多額の金銭を預かることは控えるべきです。また、家族から依頼されて出金をする際には、家族が利用者の金銭を扱う権限をもっているのか確認することが必要です。

　そこで、トラブルを回避して、サービスの向上を図るためには、施設側が利用者の金銭等を管理する場合に備えて、その管理方法を徹底する必要があります。施設職員が利用者の金銭を流用できないようなシステムを構築しておかなければなりません。また、防犯システムを強化することも大切です。

　管理方法に不備があった場合、行政指導や行政処分の対象となり、事業者指定の取消しがなされる可能性もあります。

　なお、施設の職員による利用者の財産の流用があった場合には、さまざまな民事上・刑事上の責任が発生します。

　施設を運営している法人は使用者責任として被害者に対して損害賠償責任を負います。また、流用をした職員自身も被害者に対して損害賠償責任を負い、窃盗罪や業務上横領罪が成立する可能性もあります。

巻　末

書式・資料集

障害者総合支援法の対象となる難病一覧

番号	疾病名	番号	疾病名	番号	疾病名
1	アイカルディ症候群	35	エーラス・ダンロス症候群	66	ギャロウェイ・モワト症候群
2	アイザックス症候群	36	エプスタイン症候群	67	急性壊死性脳症
3	IgA腎症	37	エプスタイン病	68	急性網膜壊死
4	IgG4関連疾患	38	エマヌエル症候群	69	球脊髄性筋萎縮症
5	亜急性硬化性全脳炎	39	遠位型ミオパチー	70	急速進行性糸球体腎炎
6	アジソン病	40	円錐角膜	71	強直性脊椎炎
7	アッシャー症候群	41	黄色靭帯骨化症	72	巨細胞性動脈炎
8	アトピー性脊髄炎	42	黄斑ジストロフィー	73	巨大静脈奇形（頚部口腔咽頭びまん性病変）
9	アペール症候群	43	大田原症候群		
10	アミロイドーシス	44	オクシピタル・ホーン症候群	74	巨大動静脈奇形（頚部顔面又は四肢病変）
11	アラジール症候群	45	オスラー病		
12	アルポート症候群	46	カーニー複合	75	巨大膀胱短小結腸腸管蠕動不全症
13	アレキサンダー病	47	海馬硬化を伴う内側側頭葉てんかん		
14	アンジェルマン症候群			76	巨大リンパ管奇形（頚部顔面病変）
15	アントレー・ビクスラー症候群	48	潰瘍性大腸炎	77	筋萎縮性側索硬化症
16	イソ吉草酸血症	49	下垂体前葉機能低下症	78	筋型糖原病
17	一次性ネフローゼ症候群	50	家族性地中海熱	79	筋ジストロフィー
18	一次性膜性増殖性糸球体腎炎	51	家族性低βリポタンパク血症1（ホモ接合体）	80	クッシング病
19	1p36欠失症候群	52	家族性良性慢性天疱瘡	81	クリオピリン関連周期熱症候群
20	遺伝性自己炎症疾患	53	カナバン病	82	クリッペル・トレノネー・ウェーバー症候群
21	遺伝性ジストニア	54	化膿性無菌性関節炎・壊疽性膿皮症・アクネ症候群		
22	遺伝性周期性四肢麻痺			83	クルーゾン症候群
23	遺伝性膵炎	55	歌舞伎症候群	84	クルコーストランスポーター1欠損症
24	遺伝性鉄芽球性貧血	56	ガラクトース－1－リン酸ウリジルトランスフェラーゼ欠損症	85	グルタル酸血症1型
25	ウィーバー症候群			86	グルタル酸血症2型
26	ウィリアムズ症候群	57	カルニチン回路異常症	87	クロウ・深瀬症候群
27	ウィルソン病	58	加齢黄斑変性	88	クローン病
28	ウエスト症候群	59	肝型糖原病	89	クロンカイト・カナダ症候群
29	ウェルナー症候群	60	間質性膀胱炎（ハンナ型）	90	痙攣重積型（二相性）急性脳症
30	ウォルフラム症候群	61	環状20番染色体症候群	91	結節性硬化症
31	ウルリッヒ病	62	関節リウマチ	92	結節性多発動脈炎
32	HTLV-1関連脊髄症	63	完全大血管転位症	93	血栓性血小板減少性紫斑病
33	ATR-X症候群	64	眼皮膚白皮症	94	限局性皮質異形成
34	ADH分泌異常症	65	偽性副甲状腺機能低下症	95	原発性局所多汗症

番号	疾病名	番号	疾病名	番号	疾病名
96	原発性硬化性胆管炎	130	サイトメガロウィルス角膜内皮炎	161	進行性核上性麻痺
97	原発性高脂血症			162	進行性家族性肝内胆汁うっ滞症
98	原発性側索硬化症	131	再発性多発軟骨炎	163	進行性骨化性線維異形成症
99	原発性胆汁性胆管炎	132	左心低形成症候群	164	進行性多巣性白質脳症
100	原発性免疫不全症候群	133	サルコイドーシス	165	進行性白質脳症
101	顕微鏡的大腸炎	134	三尖弁閉鎖症	166	進行性ミオクローヌスてんかん
102	顕微鏡的多発血管炎	135	三頭酵素欠損症	167	心室中隔欠損を伴う肺動脈閉鎖症
103	高IgD症候群	136	CFC症候群		
104	好酸球性消化管疾患	137	シェーグレン症候群	168	心室中隔欠損を伴わない肺動脈閉鎖症
105	好酸球性多発血管炎性肉芽腫症	138	色素性乾皮症		
106	好酸球性副鼻腔炎	139	自己貪食空胞性ミオパチー	169	スタージ・ウェーバー症候群
107	抗糸球体基底膜腎炎	140	自己免疫性肝炎	170	スティーヴンス・ジョンソン症候群
108	後縦靭帯骨化症	141	自己免疫性後天性凝固因子欠乏症		
109	甲状腺ホルモン不応症			171	スミス・マギニス症候群
110	拘束型心筋症	142	自己免疫性溶血性貧血	172	スモン
111	高チロシン血症1型	143	四肢形成不全	173	脆弱X症候群
112	高チロシン血症2型	144	シトステロール血症	174	脆弱X症候群関連疾患
113	高チロシン血症3型	145	シトリン欠損症	175	成人スチル病
114	後天性赤芽球癆	146	紫斑病性腎炎	176	成長ホルモン分泌亢進症
115	広範脊柱管狭窄症	147	脂肪萎縮症	177	脊髄空洞症
116	膠様滴状角膜ジストロフィー	148	若年性特発性関節炎	178	脊髄小脳変性症（多系統萎縮症を除く。）
117	抗リン脂質抗体症候群	149	若年性肺気腫		
118	コケイン症候群	150	シャルコー・マリー・トゥース病	179	脊髄髄膜瘤
119	コステロ症候群	151	重症筋無力症	180	脊髄性筋萎縮症
120	骨形成不全症	152	修正大血管転位症	181	セピアプテリン還元酵素（SR）欠損症
121	骨髄異形成症候群	153	ジュベール症候群関連疾患		
122	骨髄線維症	154	シュワルツ・ヤンペル症候群	182	前眼部形成異常
123	ゴナドトロピン分泌亢進症	155	徐波睡眠期持続性棘徐波を示すてんかん性脳症	183	全身性エリテマトーデス
124	5p欠失症候群			184	全身性強皮症
125	コフィン・シリス症候群	156	神経細胞移動異常症	185	先天異常症候群
126	コフィン・ローリー症候群	157	神経軸索スフェロイド形成を伴う遺伝性びまん性白質脳症	186	先天性横隔膜ヘルニア
127	混合性結合組織病			187	先天性核上性球麻痺
128	鰓耳腎症候群	158	神経線維腫症	188	先天性気管狭窄症／先天性声門下狭窄症
129	再生不良性貧血	159	神経フェリチン症		
		160	神経有棘赤血球症	189	先天性魚鱗癬
				190	先天性筋無力症候群

番号	疾病名	番号	疾病名	番号	疾病名
191	先天性グリコシルホスファチジルイノシトール（GPI）欠損症	222	多脾症候群	253	難治頻回部分発作重積型急性脳炎
		223	タンジール病	254	22q11.2欠失症候群
192	先天性三尖弁狭窄症	224	単心室症	255	乳幼児肝巨大血管腫
193	先天性腎性尿崩症	225	弾性線維性仮性黄色腫	256	尿素サイクル異常症
194	先天性赤血球形成異常性貧血	226	短腸症候群	257	ヌーナン症候群
195	先天性僧帽弁狭窄症	227	胆道閉鎖症	258	ネイルパテラ症候群（爪膝蓋骨症候群）/LMX1B関連腎症
196	先天性大脳白質形成不全症	228	遅発性内リンパ水腫		
197	先天性肺静脈狭窄症	229	チャージ症候群	259	ネフロン癆
198	先天性風疹症候群	230	中隔視神経形成異常症 / ドモルシア症候群	260	脳クレアチン欠乏症候群
199	先天性副腎低形成症			261	脳腱黄色腫症
200	先天性副腎皮質酵素欠損症	231	中毒性表皮壊死症	262	脳表ヘモジデリン沈着症
201	先天性ミオパチー	232	腸管神経節細胞僅少症	263	膿疱性乾癬
202	先天性無痛無汗症	233	ＴＳＨ分泌亢進症	264	嚢胞性線維症
203	先天性葉酸吸収不全	234	ＴＮＦ受容体関連周期性症候群	265	パーキンソン病
204	前頭側頭葉変性症	235	低ホスファターゼ症	266	バージャー病
205	早期ミオクロニー脳症	236	天疱瘡	267	肺静脈閉塞症／肺毛細血管腫症
206	総動脈幹遺残症	237	禿頭と変形性脊椎症を伴う常染色体劣性白質脳症		
207	総排泄腔遺残			268	肺動脈性肺高血圧症
208	総排泄腔外反症	238	特発性拡張型心筋症	269	肺胞蛋白症（自己免疫性又は先天性）
209	ソトス症候群	239	特発性間質性肺炎		
210	ダイアモンド・ブラックファン貧血	240	特発性基底核石灰化症	270	肺胞低換気症候群
		241	特発性血小板減少性紫斑病	271	ハッチンソン・ギルフォード症候群
211	第14番染色体父親性ダイソミー症候群	242	特発性血栓症（遺伝性血栓性素因によるものに限る。）		
				272	バッド・キアリ症候群
212	大脳皮質基底核変性症	243	特発性後天性全身性無汗症	273	ハンチントン病
213	大理石骨病	244	特発性大腿骨頭壊死症	274	汎発性特発性骨増殖症
214	ダウン症候群	245	特発性多中心性キャッスルマン病	275	ＰＣＤＨ１９関連症候群
215	高安動脈炎			276	非ケトーシス型高グリシン血症
216	多系統萎縮症	246	特発性門脈圧亢進症	277	肥厚性皮膚骨膜症
217	タナトフォリック骨異形成症	247	特発性両側性感音難聴	278	非ジストロフィー性ミオトニー症候群
218	多発血管炎性肉芽腫症	248	突発性難聴		
219	多発性硬化症／視神経脊髄炎	249	ドラベ症候群	279	皮質下梗塞と白質脳症を伴う常染色体優性脳動脈症
220	多発性軟骨性外骨腫症	250	中條・西村症候群		
221	多発性嚢胞腎	251	那須・ハコラ病	280	肥大型心筋症
		252	軟骨無形成症	281	左肺動脈右肺動脈起始症

番号	疾病名	番号	疾病名	番号	疾病名
282	ビタミンD依存性くる病/骨軟化症	313	ヘモクロマトーシス	343	モワット・ウィルソン症候群
283	ビタミンD抵抗性くる病/骨軟化症	314	ペリー症候群	344	薬剤性過敏症症候群
		315	ペルーシド角膜辺縁変性症	345	ヤング・シンプソン症候群
284	ビッカースタッフ脳幹脳炎	316	ペルオキシソーム病（副腎白質ジストロフィーを除く。）	346	優性遺伝形式をとる遺伝性難聴
285	非典型溶血性尿毒症症候群	317	片側巨脳症	347	遊走性焦点発作を伴う乳児てんかん
286	非特異性多発性小腸潰瘍症	318	片側痙攣・片麻痺・てんかん症候群		
287	皮膚筋炎/多発性筋炎			348	4p欠失症候群
288	びまん性汎細気管支炎	319	芳香族L－アミノ酸脱炭酸酵素欠損症	349	ライソゾーム病
289	肥満低換気症候群	320	発作性夜間ヘモグロビン尿症	350	ラスムッセン脳炎
290	表皮水疱症	321	ホモシスチン尿症	351	ランゲルハンス細胞組織球症
291	ヒルシュスプルング病（全結腸型又は小腸型）	322	ポルフィリン症	352	ランドウ・クレフナー症候群
		323	マリネスコ・シェーグレン症候群	353	リジン尿性蛋白不耐症
292	VATER症候群			354	両側性小耳症・外耳道閉鎖症
293	ファイファー症候群	324	マルファン症候群	355	両大血管右室起始症
294	ファロー四徴症	325	慢性炎症性脱髄性多発神経炎/多巣性運動ニューロパチー	356	リンパ管腫症/ゴーハム病
295	ファンコニ貧血			357	リンパ脈管筋腫症
296	封入体筋炎	326	慢性血栓塞栓性肺高血圧症	358	類天疱瘡（後天性表皮水疱症を含む。）
297	フェニルケトン尿症	327	慢性再発性多発性骨髄炎		
298	フォンタン術後症候群	328	慢性膵炎	359	ルビンシュタイン・テイビ症候群
299	複合カルボキシラーゼ欠損症	329	慢性特発性偽性腸閉塞症		
300	副甲状腺機能低下症	330	ミオクロニー欠神てんかん	360	レーベル遺伝性視神経症
301	副腎白質ジストロフィー	331	ミオクロニー脱力発作を伴うてんかん	361	レシチンコレステロールアシルトランスフェラーゼ欠損症
302	副腎皮質刺激ホルモン不応症				
303	フラウ症候群	332	ミトコンドリア病	362	劣性遺伝形式をとる遺伝性難聴
304	プラダー・ウィリ症候群	333	無虹彩症		
305	プリオン病	334	無脾症候群	363	レット症候群
306	プロピオン酸血症	335	無βリポタンパク血症	364	レノックス・ガストー症候群
307	PRL分泌亢進症（高プロラクチン血症）	336	メープルシロップ尿症	365	ロスムンド・トムソン症候群
		337	メチルグルタコン酸尿症	366	肋骨異常を伴う先天性側弯症
308	閉塞性細気管支炎	338	メチルマロン酸血症		
309	β－ケトチオラーゼ欠損症	339	メビウス症候群		
310	ベーチェット病	340	メンケス病		
311	ベスレムミオパチー	341	網膜色素変性症		
312	ヘパリン起因性血小板減少症	342	もやもや病		

サービス等利用計画書(1)

（番号　　　）			☐ 初回　☐ 継続

利用者名：　綾小路　晃子　　　　性別　女　　生年月日：昭和55年7月8日　40歳　住所　市川市北方2−1−3−9

指定相談支援事業者名・所在地及び計画作成者　市川市西野2119　相談支援事業所ステップ　　　西海　勝男　㊞

初回サービス等利用計画作成日：令和○年8月25日　　サービス等利用計画変更日：令和　　年　　月　　日

受給者証の有無、有効期間及び番号：　☐ 有　☐ 令和　年8月31日　NO.　　　　　☐ 無　　上限額：　　　　　　　　0　円

障害程度区分	非該当	1	2	3	4	5	6 ○	未認定

利用者および家族の希望	本人：障害者支援施設で自分の生活をしたい。 　　　今までの病院生活より良い生活をしたい。 家族：自分たちは高齢のために自宅での介護はできない。 　　　施設の中でみんなとうまく過ごしてもらいたい。

相談支援専門員の支援方針	障害者支援施設の生活に早く慣れる。 人生をあきらめることなく、少しでも楽しみが見つかるように支援する。 自分の生活の中に生きがいを探すことができるようにする。

長期目標（1年間）	健康に留意しながら、本人の活動の場が広がるように支援する。

短期目標（2ヶ月）	障害者支援施設の生活に早く慣れていく。 アセスメントの中で、本人のできる活動を探していく。

234

サービス等利用計画書(2)

別紙様式4

(番号：１　)		援　助　目　標				サービス費用（金額）(円/月)		
ニーズの優先順位	生活全般の解決すべき課題（ニーズ）	援助内容（提供期間を明記する必要のあるものは時期を記入）	サービス内容	援助内容（提供期間を明記する必要のあるものは「頻度」欄に記入）サービス種別（事業者等）	頻度	単位回数	31	自己負担

		目標（目標を達成すべき時期を明記する必要のあるものは時期を記入）		サービス種別（事業者等）	頻度	単位	回数	合計	自己負担
1	健康に留意して生活したい。	健康に留意し、施設で過ごす。	体調の変化を観察する。	施設入所支援 希望の青空	31	298	31	92,380	9,238
2	日中に出来る活動を行いたい。	他の利用者と一緒に日中活動ができるものを行う。	日中の活動を楽しむ。	生活介護 希望の青空	23日	1111	23	255,530	25,553
3	自分の車椅子がほしい。	車椅子を作成するために関係者と連絡をとる。	車椅子を作成するための情報を提供する。	相談支援専門員 ステップ	早めに				
4	社会福祉のボランティアがしたい。	入所しながらボランティア活動を行う。	施設の中で出来るボランティアを考える。	相談支援専門員 ステップ					

サービス利用計画の有効期限			備　考		サービス費用合計	347,910	自己負担額	0

令和　△　年　8　月　31　日　まで

食事代として別途費用がかかる。

※週間ケア計画を必要に応じて添付

本人または代理人の同意

日　付　　　令和　○　年　8　月　25　日

署　名　　■本人　　　　綾小路　晃子
　　　　　□代理人

235

モニタリング報告書

※障害者支援施設（生活介護）に入所して半年後の個別支援計画に対するモニタリングです。

利用者名：綾小路 晃子
受給者証番号：1212121111
相談支援事業者名：希望の青空
障害支援区分：6

個別支援計画作成担当者：井上 香織 (印)
計画作成日：令和○年8月25日
モニタリング実施日：令和△年2月28日

総合的な支援の方針：障害者支援施設での生活に早く慣れ、人生を諦めることなく、少しでも楽しみが見つかるように自分の生活の中で生きがいを探すことができるようにする。

順位	支援目標	サービス提供状況	本人・家族の感想・満足度	達成度	今後の課題・解決方法	計画変更の必要性	その他留意事項
1	施設の生活の流れを説明し、理解していただく。	施設の生活の流れを現し、印刷物を居室に貼った。担当者が何回も説明した。	掲示物を見てだいたいの流れがつかめた。説明がわかりやすく理解できた。	◎	流れが理解できたので問題はない。	無	行事等の時は説明をすることが必要である。
2	入浴や清拭で皮膚疾患の予防を図る。	週2回入浴し、清拭を提供した。	週2回入浴でき、清拭も丁寧で気持ちがよい。	◎	皮膚疾患はないが、疾患がある時の対応が不安。	無	褥瘡の既往があるため注意が必要である。
3	身体機能の維持を図る。	本人の状態を把握し、週5回リハビリを実施する予定が、職員の都合でうまくできない。	リハビリの回数があまり多くないので、状態はあまりかわらない。	△	障害を負ってからリハビリを行わなかったため、関節が固くなっている。	有	週5回リハビリのためできるとよい。
4	外出支援を行い、楽しみを見つける。	9月14日に近くのショッピングセンターまで外出して買い物や食事をした。	障害を負ってから初めての外出で、多少疲れたが、自分の好きな物を買うことができたので楽しむことができた。	◎	2ヶ月に1度といつ頻度ではこれ以上出来ないので、介護タクシーなどの利用も考えていく。	有	介護タクシーも検討する。
5	自分にあった車椅子を作成する。	役所に相談し、車椅子が作成される予定。	自分の車椅子ができることに色々と嬉しい。	○	業者と連絡する。シートの	無	多少時間がかかるのが心配である。
6	社会福祉に関する事に活動ができるようにする。	いろいろな利用者に紹介し、話をしている。	奉仕活動ではないが、利用者の話を聞くことで、傾聴の奉仕をすることができた。	△	できる部分から始めていく。相手を思いやること	無	難しい問題は娘と相談するよう話す。

達成度は◎、○、△、×で記入する。計画変更の必要性は・有・無で記載する。

△年　2月　28日　利用者同意署名欄　利用者氏名　綾小路 晃子

資 料　障害等級表（1級と2級）

障害の程度		障害の状態
級		
1級	1	両眼の視力の和が 0.04 以下のもの
	2	両耳の聴力レベルが 100 デシベル以上のもの
	3	両上肢の機能に著しい障害を有するもの
	4	両上肢のすべての指を欠くもの
	5	両上肢のすべての指の機能に著しい障害を有するもの
	6	両下肢の機能に著しい障害を有するもの
	7	両下肢を足関節以上で欠くもの
	8	体幹の機能に座っていることができない程度又は立ち上がることができない程度の障害を有するもの
	9	前各号に掲げるもののほか、身体の機能の障害又は長期にわたる安静を必要とする病状が前各号と同程度以上と認められる状態であって、日常生活の用を弁ずることを不能ならしめる程度のもの
	10	精神の障害であって、前各号と同程度以上と認められる程度のもの
	11	身体の機能の障害若しくは病状又は精神の障害が重複する場合であって、その状態が前各号と同程度以上と認められる程度のもの
2級	1	両眼の視力の和が 0.05 以上 0.08 以下のもの
	2	両耳の聴力レベルが 90 デシベル以上のもの
	3	平衡機能に著しい障害を有するもの
	4	そしゃくの機能を欠くもの
	5	音声又は言語機能に著しい障害を有するもの
	6	両上肢のおや指及びひとさし指又は中指を欠くもの
	7	両上肢のおや指及びひとさし指又は中指の機能に著しい障害を有するもの
	8	一上肢の機能に著しい障害を有するもの
	9	一上肢のすべての指を欠くもの
	10	一上肢のすべての指の機能に著しい障害を有するもの
	11	両下肢のすべての指を欠くもの
	12	一下肢の機能に著しい障害を有するもの
	13	一下肢を足関節以上で欠くもの
	14	体幹の機能に歩くことができない程度の障害を有するもの
	15	前各号に掲げるもののほか、身体の機能の障害又は長期にわたる安静を必要とする病状が前各号と同程度以上と認められる状態であって、日常生活が著しい制限を受けるか、又は日常生活に著しい制限を加えることを必要とする程度のもの
	16	精神の障害であって、前各号と同程度以上と認められる程度のもの
	17	身体の機能の障害若しくは病状又は精神の障害が重複する場合であって、その状態が前各号と同程度以上と認められる程度のもの

（備考）視力の測定は、万国式試視力表によるものとし、屈折異常があるものについては、矯正視力によって測定する。

資 料　障害等級表（3級）

障害の程度		障害の状態
級	号	
3 級	1	両眼の視力が 0.1 以下に減じたもの
	2	両耳の聴力が、40 センチメートル以上では通常の話声を解することができない程度に減じたもの
	3	そしゃく又は言語の機能に相当程度の障害を残すもの
	4	脊柱の機能に著しい障害を残すもの
	5	一上肢の三大関節のうち、二関節の用を廃したもの
	6	一下肢の三大関節のうち、二関節の用を廃したもの
	7	長管状骨に偽関節を残し、運動機能に著しい障害を残すもの
	8	一上肢のおや指及びひとさし指を失ったもの又はおや指若しくはひとさし指を併せ一上肢の三指以上を失ったもの
	9	おや指及びひとさし指を併せ一上肢の四指の用を廃したもの
	10	一下肢をリスフラン関節以上で失ったもの
	11	両下肢の十趾の用を廃したもの
	12	前各号に掲げるもののほか、身体の機能に、労働が著しい制限を受けるか、又は労働に著しい制限を加えることを必要とする程度の障害を残すもの
	13	精神又は神経系統に、労働が著しい制限を受けるか、又は労働に著しい制限を加えることを必要とする程度の障害を残すもの
	14	傷病が治らないで、身体の機能又は精神若しくは神経系統に、労働が制限を受けるか、又は労働に制限を加えることを必要とする程度の障害を有するものであって、厚生労働大臣が定めるもの

（備考）

1．視力の測定は、万国式試視力表によるものとし、屈折異常があるものについては、矯正視力によって測定する。

2．指を失ったものとは、おや指は指節間関節、その他の指は近位指節間関節以上を失ったものをいう。

3．指の用を廃したものとは、指の末節の半分以上を失い、又は中手指節間関節若しくは近位指節間関節（おや指にあつては指節間関節）に著しい運動障害を残すものをいう。

4．趾の用を廃したものとは、第一趾は末節の半分以上、その他の趾は遠位趾節間関節以上を失ったもの又は中足趾節関節若しくは近位趾節間関節（第一趾にあつては趾節間関節）に著しい運動障害を残すものをいう。

年金請求書（国民年金障害基礎年金）

様式第107号

```
二 次 元
コ ー ド
```

★ 市 区 町 村　受付年月日

◆ 年金事務所　受付年月日

年金コード		
5	3	
6	3	5

6 3 0 0 0 2

● のなかに必要事項をご記入ください。
（★ 印欄には、なにも記入しないでください。）
●黒インクのボールペンでご記入ください。
●鉛筆や、摩擦に伴う温度変化等により消色するインクを
用いたペンまたはボールペンは、使用しないでください。
●フリガナはカタカナでご記入ください。

	③記録不要制度					作成原因
（厚年）（船員）（国年）（国共）（地共）（私学）						02
④年金種別	⑤課所符号		⑥進達番号			
53 63						
⑦重無 ⑧未保 ⑨支保						

※基礎年金番号（10桁）で届出する場合は左詰めでご記入ください。

❶ 個人番号（または基礎年金番号）

❷ 生 年 月 日　昭・平・令　⑤ ⑦ ⑨　1 2 0 8 2 4

⑩ 氏 名　（フリガナ）スイドウバシ　シチロウ
（氏）水道橋　（名）七郎　　性別　男・女　① 2

⑪住所の郵便番号　1 2 3 0 1 2 3

⑫ 住 所　（フリガナ）チヨダク　チヨダ
千代田（市区町村）千代田 1-1-1

❶欄を記入していない方は、次のことにお答えください。（記入した方は回答の必要はありません。）
過去に厚生年金保険、国民年金または船員保険に加入したことがありますか。○で囲んでください。
「ある」と答えた方は、加入していた制度の年金手帳の記号番号をご記入ください。

		あ　る　　な　い

厚 生 年 金 保 険		国 民 年 金	
船 員 保 険			

⑬ 年金受取機関　※

（1）金融機関（ゆうちょ銀行を除く）
2. ゆうちょ銀行（郵便局）
□ 公金受取口座として登録済の口座を指定

※1または2に○をつけ、希望する年金の
受取口座を下欄に必ずご記入ください。
※また、指定された口座が公金受取口座に
して登録済の場合は、左欄に☑ください。

（フリガナ）スイドウバシ　シチロウ
口座名義人氏名　水道橋 七郎

年金送金先

金融機関

⑭金融機関コード　3 4 5 6 0 1 2
⑮支店コード　（フリガナ）チュウオウ 中央
銀行・金庫・信組・農協・信連・信漁連・漁協

（フリガナ）トウキョウ 東京

本店・支店・出張所・本所・支所

⑯預金種別　①普通　2.当座

⑰口座番号（左詰めで記入）　1 2 3 4 5 6 7

ゆうちょ銀行

⑱貯金通帳の口座番号
記号（左詰めで記入）　番号（右詰めで記入）

金融機関またはゆうちょ銀行の証明欄
請求者の氏名フリガナと口座名義人氏名フリガナが同じであることをご確認ください。

※振替貯金口座または貯蓄貯金口座への振込みはできません。

※通帳等の写し（金融機関名、支店名、口座名義人氏名フリガナ、口座番号の面）を
添付する場合または公金受取口座を指定する場合、証明は不要です。

⑦ 加算額の対象者

	⑲（フリガナ）		生年月日 平7～令9	年 月 日	障害の状態に ある・ない	◆ 診
	氏名 （氏） （名）	個人番号				
	⑳（フリガナ）		生年月日 平7～令9	年 月 日	障害の状態に ある・ない	◆ 診
	氏名 （氏） （名）	個人番号				

＊3人目以降は余白等にご記入ください。

連絡欄
X線フィルムの送付　有・無　　枚
X線フィルムの返送　年 月 日

239

① あなたは現在、公的年金制度等（表1参照）から年金を受けていますか。○で囲んでください。

1. 受けている	②受けていない	3. 請求中	制度名（共済組合名等）	年金の種類

受けていると答えた方は下欄に必要事項を記入してください（年月日は支給を受けることになった年月日を記入してください）。

制度名（共済組合名等）	年金の種類	年　月　日	年金証書の年金コードまたは記号番号等
		・　・	
		・　・	
		・　・	

⑭年金コードまたは共済組合コード・年金種別
1
2
3
⑮ 他 年 金 種 別

「年金の種類」とは、老齢または退職、障害、遺族をいいます。

※あなたの配偶者について、記入願います。

氏　　名 _(フリガナ)	生 年 月 日	基 礎 年 金 番 号

─ ご 注 意 ─

　配偶者が受給している年金の加給年金額の対象となっている場合、あなたが障害基礎年金を受けられるようになったときは、受給している加給年金額は受けられなくなります。

　この場合は、配偶者の方より、「老齢・障害給付加給年金額支給停止事由該当届」をお近くの年金事務所または街角の年金相談センターへ提出していただく必要があります。

⑧上・外	⑨ 初 診 年 月 日	⑩ 障 害 認 定 日	⑪ 傷病名コード	⑫診断書	⑬等級	⑭有	⑮有年	⑯三	⑰差引
上 . 外	元号　　年　　月　　日	元号　　年　　月　　日					元号		
1　2									

⑯ 受給権発生年月日	⑯併給抑制	⑰ 停 止 期 間	⑱ 条 文	失権事由	失 権 年 月 日
元号　　年　　月　　日		元号　　年　　月　　日元号　　年　　月　　日	元号		元号　　年　　月　　日

⑲ 共済コード	共 済 記 録 1				2			
元号　年　月　日要件計算				元号　年　月　日要件計算				
3				㊿ 4				
元号　年　月　日要件計算				元号　年　月　日要件計算				
5				6				
元号　年　月　日要件計算				元号　年　月　日要件計算				
㊿ 7				8				
元号　年　月　日要件計算				元号　年　月　日要件計算				
9								
元号　年　月　日要件計算								

㊽ 時効区分

★ 市区町村 からの 連絡事項	未 納 保 険 料 の 納 付	有　昭和・平成・令和　　年　　月分から	差額保険料の 未納分の納付	有　昭和・平成・令和　　年　　月分から
		無　昭和・平成・令和　　年　　月分まで		無　昭和・平成・令和　　年　　月分まで
	保険料の追納	有　昭和・平成・令和　　年　　月分から	検認票の添付	
		無　昭和・平成・令和　　年　　月分まで		有　・　無

㋑　次の年金制度の被保険者または組合員等となったことがあるときは、その番号を○で囲んでください。

1．国民年金法　　　　　　　　　　　2．厚生年金保険法　　　　3．船員保険法（昭和61年4月以後を除く）
4．廃止前の農林漁業団体職員共済組合法　5．国家公務員共済組合法　　6．地方公務員等共済組合法
7．私立学校教職員共済法　　8．旧市町村職員共済組合法　　9．地方公務員の退職年金に関する条例　　10．恩給法

㋺　履　　歴　（公的年金制度加入経過）　　　　　　　　　請求者の電話番号　（　090　）－（1234）－（5678　）
　　※できるだけくわしく、正確に記入してください。　　　勤務先の電話番号　（　　　　）－（　　　）－（　　　　）

	(1) 事業所（船舶所有者）の名称および船員であったときはその船舶名	(2) 事業所（船舶所有者）の所在地または国民年金加入時の住所	(3) 勤務期間または国民年金の加入期間	(4) 加入していた年金制度の種類	(5) 備　考
最初			・　・　から ・　・　まで	1．国民年金 2．厚生年金保険 3．厚生年金（船員）保険 4．共済組合等	
2			・　・　から ・　・　まで	1．国民年金 2．厚生年金保険 3．厚生年金（船員）保険 4．共済組合等	
3			・　・　から ・　・　まで	1．国民年金 2．厚生年金保険 3．厚生年金（船員）保険 4．共済組合等	
4			・　・　から ・　・　まで	1．国民年金 2．厚生年金保険 3．厚生年金（船員）保険 4．共済組合等	
5			・　・　から ・　・　まで	1．国民年金 2．厚生年金保険 3．厚生年金（船員）保険 4．共済組合等	
6			・　・　から ・　・　まで	1．国民年金 2．厚生年金保険 3．厚生年金（船員）保険 4．共済組合等	
7			・　・　から ・　・　まで	1．国民年金 2．厚生年金保険 3．厚生年金（船員）保険 4．共済組合等	
8			・　・　から ・　・　まで	1．国民年金 2．厚生年金保険 3．厚生年金（船員）保険 4．共済組合等	
9			・　・　から ・　・　まで	1．国民年金 2．厚生年金保険 3．厚生年金（船員）保険 4．共済組合等	
10			・　・　から ・　・　まで	1．国民年金 2．厚生年金保険 3．厚生年金（船員）保険 4．共済組合等	
11			・　・　から ・　・　まで	1．国民年金 2．厚生年金保険 3．厚生年金（船員）保険 4．共済組合等	
12			・　・　から ・　・　まで	1．国民年金 2．厚生年金保険 3．厚生年金（船員）保険 4．共済組合等	

㋩　個人で保険料を納める第四種被保険者、船員保険の年金任意継続被保険者となったことがありますか。　　　　　　　　　　　　　　　　　　1．は　い　　②　いいえ

「はい」と答えた方は、保険料を納めた年金事務所の名称を記入してください。

その保険料を納めた期間を記入してください。　　昭和
平成
令和　　年　月　　日　から　昭和
平成
令和　　年　月　　日

第四種被保険者（船員年金任意継続被保険者）の整理記号番号を記入してください。　　（記号）　　　　　（番号）

(1) この請求は左の頁にある「障害給付の請求事由」の1から3までのいずれに該当しますか。該当する番号を〇で囲んでください。		① 障害認定日による請求　2. 事後重症による請求 3. 初めて障害等級の1級または2級に該当したことによる請求		
「2」を〇で囲んだときは右欄の該当する理由の番号を〇で囲んでください。		1. 初診日から1年6月目の状態で請求した結果、不支給となった。 2. 初診日から1年6月目の症状は軽かったが、その後悪化して症状が重くなった。 3. その他（理由　　　　　　　　　　　　　　　　　　　　　　　）		
(2) 過去に障害給付を受けたことがありますか。	1. は い ② いいえ	「1. はい」を〇で囲んだときは、その障害給付の名称と年金証書の基礎年金番号および年金コード等を記入してください。	名　　称	
			基礎年金番号・年金コード等	

㋐ 必ず記入してください。

(3) 障害の原因である傷病について記入してください。

傷　病　名	知的機能障害			
傷病の発生した日	昭和 ㋺ 12 年 8 月 24 日	昭和 平成 令和 年 月 日	昭和 平成 令和 年 月 日	
初　診　日	昭和 ㋺ 12 年 8 月 24 日	昭和 平成 令和 年 月 日	昭和 平成 令和 年 月 日	
初診日において加入していた年金制度	1.国年 2.厚年 3.共済 ④未加入	1.国年 2.厚年 3.共済 4.未加入	1.国年 2.厚年 3.共済 4.未加入	
現在傷病はなおっていますか。	1. は い ② いいえ	1. は い　2. いいえ	1. は い　2. いいえ	
なおっているときは、なおった日	昭和 平成 令和 年 月 日	昭和 平成 令和 年 月 日	昭和 平成 令和 年 月 日	
傷病の原因は業務上ですか。		1. は い　② いいえ		
この傷病について右に示す制度から保険給付が受けられるときは、その番号を〇で囲んでください。請求中のときも同様です。	1. 労働基準法　　　　　　　　　　　2. 労働者災害補償保険法 3. 船員保険法　　　　　　　　　　　4. 国家公務員災害補償法 5. 地方公務員災害補償法 6. 公立学校の学校医、学校歯科医及び学校薬剤師の公務災害補償に関する法律			
受けられるときは、その給付の種類の番号を〇で囲み、支給の発生した日を記入してください。	1. 障害補償給付（障害給付）　　　　2. 傷病補償給付（傷病年金） 昭和 平成 令和 年 月 日			
障害の原因は第三者の行為によりますか。		1. は い　2. いいえ		
障害の原因が第三者の行為により発生したものであるときは、その者の氏名および住所を記入	氏 名			
	住 所			
(4) 国民年金に任意加入した期間について特別一時金を受けたことがありますか。			1. は い　2. いいえ	

㋓ 生計同一関係

生 計 維 持 申 立

右の者は請求者と生計を同じくしていることを申し立てる。

令和〇年 9 月 1 日
請求者 住所

　　　　氏 名

	氏　　名	続 柄
子		

収入関係

1. 請求者によって生計維持していた方について記入してください。		※確認印	※年金事務所の確認事項
(1)（名：　　　）について年収は、850万円未満(※)ですか。	はい・いいえ	（　）印	ア．健保等被扶養者（第三号被保険者）
(2)（名：　　　）について年収は、850万円未満(※)ですか。	はい・いいえ	（　）印	イ．国民年金保険料免除世帯
(3)（名：　　　）について年収は、850万円未満(※)ですか。	はい・いいえ	（　）印	ウ．義務教育終了前
2. 上記1で「いいえ」と答えた方のうち、その方の収入はこの年金の受給権発生時においては、850万円未満(※)ですか。	はい・いいえ		エ．高等学校在学中
			オ．源泉徴収票・課税証明書等

令和〇 年 9 月 12 日提出

児童扶養手当の受給者の方やその配偶者が、公的年金制度から年金を受け取るようになったり、年金額が改定されたときは、市区町村から支給されている児童扶養手当が支給停止または一部支給停止される場合があります。詳しくは、お住まいの市区町村の児童扶養手当担当窓口にお問い合わせください。

病歴・就労状況等申立書

No.　－　　枚中

（請求する病気やけがが複数ある場合は、それぞれ用紙を分けて記入してください。）

病歴状況	傷病名	先天性知的機能障害		
発病日	昭和・㊶平成・令和 12 年 8 月 24 日		初診日	昭和・㊶平成・令和 12 年 8 月 24 日

記入する前にお読みください。
○　次の欄には障害の原因となった病気やけがについて、発病したときから現在までの経過を年月順に期間をあけずに記入してください。
○　受診していた期間は、通院期間、受診回数、入院期間、治療経過、医師から指示された事項、転医・受診中止の理由、日常生活状況、就労状況などを記入してください。
○　受診していなかった期間は、その理由、自覚症状の程度、日常生活状況、就労状況などについて具体的に記入してください。
○　健康診断などで障害の原因となった病気やけがについて指摘されたことも記入してください。
○　同一の医療機関を長期間受診していた場合、医療機関を長期間受診していなかった場合、発病から初診までが長期間の場合は、その期間を3年から5年ごとに区切って記入してください。

1	昭和・㊶平成・令和 12 年 8 月 24 日から 昭和・㊶平成・令和 17 年 5 月 10 日まで ㊶受診した・受診していない 医療機関名 御茶ノ水病院	発病したときの状態と発病から初診までの間の状況（先天性疾患は出生時から初診まで） 他の同年齢の子供に比べ発育も悪く、会話も要領を得ないので、小児科を受診したところ、知的障害の疑いがあると言われた。
2	昭和・㊶平成・令和 17 年 5 月 11 日から 昭和・㊶平成・令和 22 年 3 月 31 日まで ㊶受診した・受診していない 医療機関名 御茶ノ水病院	左の期間の状況 文字もあまり覚えられず、一般の小学校では支援学級に入学したが、そこでもまったくついていけず、学校と相談して指摘もあったので、平成16年9月に支援学校に転校する。平成15年5月1日に愛の手帳を交付される。
3	昭和・平成・㊷令和 22 年 4 月 1 日から 昭和・平成・㊷令和 25 年 3 月 31 日まで ㊶受診した・受診していない 医療機関名 御茶ノ水病院	左の期間の状況 学校でも他人と関わることが苦手で、友達ともよくもめ事を起こす。通学時は親かヘルパーが同行して、他人との接触を避けている。他人に何か言われると情緒不安定になる。
4	昭和・㊶平成・令和 25 年 4 月 1 日から 昭和・㊶平成・令和 28 年 3 月 31 日まで ㊶受診した・受診していない 医療機関名 御茶ノ水病院	左の期間の状況 中学校も支援学校に進学する。小学校のときよりは対人関係が築けるようになるが、それでも長い時間一緒にいる友達や先生のみで、初めて会った人からは逃げようとする。お気に入りのハンドタオルにこだわりがあり、常に持ち歩いている。それがないと情緒不安定になる。
5	昭和・㊶平成・令和 28 年 4 月 1 日から 昭和・平成・令和 年 月 現在 まで ㊶受診した・受診していない 医療機関名 御茶ノ水病院	左の期間の状況 小学生レベルの学力はついたが、難しい計算や漢字はできない。外出をあまり好まず、高校には進学しなかった。身の回りのことも周囲がお世話しないと、きちんとできない。

※裏面（署名欄）も記入してください。

	就労・日常生活状況	1. 障害認定日（初診日から1年6月目または、それ以前に治った場合は治った日）頃と 2. 現在（請求日頃）の就労・日常生活状況等について該当する太枠内に記入してください。

1. 障害認定日 （ 昭和 ・ 平成 ・ ⦿令和 ◯ 年 8 月 23 日）頃の状況を記入してください。

就労状況	就労していた場合	職種（仕事の内容）を記入してください。	
		通勤方法を記入してください。	通勤方法 通勤時間（片道）　　時間　　分
		出勤日数を記入してください。	障害認定日の前月　　日　障害認定日の前々月　　日
		仕事中や仕事が終わった時の身体の調子について記入してください。	
	就労していなかった場合	仕事をしていなかった（休職していた）理由すべて◯で囲んでください。 なお、オを選んだ場合は、具体的な理由を（　）内に記入してください。	ア　体力に自信がなかったから イ　医師から働くことを止められていたから ⦿ウ　働く意欲がなかったから エ　働きたかったが適切な職場がなかったから オ　その他（理由　　　　　　　　　　　）
日常生活状況		日常生活の制限について、該当する番号を◯で囲んでください。 1 → 自発的にできた 2 → 自発的にできたが援助が必要だった 3 → 自発的にできないが援助があればできた 4 → できなかった	着替え（1・2・③・4）　洗　面（1・2・③・4） トイレ（1・②・3・4）　入　浴（1・②・3・4） 食事（1・②・3・4）　散　歩（1・2・③・4） 炊事（1・2・3・④）　洗　濯（1・2・3・④） 掃除（1・2・3・④）　買　物（1・2・3・④）
		その他日常生活で不便に感じたことがありましたら記入してください。	自分で何かを判断することが苦手。

2. 現在（請求日頃）の状況を記入してください。

就労状況	就労している場合	職種（仕事の内容）を記入してください。	
		通勤方法を記入してください。	通勤方法 通勤時間（片道）　　時間　　分
		出勤日数を記入してください。	請求日の前月　　日　請求日の前々月　　日
		仕事中や仕事が終わった時の身体の調子について記入してください。	
	就労していない場合	仕事をしていない（休職している）理由すべて◯で囲んでください。 なお、オを選んだ場合は、具体的な理由を（　）内に記入してください。	ア　体力に自信がないから イ　医師から働くことを止められているから ⦿ウ　働く意欲がないから エ　働きたいが適切な職場がないから オ　その他（理由　　　　　　　　　　　）
日常生活状況		日常生活の制限について、該当する番号を◯で囲んでください。 1 → 自発的にできる 2 → 自発的にできたが援助が必要である 3 → 自発的にできないが援助があればできる 4 → できない	着替え（1・2・③・4）　洗　面（1・2・③・4） トイレ（1・②・3・4）　入　浴（1・②・3・4） 食事（1・②・3・4）　散　歩（1・2・③・4） 炊事（1・2・3・④）　洗　濯（1・2・3・④） 掃除（1・2・3・④）　買　物（1・2・3・④）
		その他日常生活で不便に感じていることがありましたら記入してください。	指示されたことは、その時はできるが、少し時間が経過すると、また指示が必要になる。
障害者手帳		障害者手帳の交付を受けていますか。	①受けている　2 受けていない　3 申請中
		交付されている障害者手帳の交付年月日、等級、障害名を記入してください。 その他の手帳の場合は、その名称を（　）内に記入してください。 ※ 略字の意味 身→ 身体障害者手帳　　療→ 療育手帳 精→ 精神障害者保健福祉手帳　他→ その他の手帳	①身・精・⦿療・他（　　　　　　　　） 昭和・⦿平成・令和 15 年 5 月 1 日（ 2級） 障害名（　　知的障害　　　　　　） ②身・精・療・他（　　　　　　　　） 昭和・平成・令和　　年　　月　　日（　　級） 障害名（　　　　　　　　　　　　）

上記のとおり相違ないことを申し立てます。

令和 ◯ 年 9 月 1 日

代筆者	氏　名　水道橋 花子 請求者からみた続柄（　　母　　）	請求者	現住所　東京都千代田区千代田 1-1-1 氏　名　水道橋 七郎 電話番号　090 - 1234 - 5678

244

索　引

索
引

索引

【監修者紹介】
若林 美佳（わかばやし みか）

1976年神奈川県生まれ。神奈川県行政書士会所属。平成14年行政書士登録。相武台行政書士事務所（平成22年2月に行政書士事務所わかばに名称を変更）を設立。病院勤務等の経験を生かし開業当初から、福祉業務に専念し、医療法人・社会福祉法人設立等法人設立を主要業務としている。また、福祉法務に関するエキスパートとして地域の介護支援専門員等との交流を深め、福祉ネットワークを組んでいる。介護保険分野では、多くの介護サービス事業所や特別養護老人ホーム設置等を手がけ、創業・運営についてコンサルティングも行っている。

監修書に『介護ビジネス開業のための法律と実践書式46』『障害者総合支援法のしくみと福祉施設運営手続きマニュアル』『図解で早わかり 最新版 福祉の法律と手続き』『図解とQ&Aでスッキリ！ 障害者総合支援法のしくみ』『介護保険・障害者総合支援法のしくみと疑問解決マニュアル129』『介護施設・高齢者向け住宅のしくみと疑問解決マニュアル』『よくわかる障害者総合支援法』『図解 福祉の法律と手続きがわかる事典』『図解で早わかり 福祉サービスの法律と手続き』『介護施設の法律問題・施設管理と介護サービス申請手続き』（小社刊）などがある。

行政書士事務所 わかば
http://www.mikachin.com/kaigoindex

図解で早わかり
最新 障害者福祉の法律と手続きがわかる事典

2023年5月30日 第1刷発行

監修者	若林美佳
発行者	前田俊秀
発行所	株式会社三修社
	〒150-0001 東京都渋谷区神宮前2-2-22
	TEL 03-3405-4511 FAX 03-3405-4522
	振替 00190-9-72758
	https://www.sanshusha.co.jp
	編集担当 北村英治
印刷所	萩原印刷株式会社
製本所	牧製本印刷株式会社

©2023 M. Wakabayashi Printed in Japan
ISBN978-4-384-04916-9 C2032